近代訳語の受容と変容

民国期の恋愛用語を中心に

清地ゆき子 著

白帝社

目　次

序　章 ………………………………………………………………… 7
　　1. 研究の目的 ………………………………………………… 7
　　2. 先行研究 …………………………………………………… 8
　　3. 研究の方法 ………………………………………………… 12
　　4. 本書の構成 ………………………………………………… 14

第1章　恋愛用語の受容と変容の背景 ……………………………… 19
　　1.1. 民国期の中国 ……………………………………………… 19
　　1.2. 西洋の恋愛思潮の受容 …………………………………… 23
　　1.3. 言語上の特性と課題提起 ………………………………… 27

第2章　新概念の受容と古典語の転用
　　　　―〈恋愛〉の成立をめぐって― ………………………… 41
　　2.1. 中国語における近代訳語"恋愛"の成立 ………………… 42
　　2.2. 日本語における近代訳語「恋愛」の成立 ……………… 47
　　2.3. 「恋愛」の中国語への逆移入 …………………………… 56
　　2.4. 知識人が論じる"高尚的恋愛"―《新青年》を中心に― … 62

第3章　和語と和製漢語の中国語への移入
　　　　―〈初恋〉と〈失恋〉を中心に― ……………………… 74
　　3.1. 近代訳語としての和語「初恋」 ………………………… 75
　　3.2. 「初恋」の中国語への移入 ……………………………… 77
　　3.3. 和製漢語「失恋」の成立 ………………………………… 83
　　3.4. 「失恋」の中国語への移入 ……………………………… 89

第4章　類義語の発生　―〈恋人〉の移入をめぐって― …………109
　　4.1. 近代訳語としての和語「恋人」 …………………………109

4.2. 「恋人」の中国語への移入 …………………………113
4.3. 近代訳語「愛人」の成立 …………………………123
4.4. 類義語の発生 ………………………………………128

第5章　近代訳語の意味の変遷と収斂
　　　　―〈自由恋愛〉の解釈をめぐって― ……………………138

5.1. 近代訳語「自由恋愛」の成立………………………138
5.2. 「自由恋愛」の中国語への移入 …………………143
5.3. 新性道徳論における"自由恋愛"
　　　―《婦女雑誌》を中心に― ……………………150
5.4. 張資平の恋愛小説における"自由恋愛"の意味 ……151
5.5. 訳語の収斂 …………………………………………156

第6章　異形同義語の成立
　　　　―〈三角関係／三角恋愛〉の成立― …………………165

6.1. 和製漢語「三角関係」の成立………………………166
6.2. 「三角関係」と「三角恋愛」の中国語への移入 ……172
6.3. 張資平の恋愛小説に描かれる"三角恋愛"…………184
6.4. 知識人の言説にみる民国期の恋愛観 ………………187

第7章　近代訳語の変容　―〈同性恋〉の成立をめぐって― ……196

7.1. 和製漢語「同性愛」の成立 ………………………197
7.2. 「同性愛」と「同性恋愛」の中国語への移入 ……209
7.3. 潘光旦の文献にみる書き換え………………………215
7.4. "同性恋"への収斂 …………………………………218
7.5. 中国語における"恋"の造語力 ……………………224

終　章……………………………………………………………237

付録	241
図版目録	245
参考文献	246
参照辞典（事典）・用語集	256
用例出典	261
初出一覧	272
あとがき	273
索引	277
人名索引	278
事項・書名・語彙索引	281

カバーデザイン：トミタ制作室

凡　　例

1．本書における日本語と中国語の文献の表し方：
　①中国語の著書は《　》，論文は〈　〉，日本語の著書は『　』，論文は「　」を用いる。
　②論述の際，日本語と中国語の区別が必要な場合，日本語は「　」，中国語は"　"で表す。尚，各章の題目では恋愛用語を〈　〉で表記する。
　③辞典の見出し語や新聞の見出しは，【　】で表す。　例：【恋愛】【Love】
　④上記括弧内の漢字表記は，日本語の新字体とする。
2．本書における用例のあげ方：
　①番号は，各章ごとにつける。図，表の番号も同様とする。但し図版は通し番号とする。
　②表記は，引用した文献の原文通りとする。
　③邦訳を引用した場合はその出典を各章末の注に付す。尚，特に明記しない訳は筆者によるものである。
　④用例の出典が日本，中国以外の場合は，各章末の注に出典を付す。
　⑤用例に付けた下線は，筆者によるものである。
　⑥用例で使用した … は，（前略）（中略）（後略）を意味する。
　⑦用例とした辞典類は書名と発刊年のみとし，詳細は巻末の「参照辞典」に記載する。尚，英華・華英字典類の書名は，中国語名があるものは，中国語名を使用する。
3．先行研究の引用の表し方：
　①先行研究は，日本人名は姓（同姓が複数の場合は姓名）に西暦，中国人名は姓名に西暦を付す。　　　　　　例：佐藤亨1999，沈国威1998
　②本書で使用する『精選版 日本国語大辞典』（小学館，2006）は『日国』とする。また《現代漢語詞典》は《現漢》とし，各出版年，版を明記する。　　　　　　　　　　　例：《現漢》1973試用本，《現漢》2016第7版
　③中国の雑誌の詳細及び知識人・作家の経歴は，特に明記のないものは丸山昇・伊藤虎丸・新村徹編『中国現代文学事典』（東京堂出版，1985）に拠る。

近代訳語の受容と変容

民国期の恋愛用語を中心に

序章

1. 研究の目的

　本書は，日本で創出された近代訳語，特に文学作品にみられる恋愛用語の中国語移入の様相を現代中国語への継承と影響も視野に入れながら，共時的，通時的に論じようとしたものである。[1]

　日本においては，明治期を中心とした西洋の新概念の受容に際し，大量の近代訳語が創出された。これまでの数々の研究により，これらの訳語が主に政治，経済，教育等の人文社会科学系の専門用語であること，日清戦争後に日本に学んだ中国人留学生らによる翻訳書や刊行物を介して，中国語に大量に移入されたことが明らかにされている。[2]

　しかしこれまでの近代の日中語彙交流史研究は，中国人留学生らによる翻訳活動のピーク時であった1900年からの10年間，或いはそれ以前を対象としたものが多い。「1919年の五四新文化運動以降、高度な、特殊な専門用語のほかに、社会主義運動の革命語彙、文学用語、時事語がひきつづき伝来し、」[3]と指摘されるものの，五四新文化運動以降の文献研究，特に文学作品にみられる日中語彙交流史研究は少ない。

　五四新文化運動が展開される1910年代後半の《新青年》や1920年代前半の《婦女雑誌》などには，日本文学の翻訳，或いは西洋文学の重訳が多数掲載されている。それらには恋愛や結婚，婦女問題などがテーマとされるものが多く，1911年の辛亥革命以降，近代国家の建設に西洋文明の導入が必要不可欠だったのであろう。同時期は，魯迅や周作人らによる日本文学の翻訳の開始，及び郭沫若や郁達夫，張資平ら創造社のメンバーによる創作活動の開始と重なる。特に後に「中国の菊池寛」と言われた張資平の翻案小説や恋愛小説には，日本語から借用された「恋愛用語」[4]が多くみられた[5]。また1920年代は，厨川白村（1880-1923）の『近代の恋愛観』が中国語に再三翻訳され，E. Key（1849-1926）やE. Carpenter（1844-1929）らが唱える近代の

恋愛観が日本経由で中国に紹介されるなど，恋愛が誌上において知識人らの議論の的となった時期でもある。このような西洋の恋愛思潮の受容に伴う民国期の日中文化接触は，20世紀初頭までの日中語彙交流とは異なる一面を呈したと推測される。その意味でも民国期の恋愛用語を考察することは意義があると考える。

本書での研究目的の第1番目は，沈国威1998でも指摘された五四新文化運動以降の日中語彙交流史研究の空白を埋めることである。日本の明治・大正期，及び中国の清末から民国期に刊行，出版された雑誌，新聞，文学作品を考察対象資料として語誌研究を行うことにより，日本で訳出された恋愛用語の中国語移入の様相を明らかにしたい。

研究目的の第2番目は，新概念の受容と近代訳語の成立との関連を見出すことである。具体的には語誌研究に文学的視点，つまり当時の知識人の言説や小説に描かれる恋愛表象を考察に加えることにより，五四新文化運動が展開されるなか，旧態依然とした儒教思想や婚姻制などから解放されていく文化的，社会的な変化と恋愛用語の受容と変容がどのように関わっていたのかを検証することである。

研究目的の第3番目は，日本語との言語接触が現代中国語に及ぼした影響を検討することである[6]。本書では，考察対象語彙を「恋愛，初恋，失恋，恋人，自由恋愛，三角関係，同性愛」とし，これらが中国語に受容され，汎用されたことにより，現代中国語における"恋"の造語に影響を及ぼした可能性を提示したい。この点については，本書の「課題提起」として第1章の1.3.で詳述する。

2. 先行研究

本書における先行研究は大別すると4分類できる。

1つ目は近代訳語の成立，及び近代の日中語彙交流を体系的に論じた研究で，森岡健二編1991『改訂近代語の成立 ―明治期語彙編―』，沈国威1994（改訂2008）『近代日中語彙交流史 ―新漢語の生成と受容―』，陳力衛2001『和製漢語の成立とその展開』，朱京偉2003『近代日中新語の創出と交流 ―

人文科学と自然科学の専門語を中心に―』があげられる。

　森岡 1991 は量的解明方法により，幕末から明治期に編纂された英和辞典類と宣教師らによる英華字典類，洋書翻訳本等との影響関係を分析し，近代訳語の成立や新・旧約聖書の訳語の成立を明らかにしている。沈国威 1994 は，主に 1840 年以降五四新文化運動までの文献を分析し，個々の語誌研究を加えることにより，近代日中語彙交流の体系を明らかにしている。陳力衛 2001 は，和製漢語の視点に立ち，近代における和製漢語の生成，現代中国語への受容について，音韻，語構成，文法等から個々の語の考察を試み，その特徴を見出そうとしている。また近代以降の日中同形語をもたらす最大の原因となったのは，19 世紀中葉までの漢訳洋書や英華字典などによる中国から日本への流入と 1902 年以降の中国人留学生による日本書物の翻訳が盛んに行われ，多くの日本近代訳語が中国語に持ち込まれたことにあるとし，日中間の意味の相違については史的な観点からの考察が必要だと指摘する。朱京偉 2003 は，これまでの近代日中語彙交流の研究成果をまとめたうえで，「哲学・音楽・植物学用語」の創出と中国語への受容の様相について，大量の文献を一次資料として日本語借用語彙を量的に解明している。

　本書は，日中語彙交流を体系的に論じるものではないが，研究対象時期として民国期を中心に据えることにより，先行研究では指摘されていない五四新文化運動後の新たな日中語彙交流の一側面を提示できると考える。

　2 つ目は近代訳語の成立や伝播を語彙史の研究として捉えたものである。大別すると次のように 3 分類できる。①個別語彙の語誌研究，②専門分野別の語誌研究，③特定の文献を資料として量的に分析を行ったものである。①には広田栄太郎 1969『近代訳語考』，飛田良文 2002『明治生まれの日本語』をはじめ，これまでに数多くの研究がある。広田 1969 は明治期の日本における近代訳語（14 項目），飛田 2002 は「明治生まれの日本語」（21 項目）の詳細な語誌研究で，両書には近代訳語「恋愛」の日本語での成立も考察されている。広田 1969 は，「恋愛」は中国語の古典には「見いだしえ」ず，W. Lobscheid の《英華字典》(1866-1869) で初めて接するが，「今日われわれの使う意味と必ずしも一致しない」とする[7]。また飛田 2002 も，W. Lobscheid の《英華字典》からの借用と捉えている[8]。本書ではこれらの研究に依拠しな

がらも，新たな見解を加えていきたい。

　また近年の日中の語彙交流を視点とした語誌研究では，陳力衛 2011「「民主」と「共和」―近代日中概念の形成とその相互影響―」，陳力衛 2012b〈「帝国主義」考源〉，沈国威 2012〈「野蛮」考源〉などのように，概念史，思想史と結びつけた研究も進められている[9]。本書でも西洋の恋愛思潮を新概念と捉え，語誌研究の新しい研究の方向性として考察を進めたい。

　②の専門分野別の語誌研究には，さねとう 1970『増補　中国人日本留学史』における「法律・経済用語」，沈国威 1996「近代における漢字学術用語の形成と交流 ―医学用語編―」(1)・1997「同」(2) における「医学用語」，荒川 1997『近代日中学術用語の形成と伝播 ―地理学用語を中心に―』における「地理学用語」などがある。荒川 1997 は「熱帯，回帰線，海流，貿易風」などの語誌研究を通して，日中間での訳語の生成と伝播の普遍的な典型を探ろうとしている。本書もこの専門分野別による語誌研究として，荒川 1997 の分類に倣うところがある。近代訳語を専門分野別に考察することは，その分野の訳語成立の特徴や言語上の特性を見出すことができるとともに，訳語と社会との関わりを明らかにできると考える。

　③の特定の資料を量的に分析した研究には，梁啓超や魯迅の日本語借用語彙の研究として，李運博 2006《日中近代詞彙的交流 ―梁啓超的作用与影響（日文版）―》や常暁宏 2014《魯迅作品中的日語借詞》，朱京偉 2013「中国語に借用された明治期の漢語 ―清末の 4 新聞を資料とした場合―」などがある。朱京偉 2013 は，清末の 4 新聞，《時務報》《清議報》《新民叢報》《民報》にみられる日中同形語（明治以降の新語／2 字語，3 字語，4 字語）の借用関係を，《文淵閣四庫全書》（電子版）を活用することにより分析している。特に日本語からの借用とその造語法の移入によって，20 世紀初頭の数年間という短期間に 3 字語と 4 字語の「近代化」が実現されたと指摘している[10]。

　先行研究の 3 つ目は辞典類における語彙研究である。日本語においては，『日国』に収録されている「語誌」を初め，『語誌Ⅰ』『同Ⅱ』『同Ⅲ』[11]や『明治大正　新語俗語辞典』[12]，『現代に生きる幕末・明治初期漢語辞典』[13]などの小論文による語誌研究がある。中国語においては，近現代の外来語を大量に収録した辞典類として，初期のものには《漢語外来詞詞典》[14]（1984）があり，

近年には，沈国威，朱京偉，荒川清秀らも編纂者である《近現代漢語新詞詞源詞典》(2001)，《近現代辞源》(2010)[15]，《100年漢語新詞新語大辞典（1912年-2011年)》(2014)[16][17]などがある。後者の3書には初出例があげられており，中国における近代訳語の成立を知る手掛かりとなる。《近現代辞源》には，本書で考察対象とした"初恋、恋愛、恋人、三角恋愛、失恋"が収録され，《100年漢語新詞新語大辞典（1912年-2011年)》にも，"恋愛、恋人、三角恋愛、失恋"が収録されている。但しこれらに掲載された初出例は，いずれも本書で考察した文献よりも後のものである。

　尚，近年の日中語彙交流史研究は目ざましいものがあり，先行研究の1つ目としてあげた大著に追随する研究成果が次々と刊行されている。朱鳳2009『モリソンの「華英・英華字典」と東西文化交流』，千葉謙悟2010『中国語における東西言語文化交流 —近代翻訳語の創造と伝播—』，宮田和子2010『英華辞典の総合的研究 —19世紀を中心として—』，塩山正純2013『初期中国語訳聖書の系譜に関する研究』，孫建軍2015『近代日本語の起源 —幕末明治初期につくられた新漢語—』などである。また語誌研究を中心とした近年の研究成果は，内田慶市・沈国威編2007『19世紀中国語の諸相 —周縁資料（欧米・日本・琉球・朝鮮）からのアプローチ—』，沈国威編2008『漢字文化圏諸言語の近代語彙の形成 —創出と共有—』，沈国威・内田慶市編2014『環流する東アジアの近代新語訳語』，沈国威・内田慶市編2016『東アジア言語接触の研究』などに収録されており，日本，中国，韓国，台湾など各国で盛んに研究が進められている。

　先行研究の4つ目は，恋愛用語及び恋愛思潮に関連する研究である。語彙関連としては，半沢洋子1983「恋人（愛人 情人 色）」，佐藤亨1999『国語語彙の史的研究』などがあり，文学的な視点としては，柳父章1982『翻訳語成立事情』，佐伯順子2000『恋愛の起源 —明治の愛を読み解く—』，菅野聡美2001『消費される恋愛論 —大正知識人と性—』，平石典子2012『煩悶青年と女学生の文学誌 —「西洋」を読み替えて—』などがある。半沢1983は，「恋人」「愛人」などの語誌研究により近代の用法と普及を明らかにし，佐藤亨1999は上代から明治期までの「愛」「恋」とその類義語を詳細に考察している。日本語における恋愛用語の成立を知る貴重な先行研究である。柳父

1982,佐伯2000,平石2012には,新概念としての恋愛思潮が明治以降日本でどのように受容され,普及したのか,また菅野2001には,大正期に論じられた恋愛論についての詳細な考察がみられる。本書では,日本における西洋の恋愛思潮の受容と普及については,これらの研究に依拠しながら論を進めたい。

中国の文学作品にみられる恋愛史や近代中国における恋愛観の中国への移入に関する先行研究としては,張競による『恋の中国文明史』(1993),『近代中国と「恋愛」の発見』(1995),『「情」の文化史 ―中国人のメンタリティー―』(2008) がある。特に『近代中国と「恋愛」の発見』には,西洋の恋愛思潮の受容過程,及び近代中国における恋愛小説の形成過程が詳細に論じられている。また,西槇偉1993「1920年代中国における恋愛観の受容と日本 ―『婦女雑誌』を中心に―」と白水紀子1995「『婦女雑誌』における新性道徳論 ―エレン・ケイを中心に―」には,《婦女雑誌》における「近代の恋愛観」の受容が,それぞれ厨川白村の視点,本間久雄の視点から論じられている。更に工藤貴正2010『中国語圏における厨川白村現象 ―隆盛・衰退・回帰と継続―』には,厨川白村の『近代の恋愛観』が中国語圏にどのように翻訳され,その概念が取り入れられたのかが詳しく考察されている。本書では,これらの研究成果に依拠しながら,近代の恋愛観の受容や普及が,恋愛用語の成立・汎用・変容とどのように関わっていたのかを考察に加える。

本書においては,主たる考察対象時期を民国期の1910年代後半から1920年代を中心とし,共時的な視点から考察する。一方で,中国語に移入された恋愛用語が中国語に溶け込み,現代中国語に継承,或いは影響する点は通時的な視点と捉えて論を進めたい。

3. 研究の方法

本書では考察対象語彙を日中同形語として「恋愛」(第2章),「初恋,失恋」(第3章),「恋人」(第4章),「自由恋愛」(第5章) とし,日中異形同義語[18]として「三角関係／三角恋愛」(第6章),「同性愛／同性恋」(第7章) とした。

第2章から第7章の6つの分類は,荒川1997の研究方法に倣うところが

ある。荒川 1997 は，「熱帯，回帰線，海流，貿易風」などの地理学用語の個別の語誌研究を通して，「日中間での訳語の生成と伝播の普遍的なパターン」[19]を探ろうとして，次のような 4 分類を採用している。[20]

［荒川 1997 の分類］[21]
　①中国製漢語の誕生とその変遷として「熱帯」
　②和製漢語の誕生と中国語への伝播として「回帰線」
　③日中でユレが生じた地理学用語として「海流／海洋」
　④日中でちがいが生じた地理学用語として「貿易風／信風」

本書で恋愛用語の考察を進めるにあたっては，荒川 1997 の 4 分類に 2 つを加えた下記のような 6 分類が必要だと考える。

［本書における分類］
❶中国製漢語の転用と同形同義語の成立（〈恋愛〉：第 2 章）
❷和語と和製漢語の移入（〈初恋〉〈失恋〉：第 3 章）
❸同義的語彙の移入による類義語の発生（〈恋人〉：第 4 章）
❹近代訳語の意味の変遷と収斂（〈自由恋愛〉：第 5 章）
❺日中異形同義語の成立（〈三角関係／三角恋愛〉：第 6 章）
❻近代訳語の変容（〈同性愛／同性恋〉：第 7 章）

本書の❶❷は荒川 1997 の①②に，❺は荒川 1997 の④，❻は荒川 1997 の③の分類にほぼ相当すると言える。本書の❸の「同義的語彙の移入による類義語の発生」と，❹の「近代訳語の意味の変遷と収斂」を加えることにより，日中語彙交流により発生する現象の多様化も提示できると考える。本書の❶❷❸❹の考察語彙は日中同形語で，❺❻の考察語彙は日中異形同義語である。当然のことながら，地理学用語と恋愛用語の成立及び背景等は相違が予測される。それぞれの異同点については，終章でまとめたい。

本書では，語誌研究を進めるにあたり，日本においては明治・大正期，中国においては清末から民国期に刊行，出版された新聞，雑誌，小説，詩集な

どの文献を調査対象資料とした。また中国語の語彙を包括的に考察できる新聞資料として，電子版《申報》[22]，及び《人民日報》[23]を活用した。尚，使用した新聞・雑誌については，引用の際に説明を加える。

　更に恋愛用語の意味，汎用，普及，収斂，変容などを確認する判断基準になるものとして，日中両国の国語辞典をはじめ，幕末の蘭学辞典や英和辞典，明治・大正・昭和期の英和・和英辞典，仏和辞典，独和辞典，及び19世紀中葉から20世紀初頭の英華・華英字典，民国期以降の英漢・漢英辞典，国語辞典類などを資料に加えた[24]。参照，引用した辞典類及び文献は，巻末にそれぞれ「参照辞典（事典）・用語集」，「用例出典」として掲載した。また本書では，1920年代に近代の恋愛観がどのように捉えられていたのかを確認するため，張資平作品の分析を試み，考察に加えている。それは，張資平が大正期に日本に留学し，本書の考察時期と重なる1920年代に数々の恋愛小説を描いており，その使用語彙や恋愛描写が貴重な資料となると考えたためである。

4．本書の構成

　第1章では，恋愛用語が中国語に受容され，変容した要因を，社会・文化・言語の方面から探ることを目的に，民国期の中国社会を概観し，西洋の恋愛思潮や近代の恋愛観の受容について，先行研究に依拠しながら確認する。また言語の視点から，中国語の"恋"，及び日本語の「恋」「恋う」の熟語の古典的な意味・用法を確認し，民国期の日本語との言語接触が，現代中国語における"恋"の造語に影響を及ぼした可能性を課題として提起する。

　第2章では，近代訳語「恋愛」の成立過程を明らかにし，現代中国語における"恋愛"の意味・用法は，日本語からの逆移入であるという仮説を，《新青年》に掲載された翻訳や知識人の言説から証明する。

　第3章では，和語「初恋」と和製漢語「失恋」が同形同義語として，中国語に移入されたことを明示する。この2語の汎用は，中国における恋愛思潮の波及の現れであり，本書で課題として提起した，日本語の「恋（こい）」の意味を含む「恋」の熟語の中国語移入の第2段階と捉えられる。

第4章では，日本語からの近代訳語の移入に伴い，類義語が発生する現象を検証する。重要なのは，移入された訳語（"恋人"）が現代中国語に継承され，それ以外の語（"情人"と"愛人"）に派生義が生じたことである。これは「恋」の熟語の中国語移入が更に進んだ結果とも読み取れる。

　第5章では，恋愛思潮が新概念として，また行為として普及していく過程において，近代訳語「自由恋愛」が，中国語においては，なぜ日本語とは異なった意味の変遷を経ることになったのかを考察する。

　第6章では，日中で異形同義語が成立した分類として，「三角関係」と"三角恋愛"の語誌研究を試み，その要因を探る。特に《申報》での使用例や張資平の翻案小説，知識人の言説を分析することにより，中国語において"三角恋愛"が優勢となった要因を明らかにする。

　第7章では，中国語においては"同性恋"が定着した経緯を通時的な変容と捉え，その要因を探る。更に第1章で提起した課題の検証を試みる。

　尚，第2章から第7章の各章においては，「はじめに」と「おわりに」を付し，各章における論点と考察結果をまとめる。

注
1) 本書で用いる「近代訳語」とは，日本の幕末から明治・大正期に西洋文献の翻訳により生成された翻訳語を意味する。これまでの近代語研究や日中語彙交流史研究においては，「新漢語」と称されることが多い。例えば，鈴木修次1983「厳復の訳語と日本の「新漢語」」，沈国威1994『近代日中語彙交流史 —新漢語の生成と受容』，沈国威1998「新漢語研究に関する思考」，陳力衛2005「『雪中梅』の中国語訳について —明治新漢語伝播の媒介としての役割—」，孫建軍2015『近代日本語の起源 —幕末明治初期につくられた新漢語—』など。但し，沈国威2016「近代漢字訳語の研究について：中国語からの視点」においては，「新漢語」のほとんどが訳語であり，或いは訳語として機能するものであるとして，「近代訳語」という言葉も使用されている。

　　尚，本書において民国期とは，1912年1月1日に成立し，1949年10月1日に中華人民共和国が建国されるまでの中華民国の期間を指す。また，現代中国語とは改革開放後の中国語とする（香坂1974, p.94 参照）。

2) 20世紀初頭までの近代の日中語彙交流は，カトリック宣教師による前期漢訳洋書（17世紀）で造られた語が，江戸期蘭学書（1774-1860）に受け継がれ，プ

ロテスタント宣教師による後期漢訳洋書（1820-1880）が，幕末明治期資料（1860-1911）に取り入れられた。それらの一部及び幕末明治初期に日本で造られた大量の「訳語・新漢語」が，20世紀の初期に中国語に溶け込んだとされる（朱京偉 2017, pp.3-4 参照）。尚，中国語に移入された近代訳語は，中国人留学生によって編纂された《新爾雅》（汪栄宝・葉瀾編，1903）や民国期最初の国語辞典《辞源》（1915）などで確認できる。《新爾雅》は，中国最初の西洋の人文・自然科学の新概念，学術語を解説する用語集で，社会人文系・自然科学系の語彙2,391語が収録されている（沈国威編 1995 参照）。また民国期最初の国語辞典《辞源》（1915）には，日本語来源語彙278語が収録され，1931年に出版された《続辞源》には58語が収録されている（沈国威 2006 参照）。

3) 沈国威 1998, p.46。
4) 本書における「恋愛用語」とは，明治・大正期に翻訳の際に訳語として創出された恋愛に関わる言葉である。具体的には，国立国語研究所編『分類語彙表 増補改訂版』（2004）の「体の類」の下位分類「人間活動―精神および行為」「人間活動の主体」「抽象的関係」に分類された語で，特に恋愛の心理や行為或いはその対象やその関係を表す「恋愛，初恋，失恋，三角関係，同性愛，恋人」などである。尚，「自由恋愛」は，『分類語彙表 増補改訂版』には未収であるが，「自由」が「体の類」の下位分類「意志」と「公式・公平」に収録されており，本書では恋愛用語とする。
5) 筆者が 2008 年 3 月に筑波大学に提出した修士論文「日中語彙交流にみる恋愛用語受容の諸相 ―1920 年代の張資平の作品を中心に―」においては，1920 年代の張資平の恋愛小説 14 編を収録した《張資平作品精選》（2003），翻案小説《飛絮》（1926），日本文学の翻訳集《資平訳品集》（1933）をテキストとして，張資平が日本語から借用した恋愛用語として，"恋愛，初恋，失恋，恋人，愛人，自由恋愛，三角関係，同性愛，接吻"などを抽出した。
6) 沈国威 2014 には，これまでの近代日中語彙交流に関する研究が，新概念の導入に誘発された学術用語の貸借に強い関心が寄せられ，現代中国語への語彙体系や造語法への影響を問うものが少ないため，新しいアプローチが必要だと指摘されている（pp.304-305 参照）。
7) 広田 1969, pp.32-33 参照。
8) 飛田 2002 は，明治生まれの新語を①新造語（日本語にその概念がなく，日本人が新しく造語する），②借用語（中国で活躍した欧米人宣教師が漢訳した洋書や辞書から借用する），③転用語（日本語に存在する類義語に新しい意味を付加して転用する）と分類し，「恋愛」は②に該当するとしている（p.11）。
9) 陳力衛 2012b，沈国威 2012 は，共に《東亜観念史集刊》（第 3 期）に所収されている。

10) 朱京偉2013は，4新聞にみられる訳語・新漢語を，①「漢籍に出典があるもの」，②「明治以後，訳語に転用されて，新しい意味が生じたもの」，③「漢籍に出典がないもの」，④「《漢語大詞典》に収録されていないもの」に分類を試みている。本書に関連するものとしては，"恋愛"と"自由"が，②にあたる「新義あり」に分類されている。尚，《四庫全書》をはじめとする電子版資料の活用については，陳力衛2016に詳しい。
11) 佐藤喜代治編『語誌Ⅰ』『同Ⅱ』『同Ⅲ』(1983) は，計213項目の小論文形式の語誌研究で，本書の恋愛用語に関しては，「恋人（愛人 情人 色）」が収録されている。
12) 樺島・飛田・米川編『明治大正 新語俗語辞典』(1984) は，1868（明治元）年から1945（昭和20）年までの間に誕生した新語・俗語800語を収録（同書の凡例に拠る）。本書の恋愛用語に関しては「三角関係」と「恋愛」が収録されている。
13) 佐藤亨『現代に生きる幕末・明治初期漢語辞典』(2007) には，主に幕末・明治初期に新しく造られた言葉や新概念を表す語として転用された言葉など，漢語4,482語の日本での成立が明らかにされている。本書の恋愛用語に関しては「恋愛」と「愛人」が収録されている。
14) 劉正埮・高名凱他編《漢語外来詞詞典》(1984) が，日本語来源の選定に際し，その考察対象期間を日清戦争以後としているのに対し，沈国威1994は，19世紀の宣教師らによる英華字典類の訳語を考慮する必要があるとしたうえで，日本語来源語として892語を抽出し，考察を加えている。
15) 《近現代漢語新詞詞源詞典》(2001) は，近現代の漢語にみられる新語5,275項目を収録（同書の凡例に拠る）。
16) 黄河清編《近現代辞源》(2010) は，明末清初から1949年前後に西洋文化の影響により創出された新語等約9,500項目を収録（同書の凡例に拠る）。
17) 宋子然主編《100年漢語新詞新語大辞典（1912年-2011年）》(2014) は，1912年から2011年までの100年間に創出された新語約11,000項目を収録（同書の凡例に拠る）。
18) 「同形同義語」に対して，同義でありながら構成語の形を異にするもの（含む一部）を本書では，「異形同義語」とした。
19) 荒川1997，p.209。
20) 近代日中訳語の生成と伝播に関する分類は，各研究者の考察の視点により分類法も様々である。例えば，沈国威1998は，1.日中同時発生，2.中国から日本へ，3.日本から中国へ，4.日中間往復と4分類している（pp.56-59参照）。また，千葉2010は，「近代東西言語文化交流に基づく翻訳語の分類」として5分類（Ⅰ類は「中国において独自に外来の概念に対応して新造・転用を行った翻訳語」，

Ⅱ類は「他言語に借用されそこでの使用と意味変化を経た後，新しい意味を伴って再び中国語語彙に導入された語彙」，Ⅲ類は「日本語固有の漢字語」，Ⅳ類は「来華外国人が創造し，日本語を介することなくそのまま中国語に根付いた語彙」，Ⅴ類は「アルファベットで表記される翻訳語」）を設定している（pp.46-49）。

21）荒川 1997 は，①から④について，次のように考察している。①「熱帯」は，17 世紀以降に来華したイエズス会宣教師らの初期洋学書（アヘン戦争以前）が鎖国の日本に伝わり，更にアヘン戦争後の後期洋学書も幕末・明治初期の日本の地理書に影響を及ぼし，日清戦争後に日本語から中国語へ逆移入されることにより，中国語でユレていた名称が統一された（pp.9-76）。②「回帰線」は，17 世紀後半の『二儀略説』にみえ，20 世紀初頭の中国人留学生らによる日本語の地理学書の翻訳を介して中国語に移入された（p.77-153）。③「海流」は，日本で訳出され，中国語に移入されたが，中国語においては"洋流"のほうが優勢となった。その要因は日本語の「洋」の造語力の弱さと中国語の"洋"の造語力の強さだとする（pp.157-190）。④「貿易風」は，《地理全志》《博物新編》などを通して幕末の日本に移入され，日本ではそのまま定着したが，中国語においては 1930 年代以降，古語"信風"の方が優勢となり"貿易風"に取って代わったとする（pp.191-208）。

22）《申報》（1872.4.30-1949.5.27）：イギリス商人 E. メイジャーら西洋人の手により上海で創刊した日報紙。経営陣のほとんど，主筆や編集者たちはみな中国人であった。1909 年地元出身の席裕福は《申報》を買収し，実質的に中国人の経営に帰す。1920 年 4 月 1 日からは周瘦鵑が主編を務める。1922 年には発行部数は 50,000 部となり，全中国でも屈指の新聞となる（和田他 2014，p.323 及び『中国現代文学事典』1985，pp.146-147 参照）。尚，《申報》の調査は東洋文庫所蔵の《申報数拠庫》Web 版を活用し，引用は影印本《申報》（上海書店，1983）を使用した。

23）《人民日報》：1946 年に発刊された中国共産党中央委員会の機関紙。調査及び引用は，東京大学東洋文化研究所所蔵の《人民日報》電子版（中央文献出版社）を使用した。

24）本書では，19 世紀中葉に中国で刊行された辞典類の表記は，その記述内容から《英華字典》《華英字典》とし，20 世紀以降に刊行されたものは，《英華辞典》《華英辞典》とした。

第 1 章
恋愛用語の受容と変容の背景

　本章では，近代訳語として恋愛用語が日本語から中国語へ受容され，変容した要因を探ることを目的として，民国期の社会を概観し，文化的側面，言語的側面を確認する。

　先ず清末から民国初期を中心とした「女子高等教育」「婚姻制」「五四新文化運動」について，次に恋愛用語の成立に大きく関わると思われる「西洋の恋愛思潮の受容」について，先行研究に依拠しながら確認する。次に言語的な側面から，恋愛用語を構成する「恋」の熟語について，中国語では古典的にどのような意味・用法で使用されていたのか，日本語とどのような相違があったのかを明示する。最後に，民国期，特に1910年代末から1920年代を中心とした日本語との言語接触が，現代中国語における"恋"の造語に影響を及ぼした可能性を本書の課題として提起する。

1.1. 民国期の中国

1.1.1. 女子高等教育

　中国における近代的な女子教育は，19世紀半ばにキリスト教宣教師により作られた女子学塾に始まる。以後キリスト教会が運営する女子学校の数は著しく増加し，神の名のもとに平等というキリスト教の教義が持ち込まれ，「天足会」が組織されるなど，宣教師らにより不纏足運動も行われ，近代中国の女性解放という問題に関しても中国社会に影響を及ぼした。

　19世紀末になり，梁啓超らにより女子教育の必要性が唱えられ，中国人の手により初めて女学堂が上海で創設された。20世紀初頭には，ようやく清朝政府による近代学校制度も採用された。但し女子教育に関しては，まだ家庭教育しか認められなかった。

　1907年3月に〈女子小学堂章程〉〈女子師範学堂章程〉が公布されたこと

により，女子の新教育が正式に規定された[5]。ひな型になったのは日本の女学校制度で，良妻賢母の育成が建学の基礎とされたが，「女子の徳操」，即ち「三従」（嫁する前は父に従い，嫁しては夫に従い，夫が死しては子に従う），「四徳」（婦徳・婦言・婦容・婦功，つまり貞操，女らしい言葉遣い，しとやかさ，家事技術）が第一とされ，日本以上に徹底した男女別学の思想が貫かれた[6]。民国期に入り，ようやく女子の中等普通教育が認められ，女子中学校，女子師範学校が開校する[7]。

女子教育の普及が遅々とするなか，海外に留学する中国人女子もみられた。「自分の境遇から女性のおかれている『暗闇』の状況に気づき，自立する道を求め[8]」た秋瑾も，1904年に日本に留学し[9]，1907年には，《中国女報》に〈敬告姉妹們〉（謹んで姉妹に告げる）を掲載し，女性の自立，自活を訴えた[10]。また本書の第2章で触れる女子復権会の機関誌《天義》を創刊した何震[11]も，1907年に夫の劉師培と来日し[12]，同誌に〈女子解放問題〉を連載し，「無政府主義の女性解放論を展開した[13]」。

女子教育の普及が急がれるなか，1919年3月の北京政府教育部により〈女子高等師範学校章程〉が公布された。同4月，国立北京女子師範学校から昇格，改名した国立北京女子高等師範学校（1924年5月には国立北京女子師範大学に改編）が，最も早い女子高等教育の機関となる[14]。折しも，1919年5月4日，日本の21ヵ条要求に反対する運動（五四運動）が起きると，甘粛省の鄧春蘭という女性は北京大学校長・蔡元培（1868-1940）に1通の手紙を出し，国立大学を女性に開放するように求めた。7月には，全国の女子学生に大学開放の運動を呼びかけ，社会に大きな反響を引き起こした。胡適らがそれを熱心に応援し[15]，10月の第5回全国教育連合会もその方向を推し進めた[16]。翌年，北京大学が鄧春蘭をはじめとする9人の女学生の聴講を認めると，そのほかの大学も次々と女子に対して門戸を開いた[17]。更に1922年に学制が改められると，制度上は男女が同等の教育を受けられるようになり[18]，大学レベルでは1930年代初めまでに男女の共学がほぼ実現し[19]，1949年の中華人民共和国成立後には，学校教育における全ての男女差は撤廃された。

このように，中国の女子高等教育は五四運動以降1920年代に急速に進められ，1930年代初めには制度上は男女平等の教育機関が整えられことにな

る。本書では，女子教育の進展と恋愛思潮の浸透の時期が重なることに着目しながら，考察を進めたい。

1.1.2. 婚姻制

　1912 年 1 月中華民国が成立し，孫文（1866-1925）は初代の臨時大総統に選出されたが，軍事力と財力をもつ袁世凱（1859-1916）が圧倒的に優勢で，孫文は譲歩を余儀なくされた[20]。1913 年 10 月 6 日に初代大総統に選出された袁世凱は，1914 年 3 月，皇帝による表彰制度にならい〈褒揚条例〉[21]を公布し，表彰の条件としてトップに「孝行卓絶なる者」，次に「節烈貞操において世の模範たる女性」をあげて，王朝時期同様「考」と「節」を最高の徳とすることを強調した[22]。

　1914 年 7 月に第一次世界大戦が勃発，政局が混乱するなかで国務総理に復帰した段祺瑞（1865-1936）は，1917 年 11 月に〈修正 褒揚条例〉[23]を公布した。「考」を第 1 款にあげて，最高の徳たることを示す点は〈褒揚条例〉と変わらないが，「節烈婦女」を第 7 款に後退させ，第 2 款に「夫の義」（"特著義行"），第 5 款に「良妻賢母」を含意する"碩徳淑行"をおいた。制定過程で貞節を女性だけに強いることへの配慮が働いたのであろう[24]。但し第 2 款の「夫の義」が，「すでに嗣子を有し，30 歳までに妻を亡くし，60 歳まで再婚も納妾もしなかった者」[25]を意味するように，夫の場合は，「跡継ぎの男子を有する」という条件がついており，男子を儲けるために再婚や蓄妾が容認されたことになる。

　一夫一婦制が法制化されたのは，1930 年になってからである。1930 年 12 月に〈中華民国民法〉が公布され，第 985 条に配偶者のある者の重婚は不可と定められた[26]。但し蓄妾は婚姻とはみなされなかったため，厳密な一夫一婦制の施行ではなかった。蓄妾が容認された状態とはいえ，一夫一婦制が法制化されたことは，近代化を目指す中国において大きな一歩であったと思われる。日本では，1880 年の戸籍法（旧刑法第 353 条）により蓄妾が廃止され，1898 年の民法（第 766 条）[27]により一夫一婦制が法制化されており，日中の一夫一婦制の法制上の時間差は 30 年余りあった。

　中国の蓄妾制廃止には時間を要した。その背景には，祭祀を継承するた

男系子孫の断絶を防ぐことが不可欠であったこと，結婚後，夫が家を離れて働くことが多く，夫婦別居の形をとることが多かったこと，更に親が取り決めた旧式結婚が多く，相手に不満でも慣習的に離婚を避けようとしたことなどがあったと思われる[28]。また日本のように家名や家業を継ぐことを第一義とする家制度では，婚養子や養子縁組で家の存続をはかることができたが，男系の血筋を重んじ「異姓不養」を原理とする中国では，正妻に継嗣が生まれない場合にはまず妾を置くことでその解決がはかられたのである。中国の蓄妾制の批判が単なる風紀の問題としてではなく，常に家の問題と関連づけて論じられてきた理由はここにある[29]。

中国の法律において，婚姻の自由，一夫一妻制，及び重婚・蓄妾の禁止が公布施行されたのは共和国成立後の1950年の〈中華人民共和国婚姻法[30]〉においてである。具体的には婚姻の自由，一夫一妻制は第1章原則第1条に，重婚・蓄妾の禁止は第2条に定められた[31]。中国で蓄妾禁止を含む婚姻法が制定されるまでには，日本と半世紀ほどの時間差があったことになる。

本書では，1920年代の中国の家父長制や蓄妾制の問題を念頭におきながら，考察を進める必要がある。

1.1.3. 五四新文化運動

辛亥革命直後，改革派として活躍した陳独秀[32]は，2度目の日本滞在を経て，1915年に帰国し，同年9月に上海で《新青年[33]》を創刊する。陳独秀は創刊号の冒頭で「青年は早春の如く、朝日の如く、萌え出づる百草の如く、研ぎあげた利刃の如く、人生の最も貴重な時期である[34]」と謳い，6項目の命題を強く呼びかけた[35]。五四新文化運動の始まりである。《新青年》は創刊号から毎号，西欧近代思潮を翻訳・紹介するかたわら，孔子＝儒教批判に論陣を張り，思想啓蒙の上で大きな役割を果たした[36]。1917年1月の《新青年》(第2巻第5号)には，アメリカに留学中の胡適から〈文学改良芻議〉が寄稿され[37]，「文学革命の口火[38]」が切られた。翌月の《新青年》(第2巻第6号)には，陳独秀の〈文学革命論〉[39]が掲載され，西洋文学に倣う文学革命が呼びかけられた。そして翌年1月の《新青年》(第4巻第1号)には，白話と新式標点記号が採用された胡適や劉半農[40]，沈尹默 (1883-1971) による白話詩 (9種) が掲

載され，5月の《新青年》(第4巻5号)には，中国の最初の近代小説とされる魯迅[41]の〈狂人日記〉が発表されるに至る。

このような《新青年》の文学革命に呼応するかのように，《新潮》[42]《小説月報》[43]《東方雑誌》[44]などの雑誌も1920年以降には全て白話を採用するようになった。[45]

五四新文化運動の動きは中国本土のみならず，日本に留学中の中国人にも芽生えていた。熊本の第五高等学校に在学中の張資平[46]は，1918年8月末，博多で偶然郭沫若[47]と再会した。張資平が「中国には読める雑誌が本当にない」と嘆くと，郭沫若に「《新青年》はどうか」と訊ねられる。張資平は「いくらかいい方だが，啓蒙的な文章ばかりで，字のわきにマルや点をぎっしり打ってあって，字の数よりその方が多いくらいだよ[48]」と答えていた。3年後の1921年，2人は郁達夫[49]らと共に東京で文学団体・創造社[50]を結成し，新文学の創造に大きな足跡を残すこととなる。この創造社の結成については，厨川白村の思想が日本で受容されたという指摘もある。[51]

創造社が結成された同じ年の1921年，中国最初の新詩の結社・中国新詩社が朱自清[52]，葉紹鈞[53]，劉延陵[54]らにより結成され，翌年には専門誌《詩》[55]が創刊された。更に1922年春には中国新詩社よりやや後れて，浙江省杭州で汪静之[56]，馮雪峰[57]，藩漠華（1902-1934），応修人（1900-1933）らにより湖畔詩社が結成され，出版された詩集《春的歌集》(1923)では，恋愛が謳われた。

また日本以外で留学経験をもつ聞一多[58]の新詩や老舎[59]の小説においても恋愛が題材とされた。五四新文化運動の展開と並行するかのように，恋愛思潮も中国の社会に普及していったのではないかと推測される。

1.2. 西洋の恋愛思潮の受容

1.2.1. 19世紀末から20世紀初頭

近代中国が西洋の恋愛思潮をどのように受容したのかについては，張競1993・1995bで詳しく論じられている。張競1993は近代中国における西洋の恋愛との出会いについて，次のように述べている。

西洋文学の翻訳作品などによって西欧的恋愛は少しずつ知られるようになった。しかし、中国人がいきなりそれを受け入れたわけではない。むしろ反対に彼らはほとんどなんのためらいもなく拒否反応を示した。二十世紀の最初の十年まで、中国人の読者は西洋小説を楽しんでいたが、しかし多くの場合それは中国の小説との類比関係において鑑賞されており、西洋文化の理念を受け入れようとする考えはあまりなかった。…西洋的恋愛に真の理解を示していなかったのである。[60]

　そして張競1995bは、中国における西洋文学の初期の翻訳作品として、林紓[61]による口述訳《巴黎茶花女遺事》[62]をあげ、林紓が用いた格調高い古文体は、「西洋文学を軽視していた人たちに西洋にも中国の古典文学と同じような作品がある、というありがたい誤解を与え」[63]、近づきにくい異国の文学というよりもむしろ中国の読者にとっては親しみやすい作品であったとする。更に男女の愛を「愛」「情」で表現し、「愛」は動詞として用いられている例は翻訳でなければ思いつかない用法であるが、「情」のような従来の文学にも用いられた語句を訳本の中に混入させ、フランス文学について予備知識のない読者にも近づきやすい、いわば「中間」的な翻訳テクストを作ろうとしたと指摘する[64]。1919年の五四運動まで中国社会はまだ旧態依然として、一部の人たちを除いて、恋愛は非日常的で、「男女を描く物語はなおも旧小説から養分を取り入れざるをえなかった[65]」ようである。

　但し20世紀初頭には日本留学経験者の重訳により、西洋文学が日本経由で中国に紹介されていた。例えば、中国に初めてロシア文学が翻訳されたのは、1903年に出版された戢翼翬訳《俄国情史》[66]（大宣書局）[67]である。これは高須治助訳述『露国情史　スミス、マリー之伝』[68]からの重訳である。戢翼翬は底本をほぼ忠実に翻訳しているが、原本や底本にはない挿入文が数箇所ある。例えば、主人公・斯密士が、任務地で知り合った女性・瑪麗との"自由結婚"の許しを得るために父に宛てた手紙文である[69]。「もしお父様の許しをもらえたら、本当に私と瑪麗にとって終身の幸せであります」[70]という文面からは、旧い慣習に囚われない、当人の意思を尊重する婚姻を望む訳者の意図を読み取ることができるとともに、この点が当時の中国社会の問題点であっ

たことも汲み取れる[71]。

　ところで，末広鉄腸の『雪中梅』（博文堂，1886）が《雪中梅》（熊垓訳）として，中国語に翻訳され出版されたのも1903年のことである。この翻訳については，陳力衛2005bに詳しく分析されている。章回タイトルは中国語らしく改訳され，更に本文には"婚姻都是男女自主""由我自主"など，「後の新文化運動（1919）の中で，『婚姻自主、男女平等、自由恋愛』といった女性解放のスローガンとな[72]」るような言葉も使用されていた。当時の翻訳者は，西洋文学の重訳や日本文学の翻訳を通して，挿入文や改訳という方法をとることにより，20世紀初頭の中国社会に必要とされているものをうまく取り込もうとしたのであろう。

　1910年代半ば，創刊間もない《新青年》にはI. S. Turgenev（1818-1883）原著の〈春潮〉や〈初恋〉など，西洋文学の翻訳が次々に掲載され，西洋の恋愛が紹介された。但し前節1.1.で論じたように，1910年代後半に入っても，中国社会は旧態依然としており，恋愛の普及には時間を要していた。そこで，1918年5月，周作人は「日本の先覚者たちの言論を中国人に読ませたい[73]」と，与謝野晶子（1878-1942）の「貞操は道徳以上に尊貴である」[74]を抄訳（〈貞操論〉《新青年》第4巻第5号）し，与謝野晶子が唱える貞操観，恋愛観，結婚観を紹介した。2か月後，胡適も〈貞操問題〉（《新青年》第5巻第1号，1918.7）を掲載するなど，知識人により恋愛の意味が問われ始めた。尚，《新青年》において論じられた貞操観や恋愛観については，次章の2.4.で詳述したい。[75]

1.2.2. 1920年代の近代の恋愛観

　1920年代に入ると，E. KeyやE. Carpenterの恋愛思潮が日本を経由して中国に数多く紹介されるようになる。例えば，女子教育の振興を目的とした《婦女雑誌》には，幼雄訳〈愛倫凱之更新教化論〉（《婦女雑誌》第7巻第6号，[76] 1921.6．底本：本間久雄「その更新的教化論」『エレン・ケイ思想の真髄』）やY.D. 訳〈近代的恋愛観〉（《婦女雑誌》第8巻第2号，1922.2．底本：厨川白村「近代の恋愛観」），Y.D. 訳〈告失恋的人們〉（《婦女雑誌》第8巻第5号，1922.5．底本：賀川豊彦「失恋に就て」）などがみられた。[77]

その背景には，1921年から《婦女雑誌》の主編を務めた章錫琛[78]が，「中国の文字の中にはずっと英語のloveの意味にあたる言葉がなかった。近頃なんとか日本語訳の『恋愛』をあてているけれども，一般の人には依然としてこの言葉の意味は理解されていない」[79]と嘆くように，西洋の恋愛思潮が理解されないことがあったようだ。それは，5.2.2.で詳述するように，《婦女雑誌》に組まれた編集者と読者との"自由恋愛"の問答などからも窺える。

《婦女雑誌》における西洋の近代の恋愛思潮に関する言説については，西槇1993が厨川白村の『近代の恋愛観』を中心に，白水1995が本間久雄の『エレン・ケイ思想の真髄』『婦人問題十講』などを中心に論じている。西槇1993は，『近代の恋愛観』は中国では恋愛の啓蒙書として読まれ，《婦女雑誌》の誌上での恋愛論争では，厨川白村をうまく味方にしたとする[80]。E. KeyやE. Carpenterの「恋愛論」に影響を受けた厨川白村は，『近代の恋愛観』のなかで，恋愛の歴史を三段階に分けて説明している。第一段階は，古代の性的本能だけに動かされた「肉欲の時代」，第二段階は，恋愛観が基督教の禁欲主義と結びついた中世期の「霊的宗教的女人崇拝時代」，そして第三段階は近代の「霊肉合一的恋愛観の時代」だとし，この第三段階は婦人を一個の「人」として認め，男も女も単独にしては不完全なものであるが，両性が互いに補足の作用を為すが故に，二つの個人が相求め相牽くことによってお互いに自己を新たにし，充実することができるのが恋愛であると論じている[81]。

また白水1995は，E. Keyの恋愛論のキーワードは，(1)霊肉一致の恋愛，(2)恋愛の自由，(3)自由離婚，(4)人の進化であり，E. Keyの恋愛論は，権利と義務，強迫と占有の存在しない，独立した人格をもつ自由な男女の精神的肉体的関係を追求したものだったとし，《婦女雑誌》におけるE. Keyの理解については，本間久雄の著作の翻訳によるところが大きいと指摘する[82]。

本書においては，厨川白村が説く「第三段階」を「近代の恋愛観」と定義づけ，この概念の中国での受容と恋愛用語の中国語への受容・変容の関わりに着目しながら論を進めたい。尚，1920年代前半の《婦女雑誌》において論じられた"自由恋愛"については，第5章の5.2.2.及び5.3.で詳述したい。

1.3. 言語上の特性と課題提起

1.3.1. 中国語の"恋"の古典的な意味・用法

本節では，恋愛用語が中国語に受容され，変容した要因の1つとして，言語上の特性を確認したい。先ず中国語の"恋"の古典的な意味・用法をみる。

張競1993は，《論語》《孟子》のような儒学の教典には"恋"という言葉はみられず，近代になるまで，「恋物語のなかで男女の恋を表現するのに『恋』ということばが用いられた例はまったくないといってよい」とし，清末になっても中国語の"恋"という漢字は，所謂恋愛を表現する固定の用語にはならなかったと指摘する。[83]

確かに次の用例1）にあげたように，白居易の〈寄江南兄弟〉（江南の兄弟に寄す）にみえる"骨肉恋"は「兄弟を恋しく思う」の意味で使用されている。その一方で，用例2）の北宋の柳永の〈雨霖鈴〉では，「恋（こい）」の意味が"情"という言葉で表されていることが分かる。

1) 分散骨肉戀　趨馳名利牽　一奔塵埃馬　一汎風波船
　　　　　　　　　　　　　　　　　（白居易〈寄江南兄弟〉）[84]
（分散して骨肉を恋い　趨馳して名利に牽かる　一は塵埃の馬を奔らせ　一は風波の船を汎かぶ）

2) 寒蟬淒切，對長亭晩，驟雨初歇，都門帳飲無緒，方留戀處，蘭舟催發。… 多情自古傷離別，更那堪，冷落淸秋節。　（柳永〈雨霖鈴〉）[85]
（ひぐらしの声　せつなし　宿場の夕暮れどき　通り雨のいま過ぎしあと　城門のかたわら　酌みかわす別れの杯もうたてし　去りがてに　舟人は出船を告げぬ　…　恋多き人の別れを傷むは世のならい　されど　すまじきものはうらぶれの秋の別れ）[86]

この点は，《辞源》(1915) の記載からも確認できる。《辞源》の【恋】には，古典の用例として《後漢書》がひかれているが，その意味は男女に特定されたものではない。一方【情】には，6番目に「恋（こい）」を表すとして，"情書"（恋文）や"情人"（恋人）といった熟語があげられている。

《辞源》(1915)：
　【恋】心所係念而不能釋也。(心に懸念するところありて，釈するに能わず)
　　　《後漢書》兄弟相戀。(兄弟が恋しく思う)
　【情】❶性之動也。如喜怒哀懼愛惡欲。謂之七情。❷實也。猶言眞情。❸私意也。如徇情，情面。❹謂相待之意。如言情不可却。❺趣味也。❻俗以男女之愛爲情。如情書，情人。(俗に男女の愛を情とする。情書，情人の如く)

更に《辞源》の【恋】に収録された"恋+□"の熟語 (9語) をみると，【恋愛】以外の見出し語に古典文献名とその使用例がひかれている。但しその意味するところは「恋(こい)」に特定されてはいない。[87]

《辞源》(1915)：
　【恋主】謂依戀主人。不忍去也。(主人に未練が残る。去ることが忍びない)：《曹植文》
　【恋旱】猶云戀棧。(恋棧と同じ)：《蘇軾詩》
　【恋枕】臥懶起也。(起きたくない)：《張養浩詩》
　【恋棧】喻人之貪戀祿位。多用此語。(人が俸給と官位に執着すること。この意味ではこの語を多く使う)：《三国志注》
　【恋愛】謂男女相悅也。(男女が慕うことを言う)
　【恋慕】愛莫能捨之義。(離れがたいという意味)：《魏志満寵伝》
　【恋群】謂與羣相依戀也。(群れになり互いに名残を惜しむこと)：《李紳詩》
　【恋闕】謂依戀宮闕。不忘君也。(宮殿に未練が残ること。君主を忘れないこと)：《韓愈詩》
　【恋恋】依依不捨之貌。(別れを惜しむさま)：《史記》

【恋愛】に"謂男女相悅也"(男女が好きになること) という意味のみが記載され，古典文献名が付されていないのは，《辞源》の編者が"恋愛"を近代の新語か訳語，或いは日本語来源語彙とみなしたからであろう。[88] しかし中国の古典文献には，事物に対しても「恋しく思う」という"恋愛"の意味・用法があり，専ら「恋(こい)」を表す言葉として，意味範囲が縮小されるよう

になったのは，20世紀に入ってからだと推測される。この点は次章で論じたい。

確認のため，《佩文韻府》[89]で"□＋恋","□□＋恋"構造の2字語，3字語を調べてみると，それぞれ43語，48語が収録されていた。しかしいずれも「去りがたい，恋しく思う」を意味し，意味範囲も広いものである。

《佩文韻府》:
① "□＋恋"（43語）

戀戀　相戀　眷戀　慈戀　顧戀　志戀　感戀　仰戀　鯉戀　追戀　攀戀
悚戀　歎戀　瞻戀　遮戀　保戀　思戀　孝戀　深戀　悲戀　繫戀　婉戀
愛戀　情戀　結戀　勤戀　春戀　常戀　悽戀　遐戀　歸戀　別戀　宿戀
積戀　投戀　鶯戀　離戀　凝戀　悵戀　慕戀　暖戀　拘戀　除戀

② "□□＋恋"（48語）

鴛馬戀　良醖戀　犬馬戀　北風戀　臣子戀　浮物戀　危城戀　吳質戀
噬指戀　東山戀　潁陽戀　鳥聲戀　扇枕戀　北闕戀　慈親戀　紫宮戀
遊方戀　白華戀　清夜戀　符守戀　承明戀　親交戀　故吏戀　登朝戀
朝宗戀　子牟戀　赤墀戀　兒女戀　圭組戀　朱門戀　擁轅戀　溫席戀
骨肉戀　南陔戀　雕梁戀　竹林戀　霑衿戀　綵衣戀　南枝戀　遊蜂戀
三宿戀　庭闈戀　堯階戀　桑下戀　綈袍戀　飢鷹戀　丘壑戀　葵藿戀

以上の考察からは，中国語の古典にみられる"恋"の熟語は，意味範囲が広いものであり，「恋（こい）」に特定された言葉ではなく，この意味を担ったのは"情"の熟語であったと言えそうである。

1.3.2. 日本語の「恋」と「恋う」

本項では，中国語の"恋"の意味・用法と対照するために，日本語の「恋」と「恋う」の意味・用法を確認したい。

『日国』は，【恋（こい）】の意味を「①人、土地、植物、季節などを思い慕うこと。めでいつくしむこと。②異性（時には同性）に特別の愛情を感じて思い慕うこと。恋すること。恋愛。恋慕」とする。【恋（こい）】[90]の「語誌」には「上代では、①のように、対象に幅があったが、中古以降は、②のよう

に、もっぱら恋愛の感情を表すようになった[91]」とあり，平安時代以降に②の意味が多用されたようである。また，8世紀後半の『万葉集』には「コヒ」が，「古飛，古比」の他，「古非，故非，孤悲[92]」などの万葉仮名で表され，和語として和歌に多く用いられていた。[93]

3) 余能奈可波　古飛斯宜志恵夜　加久之阿良婆　烏梅能波奈尔母　奈良麻之勿能怨　　　　　　　　　　（大伴大夫『万葉集』巻第5・819）[94]

　（世の中は　恋繁しゑや　かくしあらば　梅の花にも　ならましものを）

4) 比多知散思　由可牟加里母我　阿我古比乎　志留志弓都祁弓　伊母尔志良世牟　　　　　　　　　（物部道足『万葉集』巻第20・4366）[95]

　（常陸さし　行かむ雁もが　我が恋を　記して付けて　妹に知らせむ）

また『日国』は，動詞【恋う(こう)】の意味についても「①人・土地・植物・季節などを思い慕う。また、めでいつくしむ。②異性（時には同性）に特別の愛情を感じて思い慕う。恋する。恋慕する[96]」とし，②の初出例として『古事記』(712)や『万葉集』(8C後)，『伊勢物語』(10C前)をひいている。[97]

つまり日本語の「恋」や「恋う」には，上代或いは中古以来「異性（時には同性）に特別の愛情を感じて思い慕う（こと）」という意味・用法があったと言ってよい。以下，本書ではこれらの意味を「こい」と表記する。

上代から明治期までにみられた「恋」の熟語として，佐藤亨1999は次のような言葉をあげている。

「上代」：恋歌　恋者　恋諸　恋望(れんまう)　恋慕(れんも)　恋情　恋衣

「中古」：恋諸　恋慕　恋歌(こひか・こひのうた)　恋死

「中世」：恋慕　恋恋　恋路　恋心

「近世」：恋慕　恋恋　初恋　恋人　恋男　恋女　恋仲　恋風　…

「明治期」：恋愛　恋慕(ス)　恋欲　眷恋　恋人　恋歌　恋風　恋草
　　　　　　恋死　恋文　片恋　初恋
　　　　　　恋物語　恋愛観　恋愛談　恋愛論　…
　　　　　　恋愛関係　恋愛結婚　恋愛小説　恋愛文学　…

佐藤亨1999の考察からは，上代以降「恋歌」のような和語がみられ，中世には「恋路，恋心」，近世には「初恋，恋人，恋男，恋女，恋仲，恋風」，

明治期には「恋草，恋文，片恋[98]」などの和語が創出されたこと，更に「恋愛観，恋愛小説」のような３字語以上の複合語が多く創出されたことが分かる[99]。

ところで，明治期の「恋」の意味について，1892年に出版された『日本大辞書』は，「愛」と対比して，「愛」は「恋」より意味が広く，一般の外界の物に対しての思いに使えるのに対し，「こひハ寧ロソノ一部分デ，主トシテ男女間ニ出ルイツクシミノ情ナドノ意味ヲ持ツ」としている[100]。この記述からは，明治期においても「恋」，及び「恋」の熟語が「こい」の意味をもつ言葉として，使用されていたことが窺える。明治期に西洋文学が多く翻訳され，西洋の恋愛思潮が紹介されるなかで，訳語として「恋」の熟語が次々に創出されたと推測される。

以上の考察からは，中国語の古典に典拠された"恋"の熟語は，専ら「こい」を表現する言葉ではなかったが，日本語は，「恋」「恋ふ」に「こい」の意味を含む名詞，動詞の用法が古典にみられ，熟語も多く創出されていたことが確認できる。

1.3.3. 課題提起

本書では，民国期に中国語に移入された恋愛用語を考察することを目的としているが，実は1978年の改革開放政策後の現代中国語には，"婚恋、黄昏恋"（名詞）や"単恋、網恋、早恋"（動詞）など，「こい」の意味を含んだ"恋"の熟語が多く創出されている。1.3.1.で確認した通り，中国の古典文献にはこのような「こい」を含意した"恋"の熟語は散見されなかった。つまり，現代中国語における"恋"の熟語の創出は，民国期の日本語との言語接触が契機となった可能性が高いと推測されるのである。

そこで，本書では現代中国語における"恋"の熟語の創出は，民国期に「こい」を含意した「恋」の熟語が日本語から移入され，中国語の"恋"の造語に影響を及ぼしたものであることを課題として提起し，通時的な考察も加えたい。

注

1) 崔淑芬 2008 は，中国における早期の女子学堂は，1830 年代のアメリカ人宣教師 E. Bridgman により広東で創られた女子学塾，1844 年，イギリス人宣教師 Miss Aldersey により寧波で開かれた女子学塾であったとする (p.76)。
2) 崔淑芬 2008，p.78 参照。
3) 梁啓超 (1873-1929)：広東省新会県生まれ。号は任公，飲冰室主人，自由主人など。清末の思想界に大きな影響を与えた啓蒙思想家，ジャーナリスト。1898 年から 14 年間日本に亡命。1899 年に横浜で《清議報》を創刊して革命を鼓吹。1902 年には《新民叢報》《新小説》を創刊する。
4) 1904 年に〈奏定学堂章程〉が発布され，初等教育 9 年（初等小学堂 5 年，高等小学堂 4 年），中等教育 5 年（中学堂 5 年），高等教育 6-7 年（高等学堂または大学予科 3 年，大学堂 3-4 年），通儒院 5 年に加え，師範教育（初等師範学堂 5 年，優級師範学堂 3 年），及び実業教育（初等実業学堂 3 年，中等実業学堂 5 年，高等実業学堂 4-5 年）が制度化された（阿部 1990，pp.32-35 参照）。
5) 女子師範学校は，1910 年頃までに全国に 15 か所あり，在学師範生は 3,000 人前後であった（崔淑芬 2007，pp.217-219 参照）。
6) 中国女性史研究会編 2004，周一川「女学・女子留学生―知へのあこがれ」，pp.25-27 参照。尚，授業を担当する教員が不足したため，清国政府は日本人教員を招聘し，1909 年の段階では約 500 人（女性教員を含む）に達していた（吉野 1909，p.123 参照）。
7) 崔淑芬 2007 は，教育部の第 5 回の調査結果として，1916 年 9 月から 1917 年 7 月における全国女子中等師範生の人数は，5,792 名（中等師範生総数の 23.7%）としている（p.238 参照）。
8) 中国女性史研究会編 2004，前山加奈子「清末の女性解放思想―秋瑾と何震」，p.33。
9) 秋瑾 (1879-1907)：浙江省紹興生まれ。1904 年に日本に留学し，1906 年日本政府が発令した清国留学生取締規則に抗議して帰国，1907 年軍事蜂起を計画中に逮捕，処刑される。
10)〈敬告姉妹們〉は秋瑾刊行の《中国女報》(第 1 期，1907.12，pp.13-16) に掲載された。秋瑾は"如今女學堂也多了。女工藝也興了。但學得科學工藝做教習開工廠何嘗不可自己養活自己嗎也 (p.15)"（いまは女子の学校も多くなり女性の技芸もおこっているから，学問・技芸を修得して，教師になり，作業場を開けば，自活の途が立つはずです）と唱えた（邦訳は西順蔵訳「敬んで姉妹に告げる」1971，p.320）。
11)《天義》(1907.6-1908.3)：婦人革命や民族・政治・経済の諸革命を推進し，〈共産党宣言〉が初めて抄訳されるなど，社会主義思想が鼓吹された最も古いもの

であった。創刊したのは何震（生没年不明）をはじめとする5名の中国人女性であったが，実際に主導権を握っていたのは何震と夫・劉師培で，2人が日本を離れる1908年3月をもって停刊となる（平野1966, pp.1-24参照）。

12) さねとう1970は，中国人女子が最初に留学生として東京にあらわれたのは1901年で，単独で来たのではなく，父兄あるいはその夫の留学について来たもので，1902年にはその数は十余名となり，当時，華族女学校の学監であり，同時に女子工芸学校の創立者である下田歌子（1854-1936）は，これらの女子留学生を親切に指導したと指摘する（p.76）。また女子留学生数は年々増加し，1907年には東京だけで100名に近くなり，留日女子学生会が組織された（p.78）。尚，下田歌子は，1899年に女子工芸学校，私立実践女学校（実践女子大学の前身）を創設していた。

13) 中国女性史研究会編2004，前山加奈子「清末の女性解放思想—秋瑾と何震」，p.33。尚，何震（著名は震）の〈女子解放問題〉は《天義》第7巻，第8・9巻合冊に連載された。

14) 杉本1999, pp.96-97参照。

15) 胡適（1891-1962）：上海生まれ。文芸理論家，哲学者，教育家。本名は胡洪騂。字は適之。筆名は天風，QVなど。上海の梅渓学堂，中国公学などに学んだ後アメリカに留学し，コーネル大学，コロンビア大学で文学，哲学を修める。コロンビア大学留学中に《新青年》に寄稿した〈文学改良芻議〉は，五四新文化運動の起点となる。帰国後，1917-1927年北京大学教授，1930-1937年北京大学文科長，1945-1949年北京大学総長を歴任する（増田・服部訳1963「文学改良芻議」，p.288参照）。

16) 胡適は，1918年9月の《新青年》（第5巻第3号）に，北京女子師範学校で講演した〈美国的婦人〉（アメリカの婦人）を掲載し，アメリカの女子学生は「良妻賢母を超えた人生観」，言い換えれば「自立」の観念をもっているとし，中国における男女平等の教育の必要性を説いていた。

17) 崔淑芬2008, p.81参照。

18) 1922年大総統の名による〈学校系統改革案〉が公布され，小学6年（初級小学4年・高級小学2年）・初級中学3年・高級中学3年・大学4-6年となった（梅根1975, p.97）。ちなみに，日本においては，1872年の「学制」により，小学校から大学にいたる近代学校体系を全国規模で実現する方向が示され，1886年の「学校令」により近代学校制度が確立，小学校，中学校及び帝国大学を基本とした戦前日本の学校制度の骨子がつくりあげられていた（阿部1990, pp.14-15参照）。

19) 崔淑芬2008の「全国1931年男女大学生の統計表」に拠れば，国立大学（13校），省立大学（9校），私立大学（19校）の1931年の在校生数は，男子が23,781人，

女子が 3,315 人とあり，女子学生数が約 14％に及んでいることが分かる（pp.82-83 参照）。
20) 坂元編 2010, p.6 参照。
21) 1914 年 3 月 11 日に公布された〈褒揚条例〉（《政府公報》第 662 号）第 1 条は，「左列の良き行いの 1 つを有する者は本条例の褒揚を受けることを得る」とし，第 1 款に「孝行卓絶なる者」，第 2 款に「婦女の節烈貞操を以て世を風すべき者」があげられている。（原文：第一條　有左列行誼之一者得受本條例之襃揚　一　孝行卓絶著聞郷里者　二　婦女節烈貞操可以風世者）。原文は《政府公報》マイクロフィルム（筑波大学中央図書館所蔵）に拠る（以下の《政府公報》の原文も同様）。
22) 末次 2009, pp.92-93 参照。尚，"節婦"とは若くして寡婦になり再婚しなかった者，"貞女"とは婚約者の死後，結婚せず，節を守る者，"烈婦""烈女"とは暴行に遭った際，抵抗して死んだ者，及び夫の死に殉じた者を言い，"婦"は既婚女性，"女"は未婚女性を言う（末次 2009, p.93 参照）。
23) 1917 年 11 月 20 日に公布された〈修正　褒揚条例〉（《政府公報》第 664 号）第 1 条は，「左列各款の 1 つに適合する者は内務部より呈請しこれ褒揚する」とし，第 7 款に「節烈婦女」があげられている。（原文：第一條　合於左列各款之一者由内務部呈請襃揚之　一　孝行純篤　二　特著義行　五　碩德淑行　七　節烈婦女）。
24) 末次 2009, p.96。
25) 1917 年 12 月 13 日に公布された〈修正　褒揚条例施行細則〉第 2 条に拠る。（原文：第二條　前條所稱之義夫以年在三十以内已有子嗣原配身故並不續娶納妾至六十歳以上者爲限）
26) 国民政府公布〈第 4 編親属　第 2 章婚姻　第 2 節結婚　第 985 条〉（原文：有配偶者、不得重婚）（郭元覚輯校 1932, pp.1-5 参照）。尚，同法の施行は 1931 年 5 月 5 日である（大塚 1985, p.111 参照）。
27) 民法第 766 条（第 4 編親族　第 3 章婚姻　第 1 節婚姻ノ成立　第 1 款婚姻ノ要件）には，「配偶者アル者ハ重ネテ婚姻ヲ爲スコトヲ得ス」とある（梅兼 1899, p.89 参照）。但し妻の姦通は処罰の対象となり，夫の姦通は処罰の対象ではなかった。姦通罪が削除されたのは，1947 年である。
28) 白水 2001, pp.184-185 参照。
29) 白水 2001, p.184。
30) 〈中華人民共和国婚姻法〉は，1950 年 4 月 13 日に中央人民政府委員会第 7 次会議を通過し，1950 年 5 月 1 日に公布された（大塚 1985, p.142 参照）。
31) 〈中華人民共和国婚姻法・第 1 章原則　第 1 条　第 2 条〉（原文：第 1 條 … 實行男女婚姻自由、一夫一妻、男女權利平等、… 。第 2 條　禁止重婚、納妾。）

（人民出版社編 1953，p.1 参照）。
32）陳独秀（1879-1942）：安徽省安慶生まれ。文学革命の提唱者。中国共産党初代総書記。1901 年から日本に留学，帰国後は革命運動の組織などを設立。袁世凱軍との交戦（第二革命 1913.7-1913.9）に失敗し，1913 年日本に亡命，1915 年に帰国し，上海で《青年雑誌》を創刊する。1917 年から 1919 年は北京大学文科学長。1917 年以降白話文の提唱を開始する。1921 年 7 月には中国共産党を結成する。
33）《新青年》（1915.9.15-1926.7.25）：創刊時は《青年雑誌》であったが，1916 年 9 月（第 2 巻第 1 号）から《新青年》に改題された。1922 年 7 月（第 9 巻第 6 号）までの編集にはほぼ陳独秀があたる。当初は啓蒙的総合誌の性格が強かったが，《新青年》と改題した前後から儒教批判を強め，また，1917 年以降，口語文の提唱を開始，この 2 つがこの雑誌の柱となった。尚，本書での用例で使用する雑誌名は発行時の通りとした。
34）陳独秀〈敬告青年〉《青年雑誌》第 1 巻第 1 号，1915.9，p.1。邦訳は，野村浩一 1990，p.4。（原文：青年如初春。如朝日。如百卉之萌動。如利刃之新發於硎。人生最可寶貴之時期也）
35）6 項目の命題とは「1、自主的であれ、奴隷的であるな。2、進歩的であれ、保守的であるな。3、進取的であれ、隠遁的であるな。4、世界的であれ、鎖国的であるな。5、実利的であれ、虚飾的であるな。6、科学的であれ、空想的であるな」である（邦訳は野村浩一 1990，p.4）。
36）吉田 1996，p.20 参照。
37）〈文学改良芻議〉には，「1、内容のあることをいう。2、古人の模倣をやめる。3、文法にかなう文章を書く。4、理由もなく深刻がらない。5、陳腐な常套語はできるだけ避ける。6、典故は用いない。7、対句を考えない。8、俗語俗字を避けない」の 8 項目が掲げられ，説明が加えられている（邦訳は，増田・服部訳「文学改良芻議」1963，p.289）。
38）増田・服部訳「文学改良芻議」1963，p.288。
39）〈文学革命論〉には，「ヨーロッパの文化は，政治科学に負うところはもちろん大きいが，文学も少なからず貢献している。…馬鹿な儒教者どもの非難をかえりみず，眼を見開き勇気をふるって十八妖魔に戦いを宣するものはないか」と論じられている（邦訳は，増田・服部訳「文学革命論」1963，p.313）。
40）劉半農（1891-1934）：江蘇省江陰県生まれ。散文家，音声学者，北京大学教授。1920 年「国語辞典委員会」委員になり，《時事新報・学燈》に〈"她"字問題〉を発表し，初めて"她"と"它"の 2 字を作る（『近代中国人名辞典』1995，pp.493-494 参照）。
41）魯迅（1881-1936）：浙江省紹興生まれ。作家，思想家，批評家，文学史家。本

名は周樹人。幼名は周樟寿。筆名は唐俟，黄棘など多数。1902年官費留学生として来日，1906年に一時帰国して，朱安と古い型の結婚をする。1909年に帰国。1912年，臨時政府の教育部員となり，北京に移住する。魯迅という筆名は〈狂人日記〉(《新青年》第4巻第4号，1918.4)で初めて使用する。

42)《新潮》(1919.1-1922.3)：月刊文学雑誌。1919年1月，北京大学の学生・羅家倫や傅斯年などによって創刊された。五四運動以後は周作人も編集を担当する。

43)《小説月報》(1910.7-1931.12)：月刊文学雑誌。1921年1月，北京で文学研究会が結成されると，同会の機関誌となり，沈雁冰（茅盾）が主編となって，新文学の提唱，文学研究会員の創作の発表，西欧新文学の紹介・翻訳に務める。

44)《東方雑誌》(1904.3-1948.12)：商務印書館の総合雑誌。最初は月刊，第17巻(1920.1)より半月刊となり，ロシアや東欧，日本，欧米，インドの文学作品が訳掲されるようになる。

45) 吉田1996，p.28参照。

46) 張資平(1893-1959)：広東省梅県生まれ。作家。1912年9月から1922年5月まで，官費留学生として日本に留学。1920年東京帝国大学理学部地質学科在学中に処女作〈約檀河之水〉を発表，高い評価を受ける。帰国後は教鞭（武昌師範大学鉱物学教授，暨南大学文学部教授）を執りながら創作活動を行い，1920年代に恋愛小説を多数発表する。帰国直後に知人の紹介で熊淑琴と結婚，2男6女を儲ける。1940年，汪兆銘政権に出仕，単身南京へ。1944年，同棲していた劉敏君（及び2男1女）と上海に戻る。1955年，上海公安局により反革命罪・漢奸罪で逮捕され，1958年，20年間の有罪判決を受ける。1959年，労働改造農場にて病死（67歳）。

47) 郭沫若(1892-1978)：四川省楽山県沙湾生まれ。小説家，劇作家，詩人。1912年に母親の希望に従い古い型の結婚をしたが，1914年に留学，一高の特設予科を経て六高から九大医学部に学ぶ。六高時代に佐藤をとみと結婚，5子を儲ける。

48) 郭沫若《創造十年》現代書局，1932，p.41。（原文："中國眞沒有一部可讀的雜誌。""新青年怎樣呢？""還差強人意，但都是一些啟蒙的普通的文章，一篇文字的密圈胖點和字數比較起來還要多。"）

49) 郁達夫(1896-1945)：浙江省富陽県生まれ。本名は文。1919年10月東京帝国大学経済学部入学，1922年3月に卒業するが，文学部言語学科に再入学し7月に帰国する。1925年に武昌師範大学の教授となるが，まもなく辞職して創造社の再建に参加する。

50) 創造社は1921年6月東京で結成され，1929年2月国民党政府によって禁止されるまで約10年間上海を中心に活動を続け，《創造叢書》のほか，《創造季刊》《創造週報》《創造日》《洪水》《創造月刊》《文化批判》《流沙月刊》など十数種

の雑誌を発行した（吉田 1996, p.51 参照）。
51) 工藤 2010 は，創造社のメンバーとなる田漢が 1920 年 3 月 18 日に厨川白村を訪問していること，及び郭沫若が発表した〈論国内的評壇及我対於創作上的態度〉（《時事新報・学灯》1922.8）や〈暗無天日的世界（答弁）〉（《創造週報》第 7 号，1923.6）に使われる"苦悶的象徴"は，厨川白村の「苦悶の象徴」（『改造』第 3 巻第 1 号，1921.1）を意識したうえの言葉であると考察し，創造社の結成にあたり，厨川白村の思考が留日の創造社の同人に日本において受容されていたと指摘する（pp.68-70）。
52) 朱自清（1898-1948）：江蘇省東海県生まれ。詩人，散文家。本名は朱自華。1916 年に北京大学哲学科に入学。在学中から新詩を書き始める。1921 年に文学研究会の結成とともに会員になる。1935 年《新文学大系・詩集》の編集にあたり，〈導言〉と〈詩集雑記〉を書く。
53) 葉紹鈞（1894-1988）：江蘇省蘇州生まれ。作家，国語教育家。字は聖陶。文学研究会の発起人の 1 人となり，短編小説を多く書き，五四新文学の主要作家。1923 年に上海商務印書館に就職し，《婦女雑誌》や《小説月報》の編集にあたる。
54) 劉延陵（1894-1988）：江蘇省泰興県生まれ。近代中国で最初に出版された現代詩の専門誌《詩》の編集者の 1 人。
55)《詩》（1922.5-1923.5）：（2 巻 2 期，総 7 期）。中国新詩社編集による，近代中国で最初に出された現代詩の専門誌（月刊）。主な編集者は朱自清，劉延陵，葉紹鈞ら。
56) 汪静之（1902-1996）：安徽省績渓県生まれ。1922 年 4 月前後，潘漠華，応修人，馮雪峰らと湖畔社を組織する。魯迅や周作人から作詩の指導を受け，恋愛詩を多く作詩する。
57) 馮雪峰（1903-1976）：浙江省義烏県生まれ。評論家。1921 年に朱自清らの指導を受けて文学団体晨光社を結成し，1922 年には汪静之らと湖畔社を組織した。1928 年には魯迅とともに科学的芸術論叢書を編集する。
58) 聞一多（1899-1946）：湖北省浠県生まれ。詩人。学者。本名は聞亦多。1922 年に清華大学を卒業，シカゴ美術学院，コロラド大学で美術を学ぶ。新詩の創作を始め《清華週報》などに寄稿し，新しい語句による詩界の改革者となる。
59) 老舎（1899-1966）：北京生まれ。小説家，劇作家。本名は舒慶春。字は舎予。1924 年ロンドン大学東方学院に中国語教師として渡英する。
60) 張競 1993, pp.253-254。
61) 林紓（1852-1924）：福建省閩県生まれ。翻訳家。字は琴南，筆名は冷紅生。1897 年フランスから帰国した王子仁からデュマ父子等の作品を知り，以後西欧文学の翻訳に努める。外国語に通じなかったが，口訳するのを聞いて美文でそれを著したため，誤訳の類は免れない。翻案に近いものも多かったが，近代西

欧文学の紹介に果たした役割は大きい。

62) 林紓・王子仁訳《巴黎茶花女遺事》素隠書局，1899（原作は，Alexandre Dumas fils（1824-1895）の *La Dame aux camélias*，邦題は『椿姫』）。尚，*La Dame aux camélias* の邦訳としては，1885年に醒々居士稿・福島幾太郎編『新編黄昏日記』（駸駸堂），1889年に加藤紫芳訳『椿の花把』（春陽堂）が出版されている（高橋邦太郎1928，及び近代デジタルライブラリー参照）。

63) 張競1995b，p.77。

64) 張競1995b，pp.76-82参照。

65) 張競1995b，p.124。

66) 戢翼翬（1878-1908）：湖北省房県生まれ。日清戦争後の1896年に初めて日本にやってきた清国留学生13名の1人。1900年東京専門学校（後の早稲田大学）在学中に，共に日本にやってきた留学生・唐宝鍔と日本語学習書《東語正規》を出版する。1900年7月に孫文の密命を受けて帰国したが，密謀を起こし12月日本に亡命，1901年5月には，民族主義や自由平等を掲げた《国民報》を東京で創刊する。1901年には実践女学校長・下田歌子と上海に印刷会社「作新社」をつくり，中国の出版物を旧装から洋装に変化させた最初の留学生であり，清末の革命思想家でもあった（さねとう1970，晏妮2012参照）。

67) 陳国恩他2009，p.3。但し阿英編1961には，イソップ寓話の翻訳として1900年の任廷旭訳〈克魯洛夫寓言　三篇〉（《俄国政俗通考》広学会）が収録されている（pp.1-3参照）。

68) 原著は，А. С. Pushkin の *Капитанская дочка*（1836）（邦題『大尉の娘』）。1883年に高須治助訳述『露国奇聞　花心蝶思録』が出版され，3年後に『露国情史　スミス、マリー之伝』に改題して，再版された。その際には，地の文が片仮名表記からひらがな表記に改められている。

69) 原本，底本には，手紙文の内容までは記述されていない。また戢翼翬は "若欲自由結婚。阿母固無所阻"（自由結婚を望んだ場合，母上は許しくれるだろう）と，地の文に底本にはない "自由結婚" という言葉を使用している。

70) 《俄国情史》1903，pp.28-29。（原文：倘得吾父俞允。實爲男與瑪麗兩人終身之厚幸）

71) 《俄国情史》の冒頭に掲載された黄和南の〈俄国情史緒言〉も，挿入された手紙文について「我が国の人がこれをみれば社会は改革できるであろう」（原文：我國人見此社會可以改革矣）と記している。尚，《俄国情史》については，拙稿2017で詳述した。

72) 陳力衛2005b，p.22。

73) 周作人（1885-1967）：浙江省紹興生まれ。散文家，翻訳家。本名は周槐寿，筆名は独応，仲蜜，豈明，苦雨など多数。1906年，兄・魯迅とともに来日。立教

大学で古典ギリシア語と英文学を修める。留学中に羽太信子と結婚，辛亥革命直後に帰国。1917 年，北京大学に迎えられ，活発な評論活動を展開する。

74) 周作人訳〈貞操論〉《新青年》第 4 巻第 5 号，1918.5，p.386。（原文：我的意思，不過希望中國人看看日本先覺的言論，）
75) 張競 1995b は，周作人訳の〈貞操論〉を 1920 年代の恋愛観の受容の前段階と捉えている（p.164 参照）。
76) 《婦女雑誌》（1915.1-1931.12）：上海商務印書館発行の月刊誌。1921 年に主編者に章錫琛を迎え，1925 年までに，恋愛や婚姻の自由に関する論文が数多く掲載された。西槙 1993 は，《婦女雑誌》は女子教育の振興を目的に書かれ，内容も日本の同名雑誌『婦女雑誌』（1894 年創刊，博文館）と類似していたと指摘する（p.72）。
77) 村田編 2005 は，1920 年から 1925 年までに《婦女雑誌》に日本語から翻訳された記事編数を 1920 年 10 編，1921 年 18 編，1922 年 31 編，1923 年 16 編，1924 年 10 編，1925 年 3 編としている（p.26）。
78) 章錫琛（1889-1969）：浙江省紹興生まれ。出版家。1912 年から 1925 年に上海商務印書館で《東方雑誌》の編集，《婦女雑誌》の主編を務める。1926 年 1 月《新女性》を創刊，8 月には開明書店を創設する（《中国大百科全集　新聞出版》1990，p.468 参照）。
79) 章錫琛〈駁陳百年教授　一夫多妻的新護符〉《莽原》第 4 期，1925.5.15，p.37。（原文：在中國的文字上，一向沒有相當於英語 "love" 的意義的字　近來雖然勉強從日本的翻譯，用「戀愛」這字來代替，然而一般人却仍然沒有關於這字的概念）尚，《莽原》の週刊は，1925.4.24 創刊，1925.11.27 停刊（全 32 期），半月刊は 1926.1.10 創刊，1927.12.25 停刊（全 48 期）。小説や詩のほか，日本や西欧の近代文学の作品・評論が翻訳された。週刊の編集人は魯迅であった。
80) 西槙 1993，p.83 参照。
81) 厨川 1922，pp.14-17 参照。
82) 白水 1995，pp.4-6 参照。
83) 張競 1993，p.8。
84) 引用及び邦訳は，高木正一注『白居易 下』1958，p.81。
85) 引用は，葉慕蘭《柳永詞研究》1983，p.40。
86) 佐藤保訳『中国の古典　宋代詞集』第 33 巻，1986，pp.46-47。
87) 引用は，各見出し語に記載された意味と古典文献名のみを付す。
88) 沈国威 2006 は，《辞源》に収録された語彙のうち，古典文献名の記載がない見出し語を，a）西洋人の氏名，地名，機関名等の固有名詞，b）音訳語，c）科学技術用語，術語，d）そのほかの新語（意味上，近代以降に生産された新語，訳語），e）日本語語彙に分類している（p.39）。【恋愛】には，古典文献名もなく，

"日本語"の記述もないことから，《辞源》の編者は，"恋愛"を沈国威 2006 に分類される d）か e）と見做していたと考えられる。

89）《佩文韻府》は，清の康熙帝の命により，中国の経書や古典詩文にみえる熟語，成句を広く集め，末尾一字により 106 韻の順に並べたもの。張玉書ら多数の学者が編纂し，1711 年に刊行された。(『日本大百科全書（第二版）』第 18 巻，1994，p.549 参照)。
90）『日国』第 1 巻，p.1842。
91）『日国』第 1 巻，p.1842。
92）正宗 1931，p.37 参照。
93）佐藤亨 1999 は，『万葉集』には名詞形の「恋」が 160 余使用されていると指摘する（p.267）。
94）用例の万葉仮名表記及び現代語表記の引用は，井村哲夫『萬葉集全注』(巻第 5, 1984，p.98) に拠る。
95）用例の万葉仮名表記及び現代語表記の引用は，木下正俊『萬葉集全注』(巻第 20, 1988，pp.137-138) に拠る。
96）『日国』第 1 巻，p.1851。
97）佐藤亨 1999 も，動詞の「恋ふ」は『万葉集』に 420 余あり，その意味は，「『古事記』歌謡の如く，男女の恋愛関係をさす場合と，『日本書紀』歌謡の如く，人や土地，植物などを思い慕う，めでる場合とに大別できる」と指摘する（p.267）。
98）但し『日国』には，「片恋」の早期の用例として，『万葉集』(巻第 17・3929) がひかれている（第 1 巻，p.1095）。また『日国』は，「片恋」に対し，相思相愛の意味を表す「諸恋」を収録し，『古今六帖』(四・恋) を早期の用例としている（第 3 巻，p.1010）。
99）佐藤亨 1999 は，「恋愛」は中国の漢籍にはみられず，明治期の新造語であるとしている（p.338）。
100）山田武太郎（山田美妙）編『日本大辞書』1892，p.1。

第 2 章
新概念の受容と古典語の転用
―〈恋愛〉の成立をめぐって―

はじめに

　日本語における近代訳語「恋愛」の成立，及びその意味の普及などについては，語彙研究や文学の視点から数々の研究成果がみられる[1]。『日国』の【恋愛】の「語誌」にも，「中国ではロプシャイトの『英華字典』（一八六六-六九）に既に見えるが，日本では明治初年（一八六六）以来，英語 love の訳語として『愛恋』『恋慕』などとともに用いられ，やがて明治二〇年代から『恋愛』が優勢になった[2]」とあり，近代訳語として中国語から借用されたと記されている。また近代訳語「恋愛」の意味について，佐伯1998や平石2012は，肉体と分離した「高尚な精神性」の意味が込められたと指摘する。
　一方，近代中国における恋愛との出会いについては，張競1995bに詳細な考察がみられ，「現代の意味での『恋愛』は日本から輸入された[3]」と指摘される。また，1920年代前半に《婦女雑誌》の主編を務めた章錫琛にも，「近頃なんとか日本語訳の『恋愛』をあてているけれども，一般の人には依然としてこの言葉の意味は理解されていない[4]」という指摘がみられた。つまり中国語の"恋愛"が日本語からの借用語であり，その意味はまだ一般的ではないと論じていたのだ。
　では，《現漢》2016第7版に収録される【恋愛】❶動男女互相愛慕。❷名男女互相愛慕的行動表現（❶男女が慕い合う。❷男女が慕い合う行動表現）という，男女に特定された意味・用法はいつ頃からどのような経緯で使用されるようになったのであろうか。先行研究や章錫琛の言説から推測すると，「恋愛」は明治期に中国語から借用され，日本で新義が付与され転用された後，中国語に逆移入されたという仮説が成立しそうである。もしこの仮説が成立するのであれば，中国語の"恋愛"にも日本語と同様に，「高尚な精神性」

が込められたのかということも問題となる。

　本章では，先行研究を踏まえつつ，新たな指摘も加えながら仮説の証明を試みると同時に，新概念語としての"恋愛"が中国語に移入される際に，どのような意味が込められたのかを検証する。

2.1. 中国語における近代訳語"恋愛"の成立

2.1.1. 古典に典拠された"恋愛"の意味

　中国語の"恋愛"については，「宋代の劉斧の『青瑣高議』に見られるが，それは現在の『恋愛』の意味ではない。一般の社会関係の人たちのあいだの『思う』『慕う』という意味だけである[5]」と指摘される。ここでは，《青瑣高議》のほか，明代の王廷相《雅述》や清代中期の白話小説《紅楼夢》，更に清末の《八仙全伝》などにおいても意味範囲の広い言葉として使用されていたことを確認しておきたい。

1) 公將行，小蓮泣告：「某有所屬，不能侍從，懷德戀愛，但自感恨。…」
（劉斧〈青瑣高議後集卷之三・小蓮記〉）[6]

　（公がまもなく行こうとする際に，小蓮は泣きながら告げた。「私は自由の身ではないので一緒に行って側にお仕えすることができません。公の徳行と慈愛を懐かしく思い，ただ自ら悔しさを感じるばかりです」）

2) 則民之蓄積耗而生計微，生計微則家貧無所戀愛矣。以無所戀愛之心，加之以貪官狡吏之催楚，其不舍其邑里耕桑而去者幾希矣！
（王廷相《雅述》上篇）[7]

　（民の蓄えは減り，資材も少なくなる。資材が少なくなると家が貧しくなり，懐かしみ慈しむこともなくなる。懐かしみ慈しむ心がなくなり，それに欲張る役人や狡猾な官吏からの催促が加わると，自分の故郷と土地を懐かしみながらも去ってしまう人は少なくない）

3) 彼含其劝，則无參商之虞矣；戕其仙姿，无恋爱之心矣；灰其灵窍，无才思之情矣。
（曹雪芹《紅楼夢》第21回）[8]

　（彼女らが諫言だてを差し控えるならば，参商のおそれはなくなろう。その仙姿をそこなうならば，これを恋うる心はなくなろうし，その霊竅を灰にした

第 2 章　新概念の受容と古典語の転用　43

　　ならば，才思を慕う情もなくなろう」）[9]

　4)　長房回说：" … 自恨识浅学疏，不能悟彻真理，妄自恋爱家庭，即与道
　　　心相背，所以蕴蓄五衷。…"　　　　　（無垢道人《八仙全伝》第 52 回）[10]
　　　（長房は返答する。「…自分の学識が浅薄であることに悔やみを感じ，心理を
　　　深く悟ることができず，みだりに家庭を恋しく思うのは，ほかでもなく道心
　　　に背くことである。故に内面に蓄えなければならない。…」）

　これらの文献に使われる "恋愛" の意味は，《青瑣高議》では "小蓮" の
"公" に対する「慈しみ」であり，《雅述》では「懐かしみ慈しむ」対象は人
間ではない。また《紅楼夢》では，主人公の宝玉が酒に酔い，読んでいた《南
花経》の一節に続けて自ら詩を詠んだもので，「恋しうる」対象は恋愛関係
にある男女に特定されたものではない。《八仙全伝》も「家庭を恋しく思う」[11]
の意味であり，対象は事物である。つまり中国語の "恋愛" は古典文献にみ
られたが，その意味は男女に特定されたものではなく意味範囲の広いもので
あった。

　このような "恋愛" の意味・用法については，《漢語大詞典》が，【恋愛】
の 1 つ目の意味を "愛恋；留恋" として，《青瑣高議》と《雅述》，更に劉半
農の〈教我如何不想她〉（《揚鞭集》北新書局，1926）をひいており，民国期に[12]
入ってもこのような意味で使われていたことが分かる。尚，《漢語大詞典》
に【恋愛】の意味とされた "愛恋" について，同辞典はその意味を "喜愛眷
恋"（恋しく思い心ひかれる）とし，曹植の〈鼙舞歌〉や唐代の裴鉶の〈高昱〉
（《奇傳》）をひいており，中国語の古典においては，"恋愛" も "愛恋" も「人[13]
や事物を懐かしく思う」意味として，AB・BA の同義複合語として使用さ
れていたと言える。この点は次にあげる 19 世紀中葉の英華・華英字典の
love の訳語からも窺える。

2.1.2.　英華・華英字典における "恋愛" の意味

　19 世紀初頭，清国では布教の為に入華したプロテスタント宣教師により，
彼らの中国語習得を目的とした英華・華英字典の編纂が始まり，1815 年か
ら 1823 年には，R. Morrison（1782-1834）により 3 部 6 巻からなる華英・英
華字典 *A Dictionary of the Chinese Language*（1815-1823）が刊行された。そ[14]

の第3部の英華字典 *A Dictionary of the Chinese Language*（1822）ではloveの訳語として"恋愛"はみえないが，漢籍にもみられた"愛恋"があてられている（用例5））。

　R. Morrison の *A Dictionary of the Chinese Language* については，朱鳳2009に詳細な研究がみられる。同字典は《康熙字典》（1716）に依拠しながらも，「中国の伝統的な字典類にはみられない日常会話文や小説の中の白話文が大量に引用されてい」た。"愛恋"も漢籍を参照したものと考えられる。また前章の1.3.1. で触れたように，中国語の古典では，「こい」は"情"で表された。R. Morrison の英華字典にも "Love or natural affection is often expressed by 情" とあり，当時の中国語では「こい」が"情"で表現されたことが分かる。

5)　【Love】to regard with affection, 愛. To love ardently, 愛慕, 愛戀, 切愛, 系戀, 眷戀. … <u>Love or natural affection is often expressed by 情</u>; 夫婦之情深如山海, the love of husband and wife is deep as the mountains base or the sea. The word *tsing*, like the English word *love*, is also used in a dissolute sense.　（*A Dictionary of the Chinese Language*, 1822）

　R. Morrison の字典を受け継ぐ形で編纂されたのが，W. H. Medhurst (1796-1857) の英華・華英字典である。1842年から1843年に刊行された華英字典 *Chinese and English Dictionary* の【恋】には，to love tenderly の意味として"恋愛"が収録されている（用例6））。この W. H. Medhurst の華英字典の漢字語は，R. Morrison の字典及び《康熙字典》に拠るところが大きいとされる。確かに《康熙字典》の【恋】には，《後漢書》（〈姜肱伝〉）の用例として"兄弟相恋"（兄弟が恋しく思う）がひかれており，W. H. Medhurst が参照した可能性が高いが，ここでの"相恋"は男女に特定されたものはない。その後，W. H. Medhurst が1847年から1848年にかけて刊行した英華字典 *English and Chinese Dictionary* においても，to love with compassion の意味として"恋愛"があてられている（用例7））。W. H. Medhurst がこの2種の字典に，R. Morrison の字典には使用されなかった"恋愛"という言葉をあてたのかは未詳だが，前項であげた漢籍（用例1)-4））を借用した可能

性も考えられる。

6) 【恋】to long after. 相戀, to love one another. 戀慕, to hanker after. 戀愛, to love tenderly, 戀妓, to a hankering after women.
(*Chinese and English Dictionary*, 1842-1843)

7) 【Love】to love 愛, 好, 戀愛, to love with compassion.
(*English and Chinese Dictionary*, 1847-1848)

このW. H. Medhurstの字典の訳語を多く収録して編纂され，日本語にも影響を及ぼしたとされるのが，次にあげるW. Lobscheid (1822-1893)の《英華字典》(1866-1869)である。用例8-1)にあげるように，【Eagerness】【Fond】【Heart】【Love】には，それぞれ"fervor, doting, the heart set upon a thing, to love tenderly, as a mother a child"と意味が付けられており，意味範囲の広いものである。但しW. Lobscheidの《英華字典》(1866-1869)には，男女に特定された意味を持つ"恋愛"や"恋愛"の複合語もみられた。特に，用例8-2)にあげる意味・用法からは，W. Lobscheidが"恋愛"という言葉を男女の情愛を表す言葉としても捉えていたことが窺える。

8-1) 【Eagerness】ardor, 熱心, 憤力 ; fervor, 戀慕, 戀愛

　　　【Fond】foolish, 呆, 癡, 癖 ; … ; doting, 戀愛, 貪愛

　　　【Heart】心 … ; the heart set upon a thing, 癡心, 癡愛, 戀愛

　　　【Love】愛, 好, 恓, … ; to love tenderly, as a mother a child, 慈, 痛惜, 痛愛, 疼愛, 慈幼, 戀愛, 字 ; (《英華字典》1866-1869)

8-2) 【Amatorial, Amatory】amatory expression, 關愛, 戀愛之言

　　　【Amorado】inamorato, 貪色之人, … 戀愛之人

　　　【Amorous】to be in love, 相思, 戀愛

　　　【Attachment】affection, 愛情, 戀愛, … attached to one as a butterfly is to the flower, 人之戀愛如蝴蝶之戀花
(《英華字典》1866-1869)

次の用例9)は，W. Lobscheidの《漢英字典》(1871)で，中国語学習やキリスト教関係の文献の研究に役立てる目的で，W. Lobscheidによって刊行された。本書は従来の字典でとりあげなかったごく普通の表現が多数とりあげられたようである。【恋】に，"恋愛"が収録されるが，その意味はto love tenderly とされる。但し前掲（用例 8-2））の《英華字典》の【Amorado】と同様,"恋愛之人"が, an inamorato（情夫）の意味として収録されている。現代語の意味・用法とは相違するが,"恋愛"が男女間を意味するものとして使用されている点は着目しておきたい。

9) 【恋】戀愛, to love tenderly; amorous; 戀愛之人, an inamorato;

(《漢英字典》1871)

用例 10-1) は，鄺其照により編纂された英華字典《字典集成》(1868 初版)の第 2 版 (1875) で，用例 10-2) の《華英字典集成》(1887) は，その第 3 版である。《華英字典集成》は《字典集成》を踏襲し，書名を改めて発行された。【Love】の項に"恋愛"はみえるが，その意味はやはり to love tenderly である。

10-1) 【Love】Love, to 愛, 好. to love tenderly 疼愛, 戀愛.

(《字典集成》1875)

10-2) 【Love】Love, to 愛, 好. to love tenderly 切愛 戀愛.

(《華英字典集成》1887)

次の用例 11) の *An Analytical Chinese-English Dictionary* は，携帯に便利，廉価で一般学生の需要を満たす範囲の言葉を収録することを目的として，F. W. Baller により刊行された漢英字典である。【恋】をみると，"恋愛"は strongly attached to とあるが，男女に特定されてはいない。

11) 【恋】to hanker after; 戀愛, strongly attached to.

(*An Analytical Chinese-English Dictionary*, 1900)

"恋愛"が名詞として，"男女相愛之情"と男女に特定された意味で収録されるのは，日本の英和辞典を参照して，顔恵慶 (1877-1950) をはじめとした香港，上海の教会系大学の中国人教授らにより編纂された 1908 年の《英華大辞典》である。

12) 【Love】*v.t.* To like, 愛, 好, 喜, 樂; … to regard with affection, 戀愛;

　　　　　n. An affectionate devoted attachment, especially that passionate all-absorbing from of it, when the object is one of the opposite sex, 男女相愛之情, 愛情, 愛心, 戀愛, 呢愛;

【Fervently】*adv*. to desire fervently, 戀慕, 戀愛.
【Heart】*n. To lose one's heart*, to fall in love, 迷戀, 戀愛, 鍾愛, 鍾情, 相思;　　　　　　　　　　　　（《英華大辞典》1908）

　更に民国期に入り編纂された国語辞典《辞源》(1915) や《標準語大辞典》《国語辞典》においても，原義より意味範囲が縮小され，専ら「こい」を含意した言葉として収録されている。《辞源》の【恋愛】については前章で確認した通り，古典文献の記載もなく，"日本語"の記述もないことからは，編者が"恋愛"を近代の新語とみなしていたことが窺える。

13) 【恋愛】謂男女相悦也。（男女が慕うことを言う）　　　（《辞源》1915）
14) 【恋愛】男女相愛．（男女が好きになること）　　　（《王雲五大辞典》1930）
15) 【恋愛】男女相愛雨下裏捨不得分離。　　　　　　（《標準語大辞典》1935）
　　　（男女が愛し合い，雨の中でも離れがたい）
16) 【恋愛】指男女相悦。（男女が慕うこと）　　　　　（《国語辞典》1945）

　19世紀中葉から20世紀初頭の英華・華英字典，及び民国期の辞典に収録された状況から判断すると，"恋愛"は20世紀初頭以降に意味範囲が縮小され，男女間に特定された言葉として，つまり現代中国語で使われるような意味の言葉として，中国語に普及した可能性が高い。

　次節では，この中国語の"恋愛"の新しい意味・用法が日本語から移入されたという仮説を証明するために，日本語での「恋愛」の成立とその言葉の意味の普及を確認したい。

2.2. 日本語における近代訳語「恋愛」の成立

2.2.1. 中国語からの借用

　日本語で「恋愛」が訳語として，早期にみられたのは，『日国』の「語誌」や飛田2002にも指摘されるように，中村正直が1870-1871年に，S. Smiles (1812-1904) の *Self-Help* の改訂版 (1867) を翻訳した『西国立志編』だと思われる。中村は底本の fallen deeply in love を「深ク恋愛シ」と訳し，「恋愛」を「こい」を含意した言葉として捉えている。

17)　to have <u>fallen deeply in love</u> with a young lady of the village,

李嘗テ村中ノ少女ヲ見テ．深ク戀愛シ．

(中村敬太郎訳『西国立志編』第2編，1871，p.13)

また「恋愛」が「こい」を含意する名詞として翻訳されたのは，加藤弘之[30]の「米国政教」[31](1874) だと思われる。原著はアメリカの牧師・J. P. Thompson (1819-1879) によりドイツ語で書かれた *Kirche und Staat in den Vereinigten Staaten von Amerika*（『アメリカにおける教会と国家』）である。加藤弘之は，Free-lovers を「自由恋愛党」と訳し，その意味を「夫婦共時々戀愛スル所ノ變スルニ從テ … 此一党輓近漸ク合衆國ニ起レリ」と小文字で書き添えている。ここでの「戀愛スル」は，夫婦が配偶者以外と恋愛することを意味するが，「恋愛」が「こい」を含意する言葉として用いられている。加藤が訳出した「自由恋愛」という言葉は，日本では明治期末から大正初期に社会主義者やアナキストらにより，多く唱えられた。近代訳語「自由恋愛」の成立については，第5章で詳しく論じたい。

18) Nun ist auf der einen Seite bei den Mormonen die Polygamie Glaubensartikel, auf der andern beanspruchen die Free-lovers das Recht des Wechsels in den geschlechtlichen Verbindungen als einen Theil ihrer persönlichen Freiheit.[32]

然ルニ一方ニハモルモーヂン一夫ノ數ヲ娶ルヲ以テ其神道ノ許ス所トナシ又一方ニハ自由戀愛黨夫婦共時々戀愛スル所ノ變スルニ從テ縦ニ配偶ヲ改ムルヲ以テ眞ノ自由トナセル一黨アリ此一黨輓近漸ク合衆國ニ起レリ縦ニ配偶ヲ改ムルヲ以テ人身自由權ノートシテ之ヲ主張スルノ風アリ

(加藤弘之訳「米国政教　第4章」『明六雑誌』第13号，1874.6, p.2)

更に「恋愛」が「男女間の情愛」の意味に特定された名詞として使用されたのが，中村正直がS. Smilesの *Character* (1871) を翻訳した『西洋品行論』(1878-1880) である。第11編第8は「男女恋愛ノ事ヲ論ズ」と題され，「男女の恋愛」について論じられている。

19) 男女戀愛ノ事ニツキテハ。尋常ノ修身學者之ヲ言ヲ忌ミ。…

男女戀愛ノ事ニ就テ。今マデ規則トナスベキ訓言ナシ。…

男女戀愛ノ情トイフコトヲ。世俗之ヲ以テ痴愚トナス。…

男女戀愛ノ情。苟モ。清潔高尚ニシテ自ラ。私スル心ナキニ根ザシ

第2章　新概念の受容と古典語の転用　49

テ發出スルモノハ、コレヨリシテ德善ノ行、顯ハレ出ルノミナラズ
純美ノ俗ヲ成スベキニ進マンコト必セリ。
　　（中村正直訳「第11編　㊅男女恋愛ノ事ヲ論ズ」『西洋品行論』1880, pp.9-11）

「恋愛」の前に「男女」と修飾語をつけていることや，「人往々ソノ愛戀スル所ノ人ヲ失フ時ハ」[33]というように，訳語として「愛恋」という言葉もみられることからは[34]，この当時，近代訳語「恋愛」が定着したとは言えないであろう。但し「男女戀愛ノ情。苟モ。清潔高尚ニシテ」と説かれるように，「日本の『恋愛』理念の根底を形作ったのは，キリスト教の教えに従って恋愛の徳を説いた，このような思想だった[35]」ようである。

ところで，中村正直は『西国立志編』や『西洋品行論』でloveの訳語として，なぜ「恋愛」をあてたのであろうか。これは，中村が1872年から6年余りの歳月をかけて，W. Lobscheidの《英華字典》(1866-1869) を校正し，『英華和訳字典』(1879-1881) を刊行したことと関係がありそうである[36]。前述したように，W. Lobscheidの《英華字典》には，訳語として"恋愛"が収録されていた（再掲．用例8-1)，8-2））。中村の『英華和訳字典』では，《英華字典》(1866-1869) の中国語訳に和訳が施され，片仮名で意味が示され，その発音がローマ字で表されている。

8-1)　【Eagerness】ardor, 熱心 , 憤力 ; fervor, 戀慕 , 戀愛
　　　【Fond】foolish, 呆 , 癡 , 癖 ; … ; doting, 戀愛 , 貪愛
　　　【Heart】心 … ; the heart set upon a thing, 癡心 , 癡愛 , 戀愛
　　　【Love】愛 , 好 , 低 , … ; to love tenderly, as a mother a child, 慈 ,
　　　　　　痛惜, 痛愛, 疼愛, 慈幼, 戀愛, 字 ;　《英華字典》1866-1869)

20-1)　【Eagerness】n. ardor, 熱心 , 憤力 , … ; fervor, 戀慕 , 戀愛 , コリカ
　　　　　　　　タマリテ　ヲルコト, kori-katamarite oru koto;
　　　【Fond】a. foolish, 呆 , 癡 , 癖 , … doting, 戀愛 , 貪愛 , コヒシタフ ,
　　　　　　koi-shitō;
　　　【Heart】心 , … ; to set the heart on, 癡愛 , 戀愛 , バカニナツテア
　　　　　　　イス, baka ni natte aisu, ハナハダ　アイスル, hanahada
　　　　　　　aisuru;
　　　【Love】v.t. 愛 , 好 , 低 , … ; to love tenderly, as a mother a child,

慈, 痛惜, 痛愛, 疼愛, 慈幼, 戀愛, 字, ジアイスル, *ji-ai suru*, イツクシム, *itukushimu*; (『英華和訳字典』1879-1881)

8-2)　【Amatorial, Amatory】amatory expression, 關愛, 戀愛之言
　　　　【Amorado】inamorato, 貧色之人, … 戀愛之人
　　　　【Amorous】to be in love, 相思, 戀愛
　　　　【Attachment】affection, 愛情, 戀愛, … attached to one as a
　　　　　　　　butterfly is to the flower, 人之戀愛如蝴蝶之戀花
　　　　　　　　　　　　　　　　　　　　　　(《英華字典》1866-1869)

20-2)　【Amatorial, Amatory】amatory expression, 戀愛之言, アイレンノ
　　　　　　　　コトバ, *airen no kotoba*;
　　　　【Amorado】inamorato, 貧色之人, … 戀愛之人, イロヲコノムヒト,
　　　　　　　　iro wo konomu hito, コヒビト, *koibito*.
　　　　【Amorous】to be in love, 相思, 戀愛, スイテイル, *suite iru*, ホレ
　　　　　　　　テイル, *hore te iru*;
　　　　【Attachment】affection, 愛情, 戀愛, … シタシミ, *shitashimi*, アイ
　　　　　　　　ジョウ, *aijō*, オモヒシタフコト, *omoi shitō koto*, … [37]
　　　　　　　　　　　　　　　　　　　　　　(『英華和訳字典』1879-1881)

　用例20-1）の見出し語のなかで，中村が「恋愛」に付している片仮名をみると，【Eagerness】の fervor に「コリカタマリテ　ヲルコト」，【Heart】の to set the heart on に「ハナハダ　アイスル」，【Love】の to love tenderly, as a mother a child には「ジアイスル，イツクシム」とあり，意味範囲が広い言葉として捉えているようにみえる。但し【Fond】の doting に付された「コヒシタフ」や，用例20-2）の【Amorado】の inamorato に付された「コヒビト」，【Amorous】の to be in love に付された「スイテイル」「ホレテイル」などからは，中村が『英華和訳字典』を校正する過程において「恋愛」を「こい」の意味を含んだ言葉として捉えていたことが分かる。これが『西国立志編』や『西洋品行論』の翻訳に，更に，その後の「恋愛」の意味・用法につながったのではないかと推察する。

　但し日本で出版された辞典類に「恋愛」が収録されたのは，『英華和訳字典』が最初ではなかった。筆者の調査によれば，1833年に刊行された蘭和

辞典『道訳法児馬』の【Mingenoot】の訳語として「恋愛スルベキモノ」が確認できる。

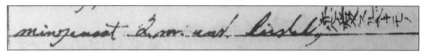

図版1 【Mingenoot】恋愛スルベキモノ

当時の蘭通詞は，R. Morrison の *A Dictionary of the Chinese Language* (1815-1823) を参照していたようである。しかし前述したように R. Morrison の *A Dictionary of the Chinese Language* (1822) では，Love の訳語としてあてられたのは"愛恋"であり，"恋愛"ではなかった。また以下に示したように，1833年の『道訳法児馬』の前に編まれた『波留麻和解』(1798-1799) や『訳鍵』(1810) では，それぞれ【Minnaat】は「愛スル人」，【Mingenoot】は「愛スルベキモノ」とされ，1833年の『道訳法児馬』の後に編まれた『和蘭字彙』(1855) においても，【Mingenoot】は「愛スルベキ者」と訳されていた。更に蘭和辞典類を参照して編纂された『英和対訳袖珍辞書』(1862) や，明治初期の大辞典で，その後の英和辞典にも影響を与えたとされる『附音挿図 英和字彙』(1873) でも，【Love】の項に「恋愛」はみられなかった。

21)【Minnaat】愛スル人　　　　　　　　　　　　（『波留麻和解』1796）
22)【Mingenoot】愛スベキモノ。睦キ間。（ママ）　　（『訳鍵』1810）
23)【Mingenoot】恋愛スルベキモノ（ママ）　　　　（『道訳法児馬』1833）
24)【Mingenoot】愛スルベキ者　　　　　　　　　（『和蘭字彙』1855）
25)【Love】 *s.* 愛．恋．財寶（ママ）　　　　　　（『英和対訳袖珍辞書』1862）
26)【Love】 *v.t.* 愛スル。好ム。慕フ。戀慕スル。慈愛スル
　　　　　n. 愛情。寵愛。仁惠。戀慕。愛國ノ情。愛着
　　　　　　　　　　　　　　　　　　　　　　　（『附音挿図　英和字彙』1873）

このような辞典での収録状況からも，日本語における近代訳語「恋愛」の成立は，『英華和訳字典』(1879-1881) によるところが大きいとみるのが妥当であるとともに，1833年の『道訳法児馬』にみえる「恋愛」の意味は，「愛」に相当するもので，『英華和訳字典』の「恋愛」の意味とは開きがあると考

える。

　ところで，「恋愛」の成立は love の訳語として，聖書翻訳からの可能性も考慮する必要がある。最初の日本語訳聖書と言われる K. F. Gutzlaff 訳『約翰福音之伝』(1837) の約翰 15 章 9 節では，love は「メグミ」と訳され，J. C. Hepburn 訳『約翰傳福音書』(1872) の約翰 15 章 9 節でも，love は「いつくしむ」と訳されている。また J. C. Hepburn 編の『和英語林集成』においても，動詞 love は「aisuru, kawaigaru, chōaisuru」，名詞 love は「on-ai, chōai, itsukushimi」などと訳され，ren'ai はあてられていない。

2.2.2. 翻訳における「恋愛」の意味

　「恋愛」が，西洋文学の翻訳にみられるようになるのは，1880 年代半ばである。『喜楽の友』(1879) に著者名の記載なしに掲載された「(ロミオ) ト (ジユリエット) ノ話」(抄訳) では，原文の love は「ラブ」と記され，その意味は「可愛人といふ意なり」であったが，1885 年に『郵便報知新聞』の主幹・藤田茂吉 (1852-1892) により抄訳された「落花の夕暮 (ロミオ、ジユリエット)」では，同箇所に「恋愛」があてられている。

27-1)　*Rom.* I take thee at thy word: Call me but love, and I'll be new baptiz'd; Henceforth I never will be Romeo.
　　　御身の情ハとくに知たり左までに言る、ならば吾身をラブと呼給へ（可愛人といふ意なり）もし好しからぬとならば我が爲に佳名を擇ばれよ今より我名ハロミオならじ

　　　　　　　(「(ロミオ) ト (ジユリエット) ノ話」『喜楽の友』1879.5.14, p.11)

27-2)　魯　若し我姓名がおん身の心に逆らはゝ如何なる名にでもおん身の好める名に替へて呼ひたまへ我も亦魯美にあらず嗚呼我戀愛に我名を避けん

　　　　　(藤田茂吉訳「落花の夕暮 (ロミオ、ジユリエット)」『郵便報知新聞』1885.4.8)

　「落花の夕暮」での訳語「恋愛」は「恋人」の意味であり，1886 年に全訳された『露妙樹利戯曲　春情浮世之夢』(河島敬蔵訳) では，「君が言葉に從かふほどに我を指して情人と呼びたまへ」と「情人」があてられていた。と

ころが『露妙樹利戯曲　春情浮世之夢』の第1回第3齣の夫人の発話や第2回第3齣のロミオの発話では，原文のloveやwoundedに「恋愛」があてられ，「こゐしう」「れんあい」のルビがつけられている[51]。

28-1) *La. Cap.* What say you? Can you <u>love</u> the gentleman? This night you shall behold him at our feast:[52]

夫人「娘其方彼貴人は<u>戀愛</u>ないか此夜我家の饗宴に彼人の容貌をよくみやれ（第1回第3齣）

（河島敬蔵訳『露妙樹利戯曲　春情浮世之夢』1886，p.40）

28-2) *Rom.* … That's by me <u>wounded</u>: both our remedies[53]

其女こそ眞實小生を<u>戀愛</u>し小生も亦其女を棄難く思ひ

（第2回第3齣）

（同上，『露妙樹利戯曲　春情浮世之夢』，p.95）

また雑誌『欧米政典集誌』[54]に掲載された中江兆民（1847-1901）抄訳の「民主国ノ道徳」(1887)にも「恋愛」[55]がみられる。「民主国ノ道徳」の原著は，フランスのJ. Barni (1818-1878) の *La morale dans la émocratie* (1868)（『民主政における道徳』）で，兆民とその門下生（仏学塾）による翻訳であるが，兆民により大幅な省略，加筆，付加が行われた[56]。

29)　顧フニ婦人タル者若シ人ノ妻ト爲リ人ノ母ト爲リ並ニ國民ノ一人ト爲リテ能ク其三種ノ責任ヲ服行シテ欠失無キコトヲ得ルトキハ，良人ノ爲メニ敬重セラレ<u>戀愛</u>セラル丶コト如何ゾヤ

（中江篤介節訳「民主国ノ道徳」『欧米政典集誌』第20号，1887.4, p.4)

松永1993は，兆民の言うこの「恋愛」は夫婦の間の愛情，特に精神的な要素が強いと捉え，「もともとラヴやアムールには男女間の愛だけではなく，神への愛という精神性の高い愛も含まれており，日本語としては愛がもっとも近い内容を持つ語であろう。この愛に，もっぱら男女間の感情を意味する恋が組み合わされたのが『恋愛』という語で，これがラヴの訳語となったのであるから，そこに精神性が含まれてくるのは自然であった」と，兆民が用いた「恋愛」の「精神性」を指摘する[57]。

尚,「恋愛」は1887年に兆民が校閲した『仏和辞林』（仏学塾）に，【Amour】の訳語として収録された。後述するように，この『仏和辞林』での「恋愛」

の収録は，国語辞典や英和・和英辞典の収録と比べ，かなり早期であり，兆民が比較的早い時期から，「恋愛」という訳語とその意義に着目していたことが窺える。[58]

2.2.3. 「恋愛」の「高尚な精神性」―『女学雑誌』を中心に―

兆民の抄訳「民主国ノ道徳」が発表される1年程前から，『女学雑誌』[59]を中心に坪内逍遥（1859-1935）や巖本善治（1863-1942），北村透谷（1868-1894）らの小説や評論では，love の意味解釈が論じられていた。その過程からは訳語の収斂もみえてくる。

1886年の坪内逍遥の『一読三歎　当世書生気質』は，「男女平等と肉欲の排除を説く，一種の「愛」の啓蒙書としての性格を有している」[60]と評されるが，love の訳語はまだ定まってはいなかったようである。

30-1）　餘ツ程君をラブ〔愛〕して居るぞウ（第1回）
30-2）　所謂戀情［ラアブ］に迷ふものにて。（第7回）
30-3）　それを君がラブ〔いろ〕にしたんか（第9回）

(坪内雄蔵『一読三歎　当世書生気質』1886)

2年後の『女学雑誌』に掲載された巖本善治の「理想之佳人」（1888）においても，「愛」という言葉によって「男女の相敬相愛」が表され（用例31)），「肉体関係を"不潔"で"低劣"なものとする価値観が明らかにみてとれる」[61]。3か月後の「演芸矯風会」で，巖本は「愛恋」という言葉を使い，その意味は「純潔高尚」なるものとし（用例32)），1890年には翻訳小説『谷間の姫百合』に対する批評のなかで（筆名, 撫象子），まず「ラーブ（恋愛）」と表記し，そのあと括弧をはずし，「恋愛」と記している（用例33)）。ここからは，訳語の収斂がみえてくるとともに，巖本が「恋愛」は「不潔の連感に富める日本通俗の文字」とは違うものだと考えていたことが分かる。

31）　嗚呼眞正の愛は、必ず先づ相ひ敬するの念を要す。既に之を敬せず、之が靈魂を愛せずして、如何で眞正なる伉儷の娯樂を得んや。男女もしいよ〳〵清潔に、いよ〳〵高尚にあらんと欲せば、須らく互に相敬愛すべし、

(巖本善治「理想之佳人（第三）」『女学雑誌』第106号, 1888.4, p.2)

32) 戀、愛、ラブ、等を悪しきものと見る勿れ之を除くが矯風なりと思ふは大間違なり純潔高尚の愛戀を示すが即ち情交社界の悪魔を追出す天使なるのみか此等を除いては演藝に何の面白もなからん。

(巌本善治「演芸矯風会」『女学雑誌』第118号，1888.7，p.23)

33) 譯者がラーブ（戀愛）の情を最とも清く正しく譯出し，此の不潔の連 感（アッソシエーション）に富める日本通俗の文字を，甚はだ潔ぎよく使用せられたるの手ぎはにあり，… 日本の男子が女性に戀愛するのはホンノ皮肉の外にて深く魂（ソウル）より愛するなどの事なく，隨つてかゝる文字を最も嚴肅に使用したる遺傳少なし，

(撫象子「谷間の姫百合第四巻（大尾）」『女学雑誌』第234号，1890.10，pp.21-22)

1880年代末から1890年代初めの『女学雑誌』で「恋愛」の「高尚な精神性」が論じられるなか，「戀愛何物ぞ、男女交際何物ぞ、自由結婚何物ぞ」と，「恋愛」にうつつを抜かしている青年男女を憂う声もあった。これに対し，巌本は1891年8月の『女学雑誌』に「非恋愛を非とす」と題する論文を書き，「戀愛は神聖なるもの也」と反論する。更に翌年2月には，北村透谷の「厭世詩家と女性」が掲載された。

34) 戀愛は人生の秘鑰なり、戀愛ありて後人世あり、戀愛を抽き去りたらむには人生何の色味かあらむ、

(北村透谷「厭世詩家と女性（上）」『女学雑誌』第303号，1892.2，p.696)

この文章は，木下尚江（1869-1937）に「この一句はまさに大砲をぶち込まれた様なものであつた。この様に真剣に恋愛に打ち込んだ言葉は我国最初のものと想ふ」と言わしめ，後に『文学界』に集まる島崎藤村（1872-1943）などの詩人たちにも激しい影響を与え，文学史上，明治ロマン主義の一時期を画する重要な論文として知られることとなった。

平石2010は，当時「精神面を強調したロマンティック・ラブ・イデオロギーの理念を浸透させた」のは，この『女学雑誌』であったと指摘する。肉体性を排除した「高尚な精神性」という意味が込められた「恋愛」は，1880年代末から1890年代初めの『女学雑誌』を中心に，議論されることにより，まず言葉の流行が始まり言葉によって支持され，勇気づけられた人々の間

に，やがて行為の流行として広まっていったと言えよう。[69]

「恋愛」の辞典収録は，前述したように，1887年に中江兆民が校閲した『仏和辞林』が早期であり，国語辞典では1907年の『辞林』，英和辞典では1915年の『井上英和大辞典』となる。

35)　【Amour】戀愛。鍾愛。好愛。愛。愛セラル、所ノ者。

(『仏和辞林』1887)

36)　【恋愛】男女の間のこひしたふ愛情。こひ。　　(『辞林』1907)

37)　【love】n. ①温情，愛著，好［コノミ］，鍾愛［ショウアイ］，慈愛，切愛，②戀愛，色情，③愛人，戀人，…

(『井上英和大辞典』1915)

本書では，中国語の古典に典拠された意味よりも，意味範囲が縮小され，専ら「こい」を含意した「恋愛」の意味・用法は，日本で付与された新義として考察を進めたい。

2.3. 「恋愛」の中国語への逆移入

2.3.1. 20世紀初頭の新聞・雑誌にみえる"恋愛"

日本で「恋愛」が知識人らに盛んに論じられた頃から約10年後，戊戌変法（1898）に失敗した梁啓超は日本で亡命生活を余儀なくされた。亡命中，日本語で書かれた資料を通して本格的に西洋思想に触れ，《清議報》[70]や《新民叢報》[71]《新小説》[72]などを次々に創刊し，新しい思想や文化を近代中国社会に伝えた。[73]《清議報》には，東海散士（1853-1922）の「佳人の奇遇」や矢野龍渓（1851-1931）の「経国美談」などを初めとする日本の近代小説が多数翻訳され，日本語借用語彙の使用も多くみられた。

1900年2月1日の《清議報》に掲載された〈自由書〉で，梁啓超（筆名，任公）は題目を〈慧観〉とし，[74]Newton，Watt，Columbusなどの偉人の偉業を伝え，恋愛に関しては，「人は誰でも男女の恋愛を知っているが，感情の動きを読み取れるのはシェイクスピアだけである」とW. Shakespeareの恋愛描写を取りあげ，"恋愛"に"男女之"という修飾語をつけて，男女相愛を意味する言葉として使用している。[75]梁啓超が西洋文学にみられるロマン

ティックな恋愛を"恋愛"という言葉に込めたことが読み取れる。

38) 人誰不見蘋果墜地而因以悟重力之原理者惟有一奈端。人誰不見沸水之騰氣而因以悟其氣機之作用者惟有一瓦特。人誰不見海藻之漂岸而因以覓得新大陸者惟有一哥侖布人。人誰不見<u>男女之戀愛</u>而因以看取人情之大動機者惟有一瑟士丕亞。

(任公〈慧観〉《清議報》第 37 冊, 1900.2.1)

(人は誰でもりんごが地に落ちることを知っているが, 重力の原理を悟ったのはニュートンだけである。人は誰でも沸騰するお湯から蒸気がでることを知っているが, 蒸気機関の作用を悟ったのはワットだけである。人は誰でも海藻が岸に漂うのを知っているが, 新大陸を発見したのはコロンブスだけである。人は誰でも男女の恋愛を知っているが, 感情の動きを読み取れるのはシェイクスピアだけである)

1901 年 12 月で《清議報》が停刊となると, 梁啓超は翌年 2 月に《新民叢報》を創刊する。1903 年の《新民叢報》(第 28 号) に掲載された〈十九世紀二大文豪〉には, V. M. Hugo (1802-1885) と幼なじみである Adele との恋が紹介された。ここでも西洋の恋愛が紹介されるなかに, 男女間に特定された"恋愛"が確認できる。[76]

39) 雨苟幼時與其鄰女阿對兒 Adele 相<u>戀愛</u>。往來之戀書。蔚然成帙。即世所傳之雨苟戀書是也。

(〈十九世紀二大文豪〉《新民叢報》第 28 号, 1903.3.27)

(ユーゴーは幼い時に隣に住むアデルと恋愛をした。送りあう恋文は文章が巧みである。それが書になり世に広がったユーゴーの恋文である)

1902 年 11 月には, 梁啓超により中国最初の文学雑誌となる《新小説》が創刊された。梁啓超は創刊号で, その目的を「人心を革新しようとするにも, 小説の革新が必要である。どうしてかといえば, 小説には不可思議な力があって人間を支配するからである」[77]とし, 西洋の歴史・政治・科学・哲理・冒険・探偵・伝奇など多岐にわたる分野の小説が翻訳, 掲載された。

1904 年の《新小説》(第 10 号) には, 1870 年にパリで発生した火災事件の裁判をめぐる小説が〈宜春苑〉[78]と題し翻訳された。"恋愛"は, 伯爵夫人が彼女に惹かれる青年を「愛する」[79]という意味で使用されている。

40) 到禮拜六日。我一溜烟的跑進停車場。見了夫人。其時夫人露出**戀愛**我的心事。累得我今日有這椿事。兩人通情就在這個時候起了。
(法国 某著 無歟羨斎訳〈法律小説 宜春苑〉《新小説》第10号，1904.8, p.115)
(土曜日になると，私は一目散に駐車場に走って行った。夫人に会ったら，その時夫人は私への好意を表した。私は受け入れ，今日のこと（夫人と愛し合うように―筆者注）となった。二人の相通じる気持ちはこの時から始まった)

更に在日留学生らによる機関誌《浙江潮》[80]には，フランスを背景とした小説〈愛之花〉（用例41））やフランスの恋愛の奇談をまとめた〈恋愛奇談〉（用例42））が掲載され，男女間に特定された"恋愛"の使用がみられる。これらの作品には古典的な意味・用法や"愛恋"との混用はみられなかった。後述するように，この2作品は鴛鴦胡蝶派の周瘦鵑[81]の創作にも影響を与えることになる。

41) 諸君。箇人最難參破的一個關頭是什麼。就是**戀愛**勢利四個大字。天下究竟沒有醉枕美人之腕醒握天下之權的英雄富貴驕人道德墮地。
(儂更有情〈愛之花〉《浙江潮》第6期，1903.6.20，p.2)[82]
(諸君，個人が最も看破しがたい瀬戸際は何か。それは恋愛勢利という四文字である。結局天下には，酔っては美人の腕を枕にし，覚めては天下の権力を振るう英雄は所詮いない。富と地位が人を威圧し道徳が衰退している)

42-1) 是卿最**戀愛**最鐘情人之寶貝心肝也。夫人不信。弗魯復出柯泌之遺書。 (儂更有情〈情葬 恋愛奇談〉《浙江潮》第8期，1903.11.25，p.2)
(これは貴女が最も愛していて，惚れこんでいる恋人の宝物である心臓である。夫人は信じない。弗魯はまた柯泌の遺書を出した)

42-2) 然瑞典王亦英雄而多情者也。**戀愛**之心如麗雅。奈好事多磨。
(儂更有情〈片紙五千金 恋愛奇談〉《浙江潮》第8期，1903.11.25，pp.3-4)
(しかしスウェーデンの王も英雄で愛情が豊かな人である。彼の愛する気持ちは麗雅と同じだが，彼らの交際には好事魔多しでどうにも思い通りにならない)

また日本で創刊された《天義》には，〈女子問題研究〉（1908）と題したF.

Engels（1820-1895）の *The Origin of the Family, Private Property, and the State*（1884）が抄訳され[83]，ここでも"恋愛"は男女相愛の意味として使用されている。

43) 今日結婚之狀況。計有二種。舊教之國。仍沿舊習。擇配之權。操于父母。故其自然之結果。即失其一夫一婦制。而互染淫風如男恆蓄妾女恆姦通是也。新教之國。則中流子弟。擇妻較爲自由。然此等婚姻非含幾多之<u>戀愛</u>也。

　　　　　　　（志達〈女子問題研究〉《天義》第 16-19 巻合冊，1908.3，p.135）

（今日の結婚の状況には二種類ある。旧教の国において，旧い慣習に従い，配偶者を選ぶ権限は，父母に握られている。その自然的な結果として，一夫一婦の制度が失われてしまい，而も互いに淫風に染まり，例えば男性が蓄妾，女性が姦通してしまう。新教の国において，中流（階級）の青年は妻を決めるのは比較的に自由だが，これらの婚姻に恋愛を含むものはあまりない）

以上のような用例からは，日本で付与された「恋愛」の新義が，西洋にみられる恋愛と結び付けられながら，20 世紀初頭から 1900 年代末までには，日本で創刊された新聞・雑誌などを媒体として中国語に移入されたと言えそうである[84]。

それは《申報》（1872-1949）の電子版を活用して，"恋愛"の使用例を調べた結果からもみえてくる。《申報》にも創刊以来，"恋愛"の古典的な用法が確認できるが，1907 年以降には新義を得た"恋愛"の使用がみえてくる[85]。1907 年 2 月の《申報》に掲載された亜東破仏訳〈棲霞女俠小伝〉の冒頭には，原著が岩谷蘭軒であることが明記されている[86]。

44) 又轉念凡女郎注意男子必有<u>戀愛</u>之心。若俊伯之與余毫無黏結情意使果爲女郎淡寂。

　　　　　　　（亜東破仏訳〈棲霞女俠小伝〉《申報》12155 号，1907.2.24，p.19）

（考え直せば，女性が男性の事に注意を払うのは，その男性を愛する心を抱いていることだろう。もし俊伯が余と愛情を結んでいなければ，この女性に寂しい思いをさせてしまう）

《申報》での結果からも，日本で新義が付与された"恋愛"の意味・用法が中国語に移入されたと言えそうである。また"恋愛"が西洋文学のみなら

ず，日本文学にもみられるロマンティックな意味を帯びた言葉として解釈されたと推測される。

2.3.2. 1910年代の小説・翻訳にみえる"恋愛"

日本語から移入された"恋愛"の意味・用法は，1910年代の《小説月報》や《新青年》などに掲載された小説や翻訳にもみられるようになる。

鴛鴦胡蝶派の周痩鵑は，「革命党の同盟会が日本の東京で出版した雑誌《浙江潮》を買い，一編の随筆を読んだ。書かれているのはフランスの将軍の恋愛物語で，感傷的で心を動かし，興味を引かれたので，この一編を小説に改編してみようと試みた」と，雑誌《浙江潮》に掲載された小説に影響を受けたことを明らかにしている。この《浙江潮》に掲載された小説とは，前掲の用例42)の〈恋愛奇談〉(《浙江潮》第8期)である。周痩鵑は〈恋愛奇談〉の1節〈情葬〉を改編して，〈法蘭西情劇　愛之花〉と題した戯曲を書きあげた。〈法蘭西情劇　愛之花〉には"恋愛主義"という言葉が男女間に特定された意味として用いられている。

45)　(柯比)哈哈你眞個好算得早三暮四了。起初是<u>戀愛主義</u>一天到晚好似餓鬼道裏的東西攢在紅粉隊裏東來西去的亂串。這回却變了方針又是金錢主義了。可笑可笑。

　　　　(周痩鵑〈法蘭西情劇　愛之花〉《小説月報》第2年第9期，1911.11, p.3)
　　　　(柯比　はっはっ，君はなんて移り気なんだい。最初は，恋愛主義と主張し，朝から晩まで，餓鬼道のように，女性らの中に入り込んであちこち出入りした。今度は方針を変えてまた金銭主義だと言う。おかしいよ)

1915年に創刊された《新青年》の創刊号には，陳独秀訳〈婦人観〉と原文"Thoughts on Women"が掲載され，loveの訳語として新義の"恋愛"があてられている。訳者である陳独秀は，脚注に"Thoughts on Women"の著者がM. O'Rell (1847-1903) であることは明らかにしているが，底本については触れていない。英文の内容から推察すると，底本はM. O'Rell の *Rambles in Womanland* (London: Chatto & Windus, 1903) だと思われる。

46)　5. There are three kinds of men: those who will come across temptations and resist them, those who avoid them for fear of suceumbing [sic], and those who seek them, among the first are to be found only men whose love for a woman is the first consideration of their lives.

五、世間男子凡三種。有置身誘惑而抗之者。有懼其陷溺而避之者。有進而求之者。其以戀愛爲人生第一義者。惟於第一種男子中見之。

(独秀訳〈婦人観〉《青年雑誌》第1巻第1号，1915.9, p.2)

(五、世間の男子は三種類に分けられている。誘惑されても抵抗する者もいる。落ち溺れることを恐れ避ける者もいる。更に（誘惑を）求める者もいる。恋愛を人生の第一義とする人は，第一種の男子（女に誘惑されても抵抗する男子—筆者注）にしかみられない)

《新青年》にはロシア文学の翻訳も多数掲載された[92]。創刊号には，陳嘏により I. S. Turgenev の〈春潮〉(Вешние воды, 1872) が，第1巻第5号には〈初恋〉(Первая любовь, 1860) が翻訳され，love の訳語として新義の"恋愛"[93]があてられている。陳嘏は陳独秀の長兄である陳健生の子息で，日本留学の経験を持ち，独力で英語を学び，《新青年》の英文訳の編集を担当していた[94]。

47) …, he had become conscious of but one feeling—not of Gemma's beauty, or of his admiration for her—that he had long since been impressed with —but of a feeling of dawning love! And here was this absurd duel hanging over him! Sad presentiments took possession of him and harassed his mind. Allowing even that he were not killed… What result could come from his love to this young girl, the promised bride of another?[95]

是夜思想麻起。第所感者非徒羨仙瑪之美。此方寸內所蘊戀愛之情。今始參透其眞理。方涉思及此。忽覺明日決鬥之事。復潮涌於心。因念此行。或不致負傷歟。抑或幸免無絕命之慘歟。至是悲感紛襲。心緒大亂。又一轉念。假如僥倖生還。則對此娟娟之少女。衡吾戀愛勢力所至。其結果又將若何。

(陳嘏訳〈春潮〉《青年雑誌》第1巻第1号，1915.9, p.14)

(この夜多く思い出した。ただ，心を打たれるのはジェンマの美しさを羨むものではなく，心の中に恋愛の情を秘めていることだ。今初めてこの真理を

はっきり悟った。これを思うと，明日の決闘のことが忽ちにこみあげてきた。この行為は負傷に至らないだろう。死亡する惨事もないだろう。すると次第に悲しく思い，心が乱れるようになった。考えてはまた考え直した。もし運よく生き帰られ，この美しい少女に私の恋する力をはかったところで，その結果はどうなるというのか）[96]

48) To speak accurately, the first and last time I was in <u>love</u> was with my nurse when I was six years old; but that's in the remote past. The details of our relations have slipped out of my memory, [97]
若言其詳。吾最初所戀愛者乳母也。時吾方六齡。年代邈遠。瑣屑事實已遺忘無餘。（陳嘏訳〈初恋〉《青年雑誌》第 1 巻第 5 号，1916.1, p.1)
（その詳細を申しますと，私が初めて愛した人は私の乳母です。その時の私は六歳で，遥か昔の事です。細々したことはすでに全部忘れてしまいました）[98]

このように，1910年代に入り，西洋文学が翻案・翻訳されることにより，西洋文学にみられるロマンティックな恋愛の表象として中国の社会に浸透しつつあったと思われる。しかし1910年代後半以降，五四新文化運動が展開されるなかでは，その意味の解釈に議論が及ぶようになる。

2.4. 知識人が論じる"高尚的恋愛"
―《新青年》を中心に―

1910年代後半，《新青年》では陳独秀や現代詩の専門誌《詩》の編集者・劉延陵らにより，"自由恋愛"の意味解釈をめぐる議論が起こった。
1917年8月の《新青年》(第3巻第6号)に掲載された劉延陵の〈婚制之過去現在未来〉と題した論説に対し，陳独秀は「劉君のこの文は，自由恋愛及び独身生活の2つの思潮に反対しており，その類を満たし，その量を出し尽くすと，必ず文明の消滅，人類の断絶に至るとしている。… 全ての自由恋愛は（育児職務は公共の機関に属し，これも社会事業の分業の1つである），どうして人類社会の繁殖を害しようか」と唱えた。これに対し劉延陵は，次号に掲載された〈自由恋愛〉で，「文中では，『ただ極端な自由恋愛』と独身主[99]

に反対しており，極端という2字のついていない『自由恋愛』に反対しているのではない」と応えるなど，"自由恋愛"の意味解釈が論じられた。この"自由恋愛"という言葉については，1907年の《天義》で周作人や何震に「自由な恋愛」の意味として，中国語に紹介されていた。

では，何故1910年代後半に"自由恋愛"の議論が起こったのであろうか。その背景には，1914年に袁世凱政府により公布された「いわゆる貞操を美徳」とする〈褒揚条例〉，更には1917年の〈修正 褒揚条例〉に対する反発があったと思われる。

"自由恋愛"の議論を解決するかのように，周作人は1918年5月の《新青年》(第4巻第5号)に，与謝野晶子の「貞操は道徳以上に尊貴である」を翻訳した。与謝野晶子の文章は"自由恋愛"に反対する人たちに対し，「いわゆる貞操とされた美徳が実は貞操ではないと証明する」晶子の論法が効果的であったようだ。このなかで，周作人は与謝野晶子が言う「恋愛の自由」を"恋愛的自由""恋愛自由"と訳し，恋愛の自由を強調した。

49) 精神的にも肉體的にも唯一を守る結婚と云ふものは戀愛結婚以外には遂げられない譯ですが，戀愛の自由を許されて居ないと共に，戀愛の自由を享得するだけの人格教育が施されて居ない現代に，靈内(ママ)一致の貞操を道徳として期待することは蒔かずに刈らうとする類ではありませんか。

(与謝野晶子「貞操は道徳以上に尊貴である」『人及び女として』1916, p.174)
精神和肉體上都是從一的結婚，除了戀愛結婚，決不能有．但現在既不許可戀愛的自由，敎人能享戀愛自由的人格敎育也未施行的時候，却將靈肉一致的貞操，當作道徳，期待他實現：這不是想「不種而穫」麼？　　　(周作人〈貞操論〉《新青年》第4巻第5号，1918.5, p.390)

この「周作人氏が翻訳した与謝野晶子の〈貞操論〉(本報4巻5号)を読んで非常に感銘を受けた」胡適は，2か月後の《新青年》(第5巻第1号)に〈貞操問題〉を掲載し，「文明国において，男女は自由意思により，高尚な恋愛を経て婚約をする」と説き，"高尚的恋愛"という言葉を用いて，個人の自由意思による婚姻を前面に押し出した。更に与謝野晶子が投げかける疑問「貞操は女のみに必要な道徳でしょうか。貞操は男にも女にも必要な道徳で

しょうか」をひいて,「この疑問は中国で最も重要なことである。中国の男性たちは妻に貞節を守ることを求め,自分たちは公然と妓女と遊び,公然と妾をもち,公然と色目を使う。…これは最も不平等な事ではないのか」と,「高尚な恋愛」により男女平等の婚姻が成立するとも説いた。胡適は,「高尚な恋愛」により,旧思想にしばられた婚姻制からの解放,女性の解放を願ったのである。この点は,日本において,1880 年代末から 1890 年代初めの『女学雑誌』で盛んに論じられた「高尚な精神性」を帯びた「恋愛」の意味と相違する。

翌 1919 年 4 月の《新青年》では,胡適,周作人とジャーナリスト・藍志先(1887-1957)により貞操問題や自由恋愛が議論された。藍志先が「自由恋愛というのは一緒になるのも別れるのも簡単です」と論じると,周作人は「先生は自由恋愛を雑交と誤解しています」と応じるなど,1910 年代末の《新青年》の誌上では,"自由恋愛" の意味解釈は結論がでなかった。尚,「自由恋愛」については,第 5 章で詳述したい。

おわりに

中国語の古典にみられた "恋愛" は,意味範囲は広く,特に男女に特定された意味を表す言葉ではなかった。19 世紀中葉の *Chinese and English Dictionary*(1842-1843)や《英華字典》(1866-1869)に love の訳語として収録された "恋愛" も,やはり意味範囲の広いものであった。

ところが,明治初期の『西国立志編』(1871)や『西洋品行論』(1880)で訳出された「恋愛」の意味は,男女に特定された,本書で言うところの「こい」を含意した言葉として扱われた。しかも『西洋品行論』においては,「男女戀愛ノ情。苟モ。清潔高尚ニシテ…」などと訳され,「恋愛」に性的なものを排除した「男女相敬相愛」の「高尚な精神性」の意味が込められた。

日本で意味範囲が縮小され,専ら男女の情愛を表す「恋愛」の意味・用法は,20 世紀初頭の《清議報》《新民叢報》《新小説》《浙江潮》《天義》などに掲載された西洋文学の紹介や翻訳を通して,更に 1910 年代半ばの《新青年》での翻訳を通して,西洋文学にみられるロマンティックな恋愛を表象す

る言葉として中国語に逆移入された。そして，五四新文化運動が展開されると，1910年代後半の《新青年》では，"高尚的恋愛"や"自由恋愛"の意味が問われ始め，胡適が唱える"高尚的恋愛"には，個人の自由意思による高尚な婚姻が前面に押し出された。

この点は，日本の知識人らが「恋愛」に「高尚な精神性」の意味を込めたことと対照的である。近代化を目ざす中国において，女性の解放，女子高等教育の振興，旧態依然とした婚姻制の改善は急務であり，その手段として"恋愛"が捉えられたと言えよう。

次章では，西洋の恋愛思潮という新概念が中国に浸透していくなかで，和語「初恋」と和製漢語「失恋」が中国語にどのように移入されたのかを，「こい」を含意した「恋」の熟語の中国語移入の第2段階として検証したい。

注

1) 「恋愛」の語誌研究としては，広田1969，飛田2002，寒河江2006，文学研究としては佐伯1998，平石2012，思想史研究としては柳父1982，松永1993，原島1997などがある。
2) 『日国』第3巻，p.1328。
3) 張競1993，p.8。また張競1993は"恋愛"は宋代の文献にみられるが，それは現代語の意味ではないと指摘する（p.8）。但し張競1995b及び張競1993には詳細な語誌研究はみられない。
4) 章錫琛〈駁陳百年教授 一夫多妻的新護符〉《莽原》第4期，1925.5.15，p.37。（原文：近來雖然勉強從日本的翻譯，用「戀愛」這字來代替，然而一般人却仍然沒有關於這字的概念）
5) 張競1993，p.8。
6) 引用は，〈青瑣高議後集巻之三・小蓮記〉《青瑣高議》2006，p.129。
7) 引用は，孝魚点校《王廷相集 三》1989，p.841。
8) 引用は，《紅楼夢》1959，p.221。
9) 伊藤漱平訳『紅楼夢（上）』1969，p.278。尚，同訳内の「参商」には注が付され，「参も商もともに星の名」であるが，ここでは「兄弟（姉妹）の仲がむつまじくないにたとえる」とある（p.284）。
10) 引用は，《八仙全伝》1988，p.418。
11) 周定一主編《紅楼夢語言詞典》（1995，p.523）は，ここでの"恋愛"の意味を"眷恋：捨不得離開"（恋しく思う：離れがたい）としている。

12) 劉半農の新詩〈教我如何不想她〉の初出は1926年9月16日発行の《晨報副刊》で，標題は〈情歌〉である。"月光戀愛着海洋，海洋戀愛着月光"（月光は海洋を恋し，海洋は月光を恋す）と謳われ，その対象は男女ではない。李何林主編《劉半農代表作》（黄河文芸出版社，1987）に収録された〈教我如何不想她〉の脚注には，「この情歌は海外に住む詩人が祖国に対する真摯で熱い思いを表した詩」とあり（p.29），劉半農が留学先のフランスでの思いを表したものと思われる。

13) 《鼙舞歌》には，"沈吟有愛戀，不忍聽可之"（沈吟には恋しい思いがあり，これを聞くのは忍びない），また〈高昱〉には，"住此多時，寧無愛戀？"（ここに長らく滞在したが，どうして恋しく思わないことがあろうか）とある。

14) 第1部は《字典》（全3巻，1815・1822・1823），第2部は《五車韻府》（全2巻，1819-1820），第3部は *A Dictionary of the Chinese Language*（全1巻，1822）の3部6巻から成る。

15) 朱鳳 2009, p.19。

16) 張競 1993 においても「男女のあいだの恋の感情はしばしば『情』ということばで表現されている。漢代の末頃から『情』はこの意味で使われはじめ，最初はおもに詩のなかにあらわれていた」と指摘される（p.11）。

17) W. H. Medhurst は，滞在先のバタヴィアで日本の書物を数冊入手し，1830年に *An English and Japanese and Japanese and English Vocabulary*，更に1835年に *Translation of a Comparative Vocabulary of Chinese, Corean and Japanese Languages* を同地で刊行しているが，これらの字典には"恋愛"の収録はみられない。

18) 宮田 2010 は，W. H. Medhurst の華英字典の前半は R. Morrison の辞典の影響が著しいが，《康熙字典》から直接用例を拾っていると指摘する（p.67）。

19) 柳父 1982，及び『明治のことば辞典』（1986）は，辞典類での早期の"恋愛"の収録について，この W. H. Medhurst の *English and Chinese Dictionary*（1847-1848）をあげている。

20) 寒河江 2006 は，W. Lobscheid の《英華字典》に収録された"恋愛"と"恋愛"の複合語として，15 の見出し項目（Amatorial (Amatory), Amorado, Amorous, Amorousness, Attachment, Dotage, Dote, Eagerness, Enamored, Endearment, Fond, Heart, Love, Pant, Panting）をあげている。また寒河江 2006 は，W. Lobscheid の《英華字典》（1866-1869）の翻刻で，井上哲次郎により編纂された『訂増英華字典』（1883-1885）に，1箇所だけ，Amotorial, Amatorious, Amatory に Relating to love の意味として，「戀愛的」が補充されていると指摘する（p.6）。

21) 宮田 2010，p.253 参照。

22) 鄺其照（1836-?）：広東省新寧県生まれ。《字典集成》（1868 初版）は，中国人学生の英語学習のために編纂された（内田 2010，pp.134-135 参照）。
23) 《字典集成》は，中国人により初めて編纂された英華字典である。
24) 宮田 2010 は，《字典集成》（初版 1868）の主な底本は W. H. Medhurst の *English and Chinese Dictionary*（1847-1848）で，《字典集成》（第 2 版 1875）の主な出典は《字典集成》の初版であろうと指摘する（pp.183-194）。また内田 2001 は，《字典集成》（初版 1868）は語彙数が約 8,000 語であったが，《字典集成》（第 2 版 1875）は約 12,000 語収められたと指摘する（pp.230-231）。
25) 尚，1902 年に商務印書館より出版された《商務書館華英音韻字典集成》の【Love】には，to love ardently "熱愛，切愛，眷恋" が付され，"恋愛" はみられない。
26) 宮田 2010，p.297 参照。
27) 沈国威 1994，p.202 参照。《英華大辞典》の巻頭〈例言八則〉には，編纂にあたり，引用，参考した本として "英和字典" があげられている。
28) 中村正直（1832-1891）：中村敬宇，中村敬太郎は号，別称。1873 年に福沢諭吉，森有礼，西周，加藤弘之らと明六社を設立し，啓蒙誌『明六雑誌』（1874.4 創刊-1875.11 終刊）の執筆者の１人である。
29) S. Smiles, *Self-Help*, London: J. Murray, 1876, p.43.
30) 加藤弘之（1836-1916）：『明六雑誌』の執筆者の１人で，1881 年に初代旧東京大学初代綜理（1887.1 まで），1890 年に東京帝国大学の第 2 代総長となる。
31) 加藤弘之訳「米国政教」は，『明六雑誌』第 5 号（1874.4.15），第 6 号（1874.4.28），第 13 号（1874.6）に掲載された。
32) J. P. Thompson, §4. Religion, kein Deckmantel für Laster oder Hochverrath, *Kirche und Staat in den Vereinigten Staaten von Amerika*, Berlin: Leonhard Simion, 1873, s.11.
33) 中村正直訳「第 11 編　婚姻ノ伴侶」『西洋品行論』1880，p.33。
34) 広田 1969 は，『西洋品行論』で訳出された「恋愛」と「愛恋」について，「恋愛」を名詞，「愛恋」は一例を除いて動詞というように使い分けていると分析している（p.36）。
35) 平石 2010，p.91。
36) 中村敬宇校正，津田仙・柳田信大他訳『英華和訳字典』の跋に，中村は「余校此書　始於明治五年十二月　畢於明治十二年二月」と記しており，《英華字典》の翻訳が 1872 年から開始され，1879 年に終えたことが分かる。
37) 《英華字典》にある "人之戀愛如蝴蝶之戀花" は，『英華和訳字典』では，省略されている。『英華和訳字典』の収録語については，《英華字典》の全ての訳語が採用されたわけではない（森岡 1969，pp.70-72），省かれたものの多くは，方言的接辞や語彙である（沈国威 1994，p.183）。中国的色彩の濃い下位概念語

の削除，見出し語の一部を削除，増補している（宮田 2010, pp.114-115）と指摘される。

38) 松村明監修『近世蘭語学資料第Ⅲ期　道訳法児馬』（第 4 巻，ゆまに書房，1998：東京大学所蔵）を参照。同書の凡例には，1833 年発行の静嘉堂文庫所蔵本を底本として忠実に複製したとある。『道訳法児馬』は，H. Doeff が 1811-1812 年頃，語学向上のため，数人の通詞と相談，協力して F. Halma の蘭仏辞書（原書）の第 2 版（1729）をもとに蘭和辞書を作製し，草案を長崎奉行に献上，その後幕府が 11 人の通詞に Doeff の草稿を更に検討し書写することを命じたもの（通称「長崎ハルマ」）。1816 年に一部が完成し Doeff も「緒言」を書いたが，全体が完成したのは 1833 年である（永嶋 1996, p.21 参照）。

39) 尚，京都大学及び九州大学所蔵の 1816 年版『道訳法児馬』の【Mingenoot】の項にはそれぞれ，「愛スルベキモノ」「愛スルヘキモノ」とある。尚，Mingenoot は『蘭和大辞典』（1943）には，未収録であるが，【Minnarr】と【Minne】には，次のような意味が付されている。【Minnarr】*m.* 戀人, 愛人, 情夫, 姦夫；…—*arij, v.* 情事, 戀愛, 戀；【Minne】*v.* 愛, 愛情, 慈愛, 慈悲, 敬慕, 崇敬, 戀愛；

40) 朱鳳 2009 は，R. Morrison が 1828 年 11 月にロンドン伝道会の本部に宛てた書簡の中に，The Japanese translators are rendering Morrison's Dictionary into the Japanese Language! と記されていることから判断して，R. Morrison の *A Dictionary of the Chinese Language* が，1828 年以前に既に日本に入っていたに違いないと指摘している（p.195）。

41) 『波留麻和解』は，F. Halma の蘭和辞書をもとにして，稲村三伯（1759-1811）が中心となり，13 年を費やして編纂したもの（通称「江戸ハルマ」）。『訳鍵』は稲村三伯の門人・藤林普山泰助（1781-1836）が『波留麻和解』を縮抄したもの。また『和蘭字彙』は，桂川甫周（1826-1881）による『道訳法児馬』の改訂版で，前部は 1855 年，後部は 1858 年に出版された（永嶋 1996, pp.16-24 参照）。

42) 荒川 1997 が考察した「熱帯」が，イエズス会の宣教師らの文献を介して日本にもたらされたことに鑑みると，「恋愛」もその可能性がゼロとは言えないが，この点は今後の課題としたい。

43) 鈴木 2006, p.55。

44) 本書では，河島第二郎『約翰福音之伝最初の邦訳聖書：ギュツラフとベッテルハイム訳聖書』（天理大学出版部，1977）を使用。『約翰福音之伝』は日本人漂流民，岩吉，久吉，音吉（貨物船宝順丸の乗組員）の力を借り翻訳された（鈴木範久 2006, p.56）。Karl Friedrich Gutzlaff (1803-1851)：ドイツ生まれ。1827 年バタビアでロンドン伝道会の W. H. Medhurst と出会い，その影響で中国語および日本語を学ぶ。1835 年からマカオにあったイギリス商務庁の中国語通訳

官になる（鈴木 2006, pp.55-56 参照）。

45) J. C. Hepburn 訳『約翰傳福音書』米国聖書会社，1872, p.65。J. C. Hepburn (1815-1911)：アメリカ長老派の宣教医。1899 年明治学院初代総理となる（『明治維新人名辞典』, pp.867-868 参照）。

46) J. C. Hepburn『和英語林集成』1867 初版，1872 再版，1886 第 3 版。

47) 再版，第 3 版の名詞 love には、「Ai, aijaku」の 2 語が新たに加えられている。尚、和英の部にも、見出し語として ren'ai の収録はみられない。

48) 「落花の夕暮」は、1885 年 4 月 7 日から 5 月 7 日の『郵便報知新聞』に断載された（全 9 回）。第 1 回目（4 月 7 日）訳の後記に「叢話記者白す…セキスピーヤの筋書き中最も巧妙なる小話を以てすべし」と記されており、抄訳である。

49) W. Shakespeare, *The Works of William Shakespeare*. The text revised by Alexander Dyce, Vol.VI., London: Chapman and Hall, 1866, p.411.

50) 河島敬蔵訳『露妙樹利戯曲　春情浮世之夢』（第 2 回第 1 齣），1886, p.79。

51) 1886 年の河島敬蔵訳『露妙樹利戯曲　春情浮世之夢』では、Love は「恋情」と訳されたものが多い。広田 1969 もこの 2 例を戯曲の翻訳の早い用例としてあげている（pp.34-35）。また広田 1969 は 1872 年から 1875 年に翻訳された『通俗　伊蘇普物語』（渡部温訳）や 1878 年から 1879 年に翻訳された『欧州奇事花柳春話』（丹羽純一郎訳）では、「恋慕」や「愛恋」が使用されていたと指摘する（p.33）。

52) W. Shakespeare, *The Works of William Shakespeare* edited by W. G. Clark and W. A. Wright, 1865, Vol. VII, London: Macmillan and Co., p.48.

53) W. Shakespeare, *The Works of William Shakespeare* edited by W. G. Clark and W. A. Wright, 1865, Vol. VII, London: Macmillan and Co., p.22.

54) 『欧米政典集誌』は、欧米の憲法や行政法の法令学説を翻訳紹介することを目的として、1886 年 8 月 23 日に創刊されたもので、「民主国ノ道徳」は第 10 号-第 15 号（1887.1.8-1887.3.3），第 19 号-第 22 号（1887.4.13-1887.5.13）に連載された（井田 1984, pp.346-349）。

55) 「民主国ノ道徳」には、「中江篤介節訳」とある。兆民は筆名、篤介は本名。

56) 井田 1984, p.346 参照。尚、仏学塾は中江兆民がフランス語の教授を目的として、1874 年 8 月に東京都に「家塾開業願」を提出して開校したもので、1887 年には、兆民が校閲し、野村泰亨、伊藤大八、初見八郎らの塾生が纂訳して、日本最初の本格的な仏和辞典『仏和辞林』（仏学塾）を刊行した。

57) 松永 1993, p.167。

58) それは、1898 年に塾生の 1 人野村泰亨が編纂した『仏和辞典』（森則義共著）では、【Amour】が①愛情②懇篤などと訳され、更に 1915 年に野村泰亨が増訂した『新仏和辞典』でも、【Amour】が①愛②愛情③熱愛などと訳され、「恋愛」

が未収録であったことからも窺える。
59) 『女学雑誌』(1885-1904)：第24号以降，巌本善治が編集する。
60) 佐伯1998, p.20。
61) 佐伯1998, p.14。
62) 徳富蘇峰「非戀愛　青年男女の恋愛について論を立つ」『国民之友』1891.7, p.102。
63) 撫象子（巌本善治）「非恋愛を非とす」『女学雑誌』1891.8, p.17。
64) 「厭世詩家と女性（下）」は『女学雑誌』第305号（1892.8）に掲載された。
65) 木下尚江「福沢諭吉と北村透谷 —思想史上の二大恩人—」『明治文学研究』第1号，1934（引用は，『木下尚江全集』第20巻，2001, p.275）。
66) 『文学界』(1893.1-1898.1)：同人は北村透谷，島崎藤村，戸川秋骨，上田敏他。執筆者には，樋口一葉，田山花袋，柳田国男他。
67) 柳父1982, p.103。
68) 平石2012, p.95。平石2012は，ロマンティック・ラブ・イデオロギーの意味として，大澤真幸『性愛と資本主義』（青土社，1996）のロマン主義的な愛（romantic love）の定義の一つ「真の愛は結婚の永続的な結合へと収束するはずのものとして観念され，また結婚は，ただ愛のみを根拠にして正当化されるに至る（p.90）」を参照している。本書においては，日本におけるロマンティック・ラブの意味を大澤の定義に準拠しながら，「婚姻に結びつく清潔高尚な愛」と捉えておきたい。
69) 柳父1982, p.100。尚，広田1969は，明治21年（1888）にはまだ「愛恋」「恋慕」の使用もみられたが，明治22年（1889）にはいると，「恋愛」が圧倒的に多く使われ，他はほとんどみかけなくなると指摘する（p.41）。
70) 《清議報》(1898.12-1901.12)：戊戌政変で日本に亡命した梁啓超が横浜で創刊した変法維新運動宣伝のための旬刊誌。1901年12月11日に第100冊を発行した翌日に清議報社が火事で焼失したことにより第100冊で廃刊となる。清議報社が焼失した後，梁啓超は1902年2月に《新民叢報》(1907.11, 総96期で廃刊)を創刊する（陳立新2009, pp.143-160参照）。
71) 《新民叢報》(1902.12-1907.11)：《清議報》の停刊後，梁啓超によって横浜で創刊された保皇派の機関誌（半月刊）。外国総合雑誌にならって，図版・論説・学説・時局・政治・教育・小説などの欄を設け，新思想の啓蒙と革新の鼓吹に大きな役割を果たした。
72) 《新小説》(1902-?)：梁啓超が横浜で創刊した，近代中国における最初の文芸専門雑誌。月刊。梁啓超の「新中国未来期」などの小説の他，重訳や翻訳などが掲載された。
73) 梁啓超の功績については，陳立新2009や森岡2012を参照。また梁啓超の日本

語借用語彙については，李運博 2006 に詳しい。
74) 〈自由書〉は，梁啓超が《清議報》第 25 冊（1899.8.26）から 100 冊（1901.12.21）までと《新民叢報》第 1 号（1902.2.8）から第 67 号（1905.4.19）に連載した，書物や新聞雑誌類の見聞から得た新たな知見について型にとらわれずに評論したもの（有田 2006, pp.1-2 参照）。
75) 尚，梁啓超は W. Shakespeare を"瑟士丕亜"（Seshipiya）と表記している。日本では，本章の注 48) に記したように，「セキスピーヤ」や「セキスビヤ」（河島敬蔵訳『露妙樹利戯曲　春情浮世之夢』の「緒言」）と表記され，中国本土では，"莎翁"（林紓訳《英国詩人吟辺燕語》1904）や"莎士比"（《辞源》1915）と表記されることが多く，梁啓超が日本語の表音を参照したことが窺える。
76) 但し〈十九世紀二大文豪〉のなかにも"其能使人戀愛。使人崇拜者"（読者の人々に恋しく思わせ，崇拝させる文豪がいる）というような古典的な意味・用法もみられた。
77) （原文：乃至欲新人心欲新人格必新小説。何以故小説有不可思議之力支配人道故"）邦訳は増田渉訳「小説と政治との関係について」1963, p.363（原題〈論小説与群治之関係〉）。
78) 《新小説》第 6 号から第 2 年 2 号（1903.7-1905.2）まで計 9 回，断載された。〈宜春苑〉の底本や訳者（無欲羨斎）については未詳である。
79) 〈宜春苑〉においては，"恋愛"の古典的な意味・用法は散見されなかった。但し"夫人委實是愛戀我的"というように，"愛恋"との混用もみられ，"恋愛"が優先的に多用されたわけでもなかった。
80) 《浙江潮》（1903.2-1903）：「浙江同郷会」により創刊された月刊誌。第 1 期から第 4 期まで累計 5000 冊，第 5・6 期は計 5000 冊，第 8 期は 5000 冊発刊し，発刊後は中国国内外で話題となり，投稿者のなかには魯迅もいた（呂順長 2001, p.133）。
81) 周痩鵑（1894-1968）：江蘇省蘇州生まれ。翻訳家，作家。筆名は泣紅，紫羅蘭主など。《礼拝六》の主編を経て，雑誌《紫羅蘭》を刊行する。尚，鴛鴦胡蝶派とは，清朝末期から民国初期に文芸界の主流を占めた文学流派で，《小説報》《礼拝六》などの雑誌（100 誌余）や《申報》副刊《自由談》，《新聞報》副刊《快活林》などの新聞（約 50 紙）を発表媒体とした。
82) 〈愛之花〉は，《浙江潮》第 6-8 期（1903.7-11）に連載された。尚，著者の儂更有情については未詳である。
83) 訳文の冒頭に，"『家族私有財産及国家之起原』 *The origin of the family private property and the state*"と明記されている。尚，訳者の志達については未詳であるが，《天義》には同名で複数の翻訳がみられる。
84) 在日留学生による雑誌としては，留日女学会職員が主幹となり発刊（1907.2.5）

された《中国新女界雑誌》もある。同年 6 月の《中国新女界雑誌》（第 5 期）に掲載された短編小説〈哀音〉（遠庸録述並批註）にも，"彼此戀愛從一而終。這就是烈士殉友忠臣報國同一樣的眞正純潔之情"（p.8）（互いに愛し合い，一生を終える。これは，烈士・殉死・忠臣・報国と同様の正真正銘の純潔の情である）と"恋愛"が純潔なものであることが語られている。

85) 《申報》での"恋愛"の使用は，1874 年から 4 件（617 号（1874.7.7），736 号（1874.9.21），2740 号（1880.12.14），4040 号（1884.7.13））みられたが，いずれも古典に使われたような意味範囲の広いものであった。

86) 〈棲霞女侠小伝〉の連載は，《申報》12149 号（1907.2.18）から始まり，冒頭に日本岩谷蘭軒著，亜東破仏訳とある。闞文文 2013 は，亜東破仏は彭俞であり，1907 年 2 月に彭俞訳《栖霞女侠》（集成図書公司）として出版されたとする（p.279）。尚，原著についての出版情報は未詳である。

87) 周瘦鵑〈筆墨生涯五十年〉《文彙報》香港 1963.4.24（引用は，《周瘦鵑文集 4》，2011，p.300）。（原文：买了一本革命党同盟会在日本东京出版的杂志《浙江潮》，读到了一篇笔记，记的是法国一个将军的恋爱故事，悲感动人，引起了我的爱好，想把它编成一篇少说，尝试一下）

88) 〈法蘭西情劇 愛之花〉は，《小説月報》第 2 年第 9-12 期（1911.11.25-2.12）に連載された。

89) 藩伯群〈周瘦鵑論（代前言）〉《周瘦鵑文集 1》，2011，p.10。

90) 張競 1995b は，陳独秀訳の〈婦人観〉は男尊女卑の中国社会にかなり衝撃を与えたと指摘する（p.134）。

91) 陳独秀は *Rambles in Womanland* の Chapter VIII（Rambles in Womanland, pp.32-40）の 50 項目と Chapter IX（Women and their ways, pp.41-48）の 37 項目のなかから 10 項目だけを順不同で選び，翻訳している。尚，日本では，*Rambles in Womanland* の抄訳は桐生悠々訳『婦人国』（博文館，1909）が既に出版されており，留学中の陳独秀が桐生訳を目にしていたことも考えられる。

92) 但し第 1 章の 1.2.1. で触れたように，中国語に初めてロシア文学が翻訳されたものに，1903 年に戢翼翬訳《俄国情史》（高須治助訳『露国情史 スミス，マリー之伝』（1886）からの重訳）がある。

93) 〈春潮〉は《青年雑誌》第 1 巻第 1 号-第 1 巻第 4 号（1915.9-1915.12）に，〈初恋〉は第 1 巻第 5 号-第 2 巻第 2 号（1916.1-1916.10）にそれぞれ掲載された。尚，〈春潮〉や〈初恋〉は，明治・大正期に日本でも翻訳されており，留学中の陳嘏が日本語訳を目にしていた可能性は高い。水上夕波訳「春潮」（『明星』1907.10-11-1908.6-7），海原曙雲訳『春の潮』（1914），嵯峨の屋おむろ翻案「初恋」（『都の花』第 2 巻第 6 号，1889.1），生田春月訳『はつ恋』（1914）など。

94) 陳嘏の生没は 1890-1956 年ではないかとされる。陳嘏については葉永勝 2010

(p.66) を参照。尚,〈春潮〉の冒頭には, I. S. Turgenev についての短い紹介文があり,〈春潮〉が人格を尊び純愛を描写したものであること, 各国に訳本があり英訳名は Spring floods であると記されている。

95) I. Turgénieff, *Spring Floods*, translated by Sophie Michell Butts, New York: Thomas Y. Crowell & Co., 1874, p.49.
96) 邦訳は, 中村融訳『春の水』(1991, pp.81-82) を参考にした拙訳である。
97) I. Turgénieff, First Love, *The torrents of spring, etc.*, translated by Constance Garnett, London: Heinemann, 1914, p.241.
98) 邦訳は, 生田春月訳『初恋』(1918, pp.3-4) を参考にした拙訳である。
99) 独秀(無題)《新青年》第3巻第6号, 1917.8, p.14。(原文:劉君此文、意在反對自由戀愛及獨身生活兩種思潮、以爲充其類盡其量、必至文明消滅人類斷絶也。… 全體自由戀愛、(育兒職務、屬之公共機關、此亦社會事業分工之一)、人類社會、又豈害於傳殖)
100) 劉延陵〈自由恋愛〉《新青年》第4巻第1号, 1918.1, p.86。(原文:而文中祇反對『極端之自由戀愛』與獨身主義、未嘗反對無極端二字之『自由戀愛』;文中可以覆按也)
101) 張競 1995b, pp.146-147. 及び李瑾 2004, pp.52-53 を参照。
102) 胡適〈貞操問題〉《新青年》第5巻第1号, 1918.7, p.5。(原文:周作人先生所譯的日本與謝野晶子的貞操論(本報四卷五號)我讀了很有感觸)
103) 前掲, 胡適〈貞操問題〉, p.6。(原文:在文明國裏、男女用自由意志、由高尚的戀愛、訂了婚約.)
104) 前掲, 胡適〈貞操問題〉, p.7。(原文:『貞操是否單是女子必要的道徳還是男女都必要的呢?』這個疑問、在中國更爲重要。中國的男子要他們的妻子替他們守貞守節、他們自己却公然嫖妓、公然納妾、公然『弔膀子』。… 這不是最不平等的事嗎?)
105) 本書の第1章の注16) で触れたように, 胡適は2か月後の《新青年》(第5巻第3号, 1918.9) においては,〈美国的婦人〉を掲載し, 中国における男女平等の教育の必要性を説いている。
106) 藍志先〈二 藍志先答胡適書(一)貞操問題〉《新青年》第6巻第4号, 1919.4, p.399。(原文:所謂自由戀愛、大半結合和分離、都極容易)
107) 周作人〈周作人答藍志先書〉《新青年》第6巻第4号, 1919.4, p.414。(原文:先生將自由戀愛誤解作雜交)
108) 3者の問答については, 張競 1995b, pp.156-159 に詳しい。

第3章
和語と和製漢語の中国語への移入
―〈初恋〉と〈失恋〉を中心に―

はじめに

「初恋」は和語である。「訓読みの和語」が中国語へ移入された場合，その定着率は低いとも指摘される[1]。現代中国語で使用される"初恋"が，民国期に日本語から移入されたのであれば，定着を可能にした要因を明らかにする必要もある。

また「失恋」は，近現代の外来語を大量に収録している《漢語外来詞詞典》にも日本語来源とされており，和製漢語の可能性が高い[2]。和製漢語について，陳力衛 2005a は，漢籍に出典があるかどうかによって，「日本独自の創出」と「中国語出自」と大きく2分類したうえで，和製漢語の形成基盤には，和訓の発達によるところが大きく，「式を挙げる→挙式，札を改める→改札」のように，動詞・目的語のような漢文の語順にあうような構造で造られたものが多いと指摘する[3]。本書では，和製漢語の意味を「日本独自の創出」とやや狭義に捉えておきたい[4]。但し荒川 1997 が指摘するように，和製漢語であることを証明するには，この漢語が成立する以前に，その意味が日中でどのように表されていたのか，更に和製漢語がどのようなプロセスで造られたのかを明らかにする必要がある[5]。

本章では，先ず「初恋」が，明治期に訳語として採用された様相を確認したうえで，中国語への移入の様相を明らかにする。次に，「失恋」の日本での成立過程を考察し，和製漢語である根拠を示し，「失恋」の中国語への移入過程を検証する。この2語の中国語への移入経緯を明らかにすることにより，恋愛思潮が中国社会へ浸透する様相もみえてくると考える。

3.1. 近代訳語としての和語「初恋」

3.1.1. 和語「初恋」の成立

『日国』は【初恋】の意味について，「はじめて異性に恋の気持ちを起こすこと。はじめての恋」とし，早期の使用例として『浮世草子』(1683) の「小夜衣」(四)「初恋（ハツコヒ）とはみても聞ても思ひそむる始の心をいふ也」をひいている。管見では，『男色大鑑』(1687) や『近松浄瑠璃集』(1722) にもみられ，江戸前期の文学に使用されていたことが確認できる。

1) 紫の緒を解て見給ふに、薄紙七十枚継て、目黒の原にて初恋より、けふ迄の思ひを、筆につくしける。

（井原西鶴「色に見籠は山吹の盛」『男色大鑑』1687）

2) 自が初戀は、遙々君を迎舟。

（近松門左衛門「浦島年代記」『近松浄瑠璃集』1722）

但し和歌の題詞としては，12世紀初頭に成立した『堀河院百首』にもみられる。「恋十首」には，「初恋」に始まり，「不被知人恋」「不逢恋」「初遇恋」「後朝恋」「遇不逢恋」「旅恋」「思」「片思」「恨」の10の題詞に，それぞれ16首（計160首）の和歌が収められている。図版2は，「初恋」(16首) の冒頭である。

図版2　「恋十首　初恋」『堀河院百首』

3.1.2. 明治・大正期の「初恋」

　明治期に入ると，「初恋」は翻訳の題目や訳語として使用されるようになる。1889年1月の『都の花』（第2巻第6号）に掲載された嵯峨の屋おむろの「初恋」は，I. S. Turgenev が 1860 年に書いた小説 *Первая любовь*（初恋）の翻案小説である。I. S. Turgenev の「初恋」は，自身の体験談とされ，16歳の少年が主人公であるが，嵯峨の屋おむろの「初恋」では，主人公は14歳として初恋が語られている（用例3））。翻訳としては，1894 年の緑堂野史訳「わかきエルテルがわづらひ」に訳語「初恋」がみえる（用例4））。

3) 其中で始めて慕わしいと思ふ人の出來たのは、左様さ、恰ど十四の春であッたが、あれが多分初戀とでも謂ふのであらうか、マァ其事を話すとしやう。（嵯峨のやおむろ「初恋」『都の花』第2巻第6号，1889.1，p.25）

4) 初戀のうれしさ餘りて、絶えず喜べるがために、つひに男の愛を失へる少女にむかひて、誰かこれを責めんとする。

　　　（緑堂野史訳「わかきエルテルがわづらひ」『志がらみ草紙』第54号，1894.3，p.27）

　1896 年には，島崎藤村の「初恋」と題した少年の体験を詠じた詩が『文学界』（第46号，1896.10）に発表され，翌年『若菜集』（1897）に収められている。1901 年には国木田独歩（1871-1908）の短編小説「初恋」が『武蔵野』に収められ，少女との出会いが少年の回想形式で綴られ，最後の2行に，これが「初恋」であったことが明かされている（用例5））。国木田は「ツルゲーネフの影響が多い」とも指摘され，I. S. Turgenev の「初恋」にみられる回想（告白）形式と類似している。

5) これが僕の初戀、そして最後の戀さ。僕の大澤と名のる理由も從って了解たらう。
　　　　　　　　　　　（国木田独歩「初恋」『武蔵野』1901，p.377）

　その I. S. Turgenev の「初恋」は，1914 年に生田春月（1863-1947）により全訳されている。生田春月は，1914 年にドイツ語から翻訳した『はつ恋』を出版し，1918 年には「英訳全集版と対照して多少の訂正を施し」て，『初恋』を出版している。用例6）に示したように，ドイツ語の erste Liebe と英語の first love が「初恋」と訳されている。

6) „jeder von uns hat die Geschichte seiner ersten Liebe zu erzählen. Die Reihe ist an Ihnen, Sergey Nikolajewitsch."

　　Sergey Nikolajewitsch, ein corpulenter Mann mit rundem, aufgedunsenem Gesicht, sah zuerst den Wirth an und dann richtete er die Augen zur Decke.

　　„Ich hatte gar keine erste Liebe," begann er endlich;[18]
'each of us is to tell the story of his first love. It's your turn, Sergei Nikolaevitch.'

　　Sergei Nikolaevitch, a round little man with a plump, light-complexioned face, gazed first at the master of the house, then raised his eyes to the ceiling. 'I had no first love,' he said at last;[19]
『お互ひに自分の初戀の話をすることにしませう。順番は貴下ですよ、セルゲイ・ニコラエキッチ君。』セルゲイ・ニコラエキッチと云ふのは、丸くふくれた顔をした肥つた男であつたが、まづ主人を眺めて、それから眼を天井へ向けた。『私には初戀なんかありません。』彼はつひに口を開いた。　　（生田春月訳『はつ恋』1914, p.3／『初恋』1918, p.3）

　以上のように、「初戀」は早くは12世紀頃の和歌集の題詞にもみられ、江戸前期の文学にも用いられた和語であるが、辞典収録されるのは管見の限りでは、次に示すように20世紀に入ってからである。明治期の西洋文学の翻訳に際し、その訳語にあてられ、ロマンティックな恋愛が描写された詩集や小説の題目として多用され、次第に定着したのではないかと推測される。

7)　【Hatsukoi】初戀，Calf-love［永續セズ］．　　（『註解和英新辞典』1907）
8)　【Calf love】小戀（ココヒ），初戀（ハツコヒ）．　　『模範英和辞典』1911）
9)　【初恋】初めて戀情を起こすこと。初めての戀。（『大日本国語辞典』1919）

3.2.　「初恋」の中国語への移入

3.2.1.　《新青年》《申報》《婦女雑誌》にみえる"初恋"

　中国語において"初恋"が文献にみられるのは、第2章でも触れた陳嘏訳〈初恋〉（I. S. Turgenev 原著 *Первая любовь*）だと思われる（用例10））。底本

は明記されていないが，引用に英語の原文が引かれている箇所があり，英語訳を底本としたと思われる。但し前述した通り，日本ではⅠ. S. Turgenev の「初戀」は，嵯峨の屋おむろの翻案が1889 年，1891 年に出版され，1914 年，1918 年には生田春月の全訳も出版されており，留学中の陳嘏が日本語訳を目にしていた可能性は高い[20]。前掲の用例6) であげた箇所と同じ場面は次のように訳されている。

10)　吾等三人曷各言其初戀。尼葛頼衛奇君。請自君始。尼葛頼衛奇氏。軀短而肥。氣色甚佳。略視主人。復仰面向天花板。巳而言曰。初戀僕則無之。　　　（陳嘏訳〈初恋〉《青年雑誌》第1 巻第5 号，1916.1, p.1）
（我ら三人は自分の初恋がいつなのかを語りましょう。ニコラエイッチ君，貴方から始めてください。ニコラエイッチ氏は背が低く太っているが顔色は大変良い。主人を少し見て，眼を天井に向けて言った。僕には初恋はありません[21]）

この陳嘏訳〈初恋〉が収録された《青年雑誌》（第1 巻第5 号）は，1916 年2 月20 日付の《申報》（15451 号）に広告として掲載されている。

図版3　《申報》広告：陳嘏訳〈初恋〉

1910 年代末までに，中国語の文献で"初恋"の使用を確認できたのは，陳嘏訳〈初恋〉だけであったが，1920 年代に入ると，《申報》や《婦女雑誌》にもみられるようになる。1921 年6 月10 日付（旧暦5 月5 日）の《申報》の副刊《自由談》[22]には，"端陽特刊"（端午特集）が組まれ，端午の節句にちなんだ記録や風紀が十数編載せられた。その1 編の〈繡虎記〉に"初恋者"がみえる。著者・陳禹鐘については未詳であるが，《青年雑誌》に連載された〈初恋〉や《申報》に掲載された《青年雑誌》（第5 号）の広告は目にしていたと推測する。

11)　倩婉色乃大赧。與榴花争勝。時庭中風日晴美。似嚴飾此小児女之初戀者。　　　（陳禹鐘〈繡虎記〉《自由談》17348 号，1921.6.10）
（倩婉は顔を紅くした。石榴の花より美しい。庭には風が吹き，日がさしている。まるでこの少女が初恋を知ったことをみせ付けているようだ）

また，1922年7月22日付《申報》(17751号) には，《遊戯世界》(第14期) の広告が掲載されている。そのなかに"求幸福齋主"こと，鴛鴦胡蝶派の作家・何海鳴 (1884-1944) による〈妓之初恋〉(「芸子の初恋」) が所収され，「人々が思っていても話せない話が，彼の生き生きとした筆遣いにより描かれている[23]」と紹介されている。

図版4 《申報》広告：求幸福齋主〈妓之初恋〉

更に1922年5月の《婦女雑誌》には，Y.D.訳の〈告失恋的人們〉[24] (底本：賀川豊彦「失恋に就て」) が掲載され，底本に使用された「初恋」がそのまま"初恋"と訳されている。

12) つまり戀愛に，演繹派と歸納派ができるわけです。理想派と經驗派ができるわけです。初戀はいつも演繹派であり理想派で，必ず戀はかうあるべきものだと，決定的にでるのです。それに對して歸納派卽ち經驗派は，第一の戀に破れ第二の戀に破れて，經驗を增す每に强くなるのです，これが惡いとなぜいへますか？

　　　　　　　　(賀川豊彦「失恋に就て」『星より星への通路』1922, pp.277-278)
戀愛可以分爲演繹派和歸納派，或者分爲理想派和經驗派。如初戀，是屬於演繹派理想派，以爲戀愛是決定的，一生祇許一次。歸納派經驗派，却與此相反；第一次戀愛失敗，還有第二次，每經一次可以增一次的經驗。

　　　　　　　　(Y.D.訳〈告失恋的人們〉《婦女雑誌》第8巻第5号，1922.5, p.28)

この〈告失恋的人們〉については，本章の3.4.3.で詳しく触れたい。

3.2.2. 恋愛詩・小説にみえる"初恋"

1920年代に入り，〈初恋〉と題し自らの体験を作品にしたのが周作人 (筆名，槐寿) である。初出は1922年9月1日発行の《晨報副鐫》[25]で，題名は〈夏

夜夢　八初恋〉である。〈夏夜夢〉[26]は，8月19日発行の《晨報副鐫》から始まった連載で，第8夜の夢が9月1日の〈初恋〉になる。この〈初恋〉には，周作人自身が14歳の時に，杭州に一時居住した際，隣に住む13歳の女性（楊）に対して感じた体験が綴られている。于燿明2001は，周作人がこの〈初恋〉を書いた背景には，1919年に出版された石川啄木（1886-1912）の自伝的小説「二筋の血」（『啄木全集』新潮社）を翻訳したことにあると指摘する。[27]
周作人の〈初恋〉は，1925年に出版された《雨天的書》（北新書局）に所収された。この《雨天的書》には周作人の恋の話が綴られた随筆〈娯園〉も所収されている。その冒頭は次のように始まっている。

13)　有三處地方，在我都是可以懷念的，——因爲戀愛的緣故。第一是<u>初戀</u>裏說過了的杭州，其二是故鄉域外的娯園。

　　　　　　　　　　　　　　（槐寿〈娯園〉《雨天的書》北新書局，1925，p.57）

　　（私には懐かしく思う場所が3箇所ある。—それは恋愛の故である。第1は〈初恋〉のなかで話したことがある杭州で，第2は故郷の域外の娯園である）

ここで言う〈初恋〉とは，1922年9月1日発行の《晨報副鐫》に掲載した〈夏夜夢　八初恋〉を指している。[28]

1925年には，周作人に師事していた馮文炳[29]の作品集《竹林的故事》[30]のなかにも〈初恋〉と題した，自らの体験を綴ったと思われる短編小説がみられる。作中に"初恋"という言葉はみられないが，小説の題目として"初恋"を用いたのは周作人の影響が大きいと思われる。

"初恋"が小説にみられたのは，約10年間日本に留学していた張資平の作品である。先ず，1922年に張資平が留学中に書いた自伝的長編小説《沖積期化石》である。これは恋愛小説ではないが，璋という女性が初めて抱いた恋心を"初恋"としている。

14)　璋兒半夜醒來，她曉得她現在睡的地方不是申牧師家裏，一個"反主爲客"的感慨和在這病院裏<u>初戀</u>的追懷，再抉開她的兩道淚泉。

　　　　　　　　　　　　　　　　　　　（張資平《沖積期化石》1922）[31]

　　（璋は夜中に目を覚まし，自分が寝ている場所が申牧師の家ではないのが分かった。「主客顛倒」の感慨と，この病院での（馬氏に対する—筆者注）初恋の追憶で，彼女は涙が泉のように湧き出てきた）

また恋愛小説〈晒禾灘畔的月夜〉(1925) にも "初恋" が使われている。作品ではヒロインが初恋の男性を思い浮かべ、2人の恋愛が純潔であったことを回顧している。

15) <u>初戀</u>的對象——或者要說是在我這全生涯中的唯一的戀愛的對象、要算是你了。　　　　　(張資平〈晒禾灘畔的月夜〉《雪之除夕》1925, p.61)
（初恋の相手、または私の生涯にわたって唯一の恋愛の相手というのは、やはりあなたなのです）

1920年代後半には、留学経験を持たない朱自清や戴望舒の作品にも "初恋" の使用がみられるようになる。朱自清の散文〈緑〉では、2回目に訪れた仙岩（温州）の梅雨潭（滝）の緑に驚き、梅雨潭の流れる水が擬人化されている。

16) 她鬆鬆的皺纈着、像少婦拖着的裙幅；她輕輕的擺弄着、像跳動的<u>初戀</u>的處女的心；她滑滑的明亮着、像塗了「明油」一般、
　　　　　　　　　　　　(朱自清〈緑〉《我們的七月》1924, p.155)
（彼女は、ゆったりと絹織物の皺を寄せていて、まるで若い婦人が垂らすドレスの裾のようだ。彼女はゆっくり揺れ動き、まるで躍動する初恋の処女の心のようだ。彼女はつるつる光っていて、まるで「明油」を塗ったかのようだ）[32]

1930年には、詩人・戴望舒[33]の恋愛詩〈八重子〉と〈単恋者〉（片思いの人）のなかに "初恋" が使われている。〈八重子〉は日本の芸妓の名前で、戴望舒の詩の題名には〈八重子〉ほかに、〈夢都子〉や〈百合子〉もあり、詩のなかには "桜子" や "托密"（トミ）といった芸妓の名前もみえる[34]。戴望舒は意図的に日本語から移入された "初恋" を恋愛詩に用いたと推測される。

17) 八重子是永遠地憂鬱着的、我怕她會鬱瘦了她的青春、…
　　我願她永遠有着意中人的臉、春花的臉、和<u>初戀</u>的心、
　　　　　　(戴望舒〈八重子〉《小説月報》第21巻第6号、1930.6, p.955)
（八重子はいつでもメランコリックな人だ、わたしは彼女がその青春を瘦せ干涸びさせるのが気がかりだ。… わたしは彼女がいつまでも意中の人の顔を、春の花の顔と初恋の心を持ち続けるのを願っている）[35]

18) 我覺得我是在單戀着、但是我不知道是戀着誰、…

我知道的我的胸舫澎漲着，而我底心跳動着像在初戀中．

(戴望舒〈単恋者〉《小説月報》第22巻第2号，1931.2，p.295)
(わたしは自分が片思いをしているのだと思っている，しかしわたしはだれに恋しているのか分かっていない。…分かっているのはわたしの胸が膨らみ，更にわたしの動悸がびくつき，まるで初恋をしているみたいなこと)[36]

　以上のように，"初戀"は1910年代後半にI. S. Turgenevの*Первая любовь*（初恋）に訳出されたのを初めとして，1920年代には，《申報》での随筆，何海鳴の小説の題目，周作人の詩や張資平の身辺小説や恋愛小説，更に1930年代には，戴望舒の恋愛詩などに汎用されることにより，中国語に受容されたと推察する。

　"初恋"が辞典に収録されるのは，1964年に出版された《漢語拼音詞彙（増訂版）》[37]と《現漢》1973試用本以降になる。ただ《申報》における"初恋"の使用数をグラフにすると次の図1のようになり，《申報》では1930年，1940年代にも"初恋"が使用されていたことが確認できる。

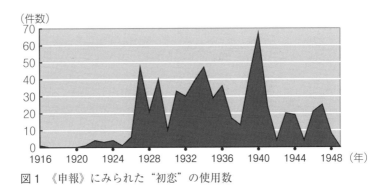

図1　《申報》にみられた"初恋"の使用数

　《現漢》をみると，【初恋】の意味は❶第一次恋愛。❷刚恋愛不久。(❶初めて恋をする。❷恋愛が始まったばかりである)[38]とあり，日本語にはない❷の意味がある[39]。また，2005年第5版から付けられた品詞が，动(動詞)とされる点も日本語とは異なる。但し2000年の《新時代漢英大詞典》に収録された【初】の"初恋"の用例には，"初恋的甜蜜"（初恋の甘さ）と，名詞としての使用例があげられており，名詞的用法もある。

19) 【初恋】❶第一次恋爱。❷刚恋爱不久。
《現漢》1973 試用本-2016 第 7 版[40]

20) 【初】初恋❶ first love: ～的甜蜜 happiness of one's first love　❷ just fall in love: 他们还在～阶段。They have just fallen in love with each other.　　　　　　《新時代漢英大詞典》2000

中国語の"初恋"に《現漢》の❷のような意味・用法があるということは，この語構成が中国語の従来の語構成に見合ったものであることが窺える。この点は，和語の中国語への移入を容易にした要因として考えてよいであろう。

3.3. 和製漢語「失恋」の成立

3.3.1. 「失恋」の創出

『日国』は，【失恋】の意味を「恋の対象に拒まれたり、気持ちが通じなかったりして、恋が遂げられないこと」とし，初出例として国木田独歩（1871-1908）の「死」（1898）をひいている[41]。漢籍の出典が記されていないことから，明治期に日本で創出されたと考えられる。また20世紀初頭までの英華・華英字典類に"失恋"の収録はみられず，《漢語大詞典》にひかれた用例が1920年代のものであることからも和製漢語と言えそうである[42]。

明治期の文献で「失恋」の使用が早期に確認できるのは，管見の限りでは，1896年の小栗風葉（1875-1926）の「失恋詩人」や1897年の泉鏡花（1873-1939）の「恋愛詩人」があり，1898年には『日国』の初出例にひかれた国木田独歩の「死」がある。1896年の小栗風葉の「失恋詩人」は，舞台は日本であるが随所に英語表記がみられる。明治の文人は翻案の原著を明記しないことが多く，小栗風葉の代表作「恋慕ながし」（『読売新聞』1898.9.5-12.5）が，森鷗外訳「埋木」（『志がらみ草紙』第7号-第31号，1890.4-1892.4）からヒントを得ていることから類推して，この「失恋詩人」も欧米文学の翻案であろう[43]。

21) あゝ、君にも然う見えたかね、僕は實に其、今日より哀なる失戀の者だ。
情無い言を云ふぢやないか、いや那麼女に失戀も何も要るものか、

僕は又君の始中終の談の様子では、恐く最些恁う、異うに取濟まし
た上品な女かと思つたら、いや月六兩位の代物だ、

　　　（小栗風葉「失恋詩人」『文芸倶楽部』第2巻13号，1896.11，pp.138-139）

翌年1月，小栗風葉と同じく尾崎紅葉（1868-1903）の門下生であった泉鏡花の「恋愛詩人」では，失恋した詩人を「失恋家」と言い表している。更に，国木田独歩の「死」では，会話文に「失恋」が使用されている。これらの3作品に共通するのは，男性の失恋による苦悶が描かれていることである。

22）詩人呆然として空しく歸る、こゝに於て失戀家となり、天を仰いで毎日ふさいで居る。（鏡花「恋愛詩人」『太陽』第3巻2号，1897.1，p.115）

23）「まさか失戀ではあるまいね」。
　　「さまか」。(ママ)
　　「富岡だつて男だもの、それでないとも限らないサ」。
　　「富岡が失戀のために死ぬるやうな男だらうか、そんな事はなからう」。　　（国木田独歩「死」『国民之友』第370号，1898.6，p.86）

ところで，これらの小説以前に，西洋文学に描かれる失恋は既に翻訳されていた。例えば「わかきエルテルがわづらひ」や『湖上乃美人』「梅模様形見小袖」などがある。但しこれらの翻訳には，「男の愛を失へる少女」や「重き病」「源八が戀の種はぬ意趣晴しに」といった訳語はみられるものの，「失恋」は散見されない。

訳語として「失恋」が確認できるのは1900年代に入り，J. W. von Goethe や I. S. Turgenev, G. de Maupassant（1850-1893）の翻訳である。1901年のかげろふ訳の「涙の慰藉（Trost in Thränen）」の冒頭には，この詩がJ. W. Goetheの1803年の作で，「悲嘆に沈んで居る失戀の人と、之を慰めようとする其友人との對話である」と記され，原文（8聯句32行の短詩）及び対応する邦訳，評釈で構成される。その評釈に「失恋の人」「失恋者」の苦悶が綴られている。

24）友は暖き同情と懇な言葉とを以て、其悲哀の原因を尋ねる。失戀の人は之に答へて、…　失戀者が戀人を星に比較したので、其ならなぜそんなものを取らうとするか。誰も御空の星をとらうと試みるものはない、…　其戀人は毎日前を通過る、失戀の人は、常に其美し

い姿をながめて、せめてもの慰めとするのである。
(かげろふ「独詩評釈 涙の慰籍（Trost in Thränen）」『こゝろの華』第4巻第8号，1901.8，pp.30-32)

1901年に翻訳された上村左川訳の「おもかげ」の原作はI. S. Turgenev の *Clara Milich*（1883）で，冒頭には主な人名を日本化したのは「読む人の記憶に不便ならんを恐れてゞある」と記されている（用例25))。用例26)は厨川白村による G. de Maupassant の *La morte*（1887）の翻訳である。

25) それに倉子が毒を飲んだのは我戀を擯斥せられたからだといふ何も證據はあるまいし、唯新聞の通信者が、あんな風の自殺がありさへすれば皆失戀の爲めだと極めてしまふのだ、

(上村左川訳「おもかげ」『文芸倶楽部』第7巻第13号，1901.10，p.116)

26) 日暮れなんとす。失戀に伴ふあやしう物狂ほしき願望われをとらふ。夜をこゝに明かさんとおもふなり。

(厨川白村訳「夢なりしか」『帝国文学』第9巻第9号，1903.9，p.38)

以上のように，「失恋」という言葉は，「恋愛」の言葉や行為の流行よりやや遅れ，1890年代後半から1900年代初めに，西洋文学の翻案や翻訳，創作の過程で創出されたのではないかと推察する。作中の「失恋者」に男性が多いことが特徴的である。[49]

3.3.2. 「失恋」の汎用

1890年末以降，「失恋」は文学作品だけではなく新聞記事にも登場する。まず，取り上げられたのは著名人の失恋である。1899年の『読売新聞』には，特命全権公使・稲垣満次郎（1861-1908）が恋敵の某外交官の妬みをかい「失恋の賦を送」られたと掲載されている（用例27))。また，1900年の「失恋文士」という記事には，「佳人の奇遇」の著者・東海散士が外交官の令嬢に「失恋」したとある（用例28))。

27) 特命全権白粉行使の辞令我が紙上に出でしより稲滿氏を戀の敵と附け覘ふ多くの不破伴左衛門殿また今更の様に口惜しがりて自暴酒に胃病を起そもありしが中にも外務省の高等官を勤むる某ハ地段駄踏みつゝ失戀の賦といふを作りて之に一書を添へ外務省 小使の名を以

て腰越なる艶福夫婦の許に送りしに

(「白粉公使に失恋の賦を贈る」『読売新聞』1899.8.5,朝刊4面)

28) 散士多年の戀ハ此に空しく望を失ひて元氣頓に沮喪しけるが、女々しくも人に訴ふべきことにもあらねバ、深く秘めて獨り失恋の憂悶を抱きしかバ、顔色次第憔悴して、我にもあらむ堪へがたき苦痛を覺えたり。　　　　(「失恋文士」『読売新聞』1900.9.1,朝刊3面)

1900年代には,「失恋」という言葉が盛り込まれた小説が多くみられるようになる。1900年の徳富蘆花 (1868-1927) の『不如帰』[50]や1901年の尾崎紅葉の「続続金色夜叉」[51],尾崎紅葉の門下生であった山岸荷葉 (1876-1945) の小説『失恋鏡』(1903),更に1903年に自死した藤村操をモデルにしたと言われる1904年の木下尚江の新聞連載小説「火の柱」[52](用例29))や1905年の夏目漱石 (1867-1916) の「吾輩は猫である」(用例30))などである。まさに1900年代に入り「失恋小説」が流行していたようにも思われる[53]。

29) 『姉さん、藤野は實に可哀そうでした—彼の自殺は失戀の結果なんです』
『エ、—失戀？』
『左様です、彼の「巌頭の感」は失戀の血涙の紀念です、…』

(木下尚江「火の柱」『毎日新聞』1904.1.27,朝刊1面)

30) そんな浮氣な男が何故牡蠣的生涯を送つて居るかと云ふのは吾輩猫抔には到底分らない。或人は失戀の爲だとも云ふし、或人は胃弱のせいだとも云ふし、

(漱石「吾輩は猫である」『ホトトギス』第8巻第5号,1905.2,p.4)

一方1900年の「失恋を吹聴する者」[54]や正宗白鳥 (1879-1962) の「現代の新体詩人」(1903) からは,新体詩においても「失恋」描写の流行が窺える。

31) 新躰詩に熱する一青年、斯道の某名家を訪うて談なかばなる時、突然手巾を懷にとりて、朱記せる文字を指さして曰く、我れ失戀の悲しさに、わが肉を傷り、わが血を以って、一篇の悲歌を手巾に書きしと。…　斯くの如きは、文學を好める青年の間には、敢へて珍しからざる所也。試みに青年文學雜誌を繙けば、彼等が得々として、失戀を吹聴するに驚かむ。

(「失恋を吹聴する者」佐藤儀助編『三十棒』1900, p.78)

32) 如何にも明治文學で新体詩ハ最も進歩したものであらう。故外山博士時代の「我ハ官軍」より今日の失戀詩煩悶歌に至るまで進歩の實に夥しいのハ事實だが、これハ文字駢列術が巧みになつた計りで、眞正の詩人が増したのでハない。

(白鳥「現代の新体詩人」『読売新聞』1903.8.16, 付録1面)

用例32）の正宗白鳥が言う「失恋詩煩悶歌」とは，1901年頃から「明星」の与謝野鉄幹（1873-1935）・晶子などを中心に恋愛を主題とする詩が盛んになったこと，薄田泣菫（1877-1945）の憂悶・厭世的作品や岩野泡鳴（1873-1920）の「苦悶詩」などが発表されたことに対する皮肉まじりの総称のようである。[55]

また，1905年に出版された大町桂月（1869-1925）の『家庭と学生』に所収された「失恋」には，失恋が「この時代に起こる現象」であり，恋愛の普及により失恋も起こりうることが説かれている（用例33））。更に1907年に出版された大町桂月の『青年と煩悶』では，煩悶する青年の悩みが「失恋」であることも明らかにされている（用例34））。

33) 失戀といふども、この時代に起る現象也。… 如何なる名醫も治するを得ざるは失戀病也。… 戀愛が精神上の醴酒にして、人を興奮し、慰藉することの大なると同じ程度に失戀の苦痛あること、また止むを得ざる所なるべし。戀愛なくんば失戀もなし。失戀の苦しきは、即ち戀愛の樂しき所以也。

(大町桂月「失恋」『家庭と学生』1905, pp.116-117)

34) 色青き青年に向ひて問うて曰く、『大いにお待たせ申したり。君は煩悶するとの事なるが、如何なる事を煩悶せらるゝぞ』。

　青年、言はむとして言はず、遠慮するものゝ如し。… 青面に微紅を潮して、さゝやくが如くに語り出して曰く、『この舊友にも隠して居りしが、實は、余は失戀の身也。諦らめむとして諦らめられず、學校にゆくも、いや也、…』

(大町桂月「第二　失恋」『青年と煩悶』1907, pp.17-18)

尚，『青年と煩悶』の「序」には，「『この頃の青年、人生を悲観して、活

動をにぶらすものが多くて困る也。君、何か一つ青年の修養になるものを書いてくれないか』と平生敬愛せる醉夢君に頼まれ」とあり，1900年代の後半には，「失恋」が社会現象となっていたことが分かる。

3.3.3.「失恋」の成立要因

社会現象ともなった「失恋」という言葉の定着を辞典類から確認しておきたい。1907年には国語辞典『辞林』や和英辞典『註解和英新辞典』に収録され，1917年には英和辞典『熟語本位英和中辞典』に，To be disappointed in love の訳語として「失恋する」があてられる。1931年の『大英和辞典』には【Broken-heart】の訳語として「失恋」，【Lovelorn】の訳語として「失恋したる」があてられており，和製漢語「失恋」が定着したと言える。

35)【失恋】こひのかなはぬこと。 （『辞林』1907）

36)【Shitsuren, 失恋】Disappointed love. 失戀する, to be crossed in love.
（『註解和英新辞典』1907）

37)【Disappoint】To be disappointed in love. 失戀する。
（『熟語本位英和中辞典』1917）

38)【Broken-heart】失戀．
【Lovelorn】戀人に見棄てられたる，失戀したる．
【Lovelornness】失戀せること． （『大英和辞典』1931）

ところで，次頁の表1はlovelornの訳語について，幕末から1930年代初めまでの英和辞典を調査したものである。1900年代初めまでの各種の英和辞典には，「愛ヲ失フタル」がその意味を表すものとされていた。その後1920年代後半までの英和辞典においては，それ以外に「愛人ニ捨ラレタル」や「恋人ニ見放サレタル」，「恋人に捨てられた」などの句で表記され，1931年の『大英和辞典』以降にようやく「失恋」があてられたことが分かる。

訳語（訳文）にみられる「愛（愛人）」から「恋（恋人）」への推移をみると，明治期以降この2語に意味の棲み分けが発生したようにも思われる。

1892年の『日本大辞書』の【愛】を確認すると，「今日ノ普通ノ意味ニ因レバあいはこひヨリ意味ガヒロク即チあいハ一般外界ノ物ニ對シテノ想ヒニ差シ支ヘ無ク言ヘル語、但シ、こひハ寧ロソノ一部分デ、主トシテ男女間ニ

表1 19世紀中葉から20世紀初頭の英和辞典にみるlovelornの訳語

19世紀中葉-20世紀初頭の英和辞典	【Lovelorn】の訳語
『英和対訳袖珍辞書』1862 『英和対訳辞書』1872 『英和字彙大全』1885 『新訳無双英和辞書』1890 『英和新辞林』1894 『A new English-Japanese dictionary』1901	愛ヲ失フタル． （同上） （同上） （同上） 捨テラレタル，愛ヲ失フタル． 愛を失ひたる．
『双解英和大辞典』1904 『新撰英和辞典』1913 『井上英和大辞典』1915 『新英和大辞典』1927	愛人ニ捨ラレタル，愛ヲ失ヒタル． 戀人ニ見放サレタル，愛ヲ失ヘル． 愛を失いたる．戀人に見捨てられたる． 戀人に捨てられた，戀人に焦がれる．
『大英和辞典』1931	戀人に見棄てられたる，<u>失戀</u>したる．

起ルイツクシミノ情ナドノ意味ヲ持ツ」とあり，字音語の「愛」と字訓語である「恋（こい）」の意味範囲が明確になったと推測される。

「恋愛」が文学の題材だけではなく，「ことばの流行、やがて行為の流行として広まる」なかで，男女の関係を特定する言葉として，和製漢語「失恋」が創出されたと考える。

3.4. 「失恋」の中国語への移入

3.4.1. "失愛"から"失恋"へ

日本では幕末から明治・大正初期の英和辞典において，lovelornの訳語に「愛ヲ失フタル」があてられていたが，中国でも19世紀中葉から20世紀初頭の英華・華英字典類に"失愛"という言葉の収録が確認できる。1819年のR. Morrisonの漢英字典《五車韻府》にはlost favorの意味で"失愛"が収録され，W. Lobscheidの《英華字典》(1866-1869)にも to forfeit one's love の訳語として"失人愛，失人寵愛"（人の愛を失う，人の寵愛を失う）があ

られている。また鄺其照編纂の英華字典《字典集成》《華英字典集成》では【Disappointment】に"失意,失望"があてられていたが,1902年の《商務書館華英音韻字典集成》には disappointment in love の意味として"失愛"があてられている。更に日本語の辞典を参照して作られ,"恋愛"を男女の意味として収録していた1908年の《英華大辞典》においても,【Lovelorn】には forsaken by one's love の意味が"失愛的"(愛を失うこと)とされている。

39)　【失】失愛 lost favor.　　　　　　　　　　　　　　《五車韻府》1819)

40)　【Love】to forfeit one's love 失人愛, 失人寵.　《英華字典》1866-1869)

41-1)【Disappointment】失意, 失望.
　　　　　　　　　　　　　　　《字典集成》1875,《華英字典集成》1887)

41-2)【Disappointment】disappointment in love 失愛.
　　　【Love】to forfeit one's love 失人愛, 失人寵.【lovelorn】失寵的.
　　　　　　　　　　　　　　　《商務書館華英音韻字典集成》1902)

42)　【Love】 n. to forfeit one's love, 失人愛, 失人寵;
　　　【Lovelorn】 a. Forsaken by one's love, 被棄的, 失愛的, 失寵的.
　　　　　　　　　　　　　　　　　　　　　　《英華大辞典》1908)

また《漢語大詞典》も,【失愛】の意味を❶応愛而不愛。(愛すべきだが愛さない)❷失去別人的愛怜。(ほかの人の愛を失う)とし,それぞれ古典の用例をひいている。❷には,《曹瞞伝》や《晋書・王祥伝》での使用例がひかれ,それぞれ"但失愛於叔父"や"由是失愛於父"というように,叔父や父に対して愛を失うという意味に用いられている。つまり中国語の古典にみられた"失愛"は男女間に特定されたものではなかったようだ。

ところで,20世紀初頭に,日本に留学中の魯迅が発表した〈摩羅詩力説〉(「悪魔派詩人論」)のなかでは,所謂失恋の意味として"失愛"が使われている。

43-1)　裴倫在異域所爲文。有哈洛爾特遊草之續。堂祥 Don Fuan(ママ)(人名)
　　　　之詩。及三傳奇稱最偉。無不張撒但而抗天帝。言人不所能言。一
　　　　日曼弗列特 Manfred。記意以失愛絶歡。陷於巨苦。

　　　　　　　　　　　　(魯迅〈摩羅詩力説〉《河南》第2期, 1908.2, pp.87-88)

(バイロンが外国で書いた作品には、『チャイルド・ハロルドの遍歴』続編、『ドン・ジュアン』(Don Juan) 及びもっとも優れていると称される三つの劇詩がある。いずれも宣揚して神に反抗し、人の言えぬことを言っている。その一つは『マンフレッド』(Manfred) である。マンフレッドは失恋して絶望し、苦しみの極に陥った)[63]

43-2) 毎十一月二日。必置酒果隴上。用享死者。聚村人牧者術士一人。曁衆冥鬼。中有失愛自殺之人。已經冥判。毎屆十日。必更歷苦如前此。　　　　　　　　　　（同上,《河南》第 3 期, 1908.3, p.62）

(毎年 11 月 2 日には、きまって酒や果実を墓前に供え、死者を祀る。村人、牧者、祈祷師 1 人、それに大勢の亡霊が集まるが、その中に、失恋のために自殺をした者がいて、彼は、すでにあの世の定めで、この日がくるたびに、必ず生きていた時の苦しみをあじわわねばならないというもの)[64]

魯迅は所謂失恋を意味する言葉として、古典語にみられた"失愛"を用いたのであろう。但し魯迅が 1924 年 12 月の《語絲》(第 4 期, 第 8 版)に発表した詩には、〈我的失恋—擬古的新打油詩〉(私の失恋—擬古的新戯詩)という題目が付けられている。この詩は、当時失恋の詩が流行したのを諷刺するために書かれたようである[65]。1924 年に魯迅が詩の題目として、"失愛"ではなく"失恋"を使用したことは、1920 年前半に"失恋"という言葉が汎用されたことを予測させる。

3.4.2.《申報》にみえる"失恋"

中国語において"失恋"の早期の使用例を確認することができるのは、1907 年から 1914 年の《申報》である。使用されているのはいずれも海外の事象を紹介した記事や広告である。1907 年 4 月 18 日付の《申報》には、〈雜俎〉の項に西洋の文豪について 6 編の短いエッセイが掲載され、3 番目の"文豪與婦人"(文豪と婦人)では、欧米の文豪はいつも婦人と関係があり、文豪の 80％は失恋し、恋愛中の人は 20％であると紹介している（用例 44))。1912 年 6 月 7 日付の《申報》の〈海外奇談〉の項では、ドイツの大学に自設された牢獄の壁に「失恋の艶めかしい言葉」がみえると伝えられ（用例 45))、1913 年 1 月 6 日付の〈倫敦通信〉(ロンドン通信)の項では、スペイン

首相（H. Canalejas1854-1912）の死について，初審で失恋の可能性が指摘されたと伝えている（用例46））。

44) 文豪與婦人　法國甄克曰文豪者窮乞與戀愛之產兒也歐美國以文豪名者往往不能與婦人無關係文豪以失戀者十之八以戀愛着者十之二

((無著名・無題)《申報》12208号，1907.4.18)

（文豪と婦人　フランスのジャンク曰く，文豪というのは貧しくて物乞いをしたり，恋愛によりひらめきをもらったりするものである。欧米では文豪はいつも婦人と無関係ではいられない。失恋する者は80％で，恋愛中の者は20％である）

45) 德國警吏之權力。不能施於大學之學生。學生犯罪。例下之大學自設之牢獄。尋常犯罪雖許同級生自由出入。爲之慰問。然至喪破廉恥之犯。則斷絕其交通。令其閉門思過。故獄中墻壁。墨痕狼藉。或醉後之放歌。或失戀之豔詞。或滑稽之劇畫。或憤世嫉俗之大文。種種色色。令人應接不暇。彼鐵血宰相俾斯麥公。亦會久困此獄云。

(〈德国大学之牢獄〉《申報》14113号，1912.6.7)

（ドイツの警察の権力は大学の学生に加えることができない。学生は罪を犯すと大学が自設した牢獄に入る。普通の犯罪であれば同級生は慰問のために自由に出入りが許されるが，破廉恥な罪を犯した場合行き来は閉ざされ，閉じこめて反省させられる。したがって，獄中の壁には墨の跡を乱雑に残し，酔っぱらいの歌，失恋の艶めかしい言葉，滑稽な劇画，世の中の不正・不合理を憎み怒る文字等々多すぎてどうすればいいか分からない。かの鉄血宰相・ビスマルクもこの牢獄には久しく困ったという）

46) 其懷中有一婦人照相。上題願勿相忘等字。初審判時斷其爲失戀或絕望所致。倉卒起意。竝無損謀之人。

(侃叔〈西班牙首相被刺〉《申報》14322号，1913.1.6)

（その懐には婦人の写真があり，"願勿相忘"（忘れないでください）などの文字があり。初審の時それが失恋或いは絶望の原因で，そそくさと心を動かして執った行動であり，主謀の人はいないと判断された）

これらの情報はいずれも海外事象であり，海外紙，特に日本語新聞で報道されたものからの翻訳，抄訳の可能性が高いと言ってよいであろう[66]。それは，

1914年8月22日付の《申報》(14919号) に掲載された《世界皇室奇談》の広告からも窺える。《世界皇室奇談》は，1903年に出版された風間礼助著『世界皇室奇譚』(大学館) を参照したもので，《申報》の広告には，《世界皇室奇談》が欧米各国の宮殿の秘め事，皇族の艶事を探して訳したもので，例えば，"梅特涅夫人之嬌態奢状鐵血宰相與女伶之痴情逸話俄公主之失戀隱情法皇帝寵愛名妓之始末"（メッテルニヒ夫人の麗しく奢侈な様，鉄血宰相と女優の痴情の逸話，ロシア皇帝の皇女の失恋の隠情，フランスの皇帝が名妓を寵愛した結末）などと記されている。

図版5　《申報》広告：《世界皇室奇談》

3.4.3. 《新青年》《婦女雑誌》にみえる"失恋"

1910年代後半になると，《新青年》に掲載された日本文献の翻訳などに"失恋"の使用が確認できる。先ずは第2章でも引用した周作人の抄訳〈貞操論〉である。周作人は，与謝野晶子が説く「貞操論」をうまく中国に取り込んでいた。ここでは，底本の「片恋」は明代にも使用されていた"単相思"と訳し，「失恋」はそのまま借用している。「失恋」の動詞・目的語という語構成が中国語に受け入れ易かったものと推察する。

47)　片戀(ママ)と言ふのも、失戀(ママ)と言ふのも、また其れまでに達しない程度の異性に對する淡(あは)い愛情も一切不貞不純の事實になります。
　　　（与謝野晶子「貞操は道徳以上に尊貴である」『人及び女として』1916, p.168)
　　　無論單相思，無論失戀，或祇是對於異性的一種淡淡愛情，便都是不貞一。　　（周作人訳〈貞操論〉《新青年》第4巻第5号，1918.5, p.389)

1918年4月19日，周作人は北京大学文化研究所小説研究会で日本の近代

文学の発達について講演し，その内容が同年 7 月の《新青年》に掲載された。
このなかで周作人は，「浮雲」(1887-1889) に描かれた内海文三の失業や失恋
の煩悶の様相は，坪内逍遥の『一読三歎 当世書生気質』(1886) よりも進歩
していると説いている。

48)　二葉亭四迷精通俄國文學，翻譯紹介，狠有功勞。一方面也自創作，
　　　浮雲這一篇，寫内海文三失業失戀，煩悶無煩的情狀，比書生氣質更
　　　有進歩。
　　　　　　(周作人〈日本近三十年小説之発達〉《新青年》第 5 巻第 1 号，1918.7，p.31)
　　　　(二葉亭四迷はロシア文学に精通していて，翻訳や紹介に功労がある。一方
　　　　自らも創作している。『浮雲』は内海文三の失業と失恋を描き，その並外れ
　　　　た煩悶の状況は『書生気質』よりずっと進歩した)

また，1920 年 1 月の《新青年》に掲載された陳独秀の〈自殺論―思想変
動与青年自殺〉では，1919 年 11 月 17 日に投水自殺した北京大学の学生・
林徳揚の自殺を取り上げ，欧米での自殺の趨勢や原因などを探っている。そ
のうえで，現代の青年の自殺で最も多い原因は「厭世及び解脱」と「失恋」
だが，林の自殺の原因は「厭世」であり「失恋」ではないと記している。

49)　林君自殺自然是厭世不是失戀。
　　　　　　　　　　　(陳独秀〈自殺論〉《新青年》第 7 巻第 2 号，1920.1，p.11)
　　　　(林君が自殺したのは当然厭世であり失恋ではない)

陳独秀がこのような論文を掲載した背景には，中国においても青年の自殺
が社会現象となり，その原因の 1 つに"失恋"が考えられたからであろう。
1922 年 1 月 4 日付《婦女評論》[69]の通信欄には，読者・子芬からの投稿文
〈一個失恋而死的青年〉(「失恋により死亡した青年」) が掲載された。冒頭に「暁
風先生へ」とあり，《婦女評論》の編集者の 1 人である陳望道[70]に宛てられた
ものである。子芬が，最近新聞記事に載った青年の自殺は"自由恋愛"の結
果であり，"自由恋愛"というのは人を殺すこともできるのかと訊ねたのに
対し，陳望道は，青年が本当に"自由恋愛"により死亡したのか詳しく調べ
る必要があると回答している[71]。

また，1922 年 8 月号の《婦女雑誌》には〈自殺的評価及研究〉と題した
評論 (2 編) と翻訳 (1 編)[72]が掲載された。翻訳のほうは〈女性与自殺〉と題

され，雀部顕宜（1872-1938）の『女性の心理』（1917）の「第15章　女性と自殺」が翻訳されたものである。世界各国の自殺者は男性が多いが，自殺の原因が恋愛の場合は女性の方が多いとし，その理由は女性の愛情が男性より熱烈だからだと，底本通り訳されている。

50）　一體女は一たび戀情を催ふし，偕老の契でも結んだ場合には，其愛情は比較的に濃厚であり熱烈な者であるから，或は失戀に陷たとか，或は情人を亡くして，其悲みに堪へられないやうな場合には，容易に死を決し得るには至るものである。

(雀部顕宜『女性の心理』1917，p.358)

這此因爲女子對於愛情上，比男子熱烈得多，所以一朝遇着失戀或情人死亡的時候，往往爲了受不起悲傷容易自殺。

(昧辛〈女性与自殺〉《婦女雑誌》第8巻第2号，1922.2，p.55)

1922年5月の《婦女雑誌》には，Y.D.訳〈告失恋的人們〉（「失恋した人たちに告げる」）が掲載された。これは賀川豊彦（1888-1960）の「失恋に就て」（『星より星への通路』1922）の抄訳である。「失恋に就て」では，11の項目が述べられているが，Y.D.は，その中から一部のみ取り上げている。[73] "失恋"について，賀川が「失恋そのものは必ずしもうれしいものではありませぬ」を，Y.D.は「失戀は必ずしも悲しいものではありません」と訳を変えている。これは，自由に恋愛ができるようになった結果，失恋も発生するのであり，むしろ失恋を前向きに捉えているようにも思われる。

51）　そういつたところで，失戀そのものは必ずしもうれしいものではありませぬ。然し戀が必ず成功し得るものなら，戀は戀にはなりませぬ。

(賀川豊彦「失恋に就て」『星より星への通路』1922，p.269)

這阳樣說來，失戀未必是可悲的事。如果定要成功纔去戀愛，那也不成其爲戀愛了，

(Y.D.訳〈告失恋的人們〉《婦女雑誌》第8巻第5号，1922.5，p.27)

「失恋に就て」の最後の11項目「失恋者への三つの慰み」で，賀川は失恋を慰め得るものは「時」と「自然」と「内なる力」だとし，「時」も「自然」も慰めてくれなければ，その時は「内なる力」―即ち神に頼るより仕方なく，「戀も，生命も，失戀も，死も，凡てを神に委せてゆくのです。…失戀した

からといつて，すぐに絶望したり自棄を起すものではありません。凡てを生命の延びてゆくまゝにまかせてゆくべきだと思います」と，キリスト教徒らしく説いて，この随筆を締めくっている。Y.D.はこの部分を"而戀愛的失敗，或成功，都該受神的支配"と，「恋愛の失敗も成功もみな神に任せるべきだ」と訳している。この抄訳からは，恋愛をすることが大切で，失恋を恐れる必要など何も無いとする訳者の意図が窺える。

"失恋"は，厨川白村の『近代の恋愛観』(1922)を改訳した任白濤訳の《恋愛論》(1923)の〈巻頭語〉にもみえる。任白濤が改訳した箇所やその意図については，工藤2010に詳しく論じられている。工藤2010は，この〈巻頭語〉から読み取れる，任白濤が『近代の恋愛観』を中国に移入しようとした意図は，「『恋愛とはなにか』の『恋愛の精神』を理解させるための解説，指南書としての役割を見出した点にあ」ったと指摘する。

52)　再稱具體地說：讀了這書以後：未戀的人，可以知道怎樣去戀；已戀的人，可以知道樣去保護戀；非戀的人，可以覺悟過虛偽的形式的，賣淫的結婚生活 ―家庭生活是多麼大的罪惡；<u>失戀的人，更可以得着多少的殷鑒</u>。　　　　　　　　　（任白濤訳〈巻頭語〉《恋愛論》1923）
（もう少し具体的に言えば，この本を読んだのち，まだ恋をしたことがない人はどのように恋をするのかを知ることができ，既に恋を経験したことがある人は，どのように恋を保持するのかを知ることができ，恋ではないことを恋だと思っている人は，虚偽的，形式的，売淫的な結婚生活 ―家庭生活がこんなにも大きな罪悪― であることを自覚することができ，<u>失恋した人は，更に多くの殷鑑を得ることができる</u>）

任白濤の〈巻頭語〉からは，恋愛の浸透につれ，失恋という現象も発生していることを窺い知ることができる。

また失恋が若者らの関心事になっていたことは，同年10月の《婦女雑誌》（第9巻第10号）に掲載された〈一個失恋的兵士的来信〉（「失恋した兵士からの手紙」）と題した，読者（朱武）から編集長・章錫琛に宛てた2つの疑問と章錫琛の回答からもみえてくる。朱武が，「人が受ける失恋の苦しみは，どのようにしたら自らを救うことができますか」と尋ねたのに対し，章錫琛は「1つは別の恋愛をすること。その2はこれら恋愛をやめて，学問を研究す

る，或いは事業を興して，気晴らしをする」ことなどと回答している。

53-1) 錫琛先生：(一)男女間發生愛情，一定要結爲夫婦的麽？ (二)凡人受失戀的痛苦，如何纔能自救呢？
(朱武〈一個失恋的兵士的来信〉《婦女雑誌》第9巻第10号，1923.10, p.125)
((一)男女間に愛情が芽生えたら，必ず夫婦として結ばれなければならないでしょうか。(二)人が受ける失恋の苦しみは，どのようにしたら自らを救うことができますか)

53-2) 朱武先生：(一)戀愛當然以結婚爲歸結；但事實上不能結婚的時候，自當別論。(二)慰解失戀的苦痛，有兩種方法：其一，另求戀愛；其二，從此絶意於戀愛，去研究一種學問，或幹一種事業，以排遣自己。
(章錫琛〈一個失恋的兵士的来信〉《婦女雑誌》第9巻第10号 1923.10, p.126)
((一)恋愛はもちろん結婚により帰結する。但し実際に結婚できない時は当然別である。(二)失恋の苦痛を沈めるには，2種類の方法がある。1つは別の恋愛をすること。その2はこれら恋愛をやめて，学問を研究する，或いは事業を興して，気晴らしをする)

"失恋"は，以上のような翻訳や読者と編集者との誌上での問答などにより，その意味が普及するとともに対処法が理解されていったと推察する。

3.4.4. 1920年代の小説に描かれる"失恋"

更に"失恋"の意味を言葉の普及に繋げたのは文学だと思われる。《婦女評論》や《婦女雑誌》で失恋が論じられたほぼ同時期，失恋は文学の題材となっていた。1920年の張資平の処女作〈約檀河之水〉(「ヨルダン川の水」)では，主人公の中国人留学生が日本人女性に失恋したことが題材とされ，その悲しみや苦しみが描かれている(用例54)[79]）。張資平以外では，1921年の郭沫若の史劇〈湘累〉[80]，1922年の田漢の話劇〈咖啡店之一夜〉，1923年の郁達夫の評論〈THE YELLOW BOOK 及其他〉(「イエロー・ブック及びその他」)に"失恋"の使用がみられる(用例55) 56) 57))[81]。郭沫若，田漢，郁達夫は，1921年に張資平とともに，日本で創造社を結成したメンバーであり，これらの作品は留学中に執筆されている[82]。また作品に共通するのはやはり男性の

失恋で，1900年代の日本の小説に描かれた「失恋小説」と類似するところがある。

54) 他受了良心的苛責，近來又新嘗失戀的痛苦，所以他忘魂失魄似的跑到這海濱來。　（張資平〈約檀河之水〉《学芸》第2巻8号，1920.11，p.2）
（彼（主人公・C―筆者注）は良心がとがめ，最近又新たに失恋の苦しみも味わったので，魂の抜け殻のようになってこの海岸にやって来た）

55) 屈原 …他來誘我上天，登到半途，又把梯子給我抽了。他來誘我去結識些美人，可他時常使我失戀。

（郭沫若〈湘累〉《学芸》第2巻10号，1921.4，p.20）
（悪魔はおれを天井へ案内するが、途中までのぼると梯子を外してしまう。おれを美人に紹介するが、おれはたびたび失恋の苦杯を嘗めさせられる）[83]

56) 林先生，你到底有甚麼那樣難過的事情？難道您也失戀了嗎？他們喝酒的少爺們，幾乎十個有九是自稱失戀的，我不信林先生也是那一種「模擬失戀者。」

（田漢〈咖啡店之一夜〉《創造季刊》第1巻第1期，1922.3，p.47）
（林さん，一体どんな悲しいことがあったの。まさか，あなたも失恋したんじゃないでしょうね。酒を飲んでいるあのお坊ちゃん達は，10人のうちに9人が失恋したと自称しているけど，林さんもあのような「擬似失恋者」だとは思えないわ）

57) THE YELLOW BOOK 的一輩天才詩人裏，作最優美的叙情詩，嘗最悲痛的人生苦，具有世紀末的種種性格，爲失戀的結果，把他本來是柔弱的身體天天放棄在酒精和女色中間，作慢性的自殺的，是薄命詩人 Ernest Dowson.
（郁達夫〈THE YELLOW BOOK 及其他〉《創造週報》第20号，1923.9.23，p.3）
（*THE YELLOW BOOK* の天才詩人のなかで，最も優美な叙情詩を作り，最も悲痛な人生苦を体験し，世紀末の様々な性格を備え，失恋した結果，本来弱い体を毎日アルコールと女に溺れ，慢性的に自殺したのは薄命の詩人 Ernest Dowson である）

"失恋"の汎用，定着は，魯迅の書き換えからもみえてくる。前述したように，魯迅は1908年の〈摩羅詩力説〉で"失愛"を使用していたが，1924

年12月の〈我的失恋 —擬古的新打油詩—〉(《語絲》第4期, 第8版) では, "失恋"に改めている。更に1926年6月25日付の日記には,「恋人を失うことを専門名詞で失恋という」とあり, "失恋"を新しい言葉として捉えていたことが分かる。

58) 六月二十五日　晴。

…謹案才子立言, 總須大嚷三大苦難：一日窮, 二日病, 三日社會迫害我。那結果, 便是失掉愛人；若用專門名詞, 則謂之失戀。

(魯迅〈馬上日記〉《世界日報副刊》第1巻第8期, 1926.7, p.119)

(…謹んで思うに、才子が立言するとき、かならず三大苦難を叫びたてるものだ。一に貧乏、二に病気、三に社会の迫害である。その結果は恋人を失うことになり、専門用語では、これを失恋という)[84]

"失恋"は, 1920年代後半の茅盾や老舎の小説にも汎用された[85]。茅盾の〈幻滅〉は日本へ亡命する前の作品である。茅盾は1921年に周作人らと《小説月報》を創刊し, 主編を務めていたことによるのか, その作品には日本語借用語彙の使用が多くみられた。

59) 抱素憫然答道：「你不知道戀愛着是怎樣地熱烈不顧一切, 失戀了是怎樣難受呢！」　(茅盾〈幻滅〉《小説月報》第18巻第9号, 1927.9, p.15)

(抱素は茫然として答えた。「恋愛中だとどれほど熱烈に一切を顧みることがないか、また失恋するとどんなに苦しいか、君は知らないだろう！」)

60) 把紙旗子放下, 去讀書, 去做事；和把失戀的悲號止住, 看看自己的志願, 責任, 事業, 是今日中國 —破碎的中國, 破碎也還可愛的中國！—的青年的兩付好藥！

(老舎〈二馬〉《小説月報》第20巻9号, 1929.9, p.1510)

(紙旗を捨てて、勉強をし、仕事をすることと、失恋の号泣を止めて、自分の意志と責任と事業とを見つめることは、今日の中国 —破壊された中国、破壊されてもなお愛すべき中国なのだ！—の青年の二服の良薬である！)[86]

最後に "失恋" の中国語での定着を辞典収録で確認しておきたい。1928年に出版された《綜合英漢大辞典》[87]には,【Disappoint】【Lovelorn】の訳語として "失恋" が収録され, 国語辞典においても, 1930年代の《王雲五大辞典》《標準語大辞典》や1940年代の《国語辞典》に見出し語となっている。

《現漢》には 1973 試用本から収録され，現代中国語に継承されている。

61) 【Disappoint】To be disappointed in love, 失戀.
　　【Lovelorn】失愛, 失戀, 悲秋扇的.　　　　　　　　（《綜合英漢大辞典》1928）
62) 【失恋】失却戀愛的人.　　　　　　　　　　　　　　（《王雲五大辞典》1930）
　　　　（恋愛していた人を失うこと）
63) 【失恋】失去了異性的戀愛。　　　　　　　　　　　（《標準語大辞典》1935）
　　　　（異性の愛を失う）
64) 【失恋】謂男女間失去愛人之愛。　　　　　　　　　（《国語辞典》1945）
　　　　（男女間において愛する人の愛を失うこと）
65) 【失恋】恋爱的一方失去另一方的爱情。
　　　　　　　　　　　　　　　　　　　　（《現漢》1973 試用本-2016 第 7 版）
　　　　（恋愛する一方がもう一方の愛情を失うこと）

　中国語では，19世紀中葉から20世紀初頭の英華・華英字典や1908年の《英華大辞典》には，"失愛"や"失愛的"が収録され，1908年の魯迅の作品にも，失恋の意味が"失愛"とされていた。ところが1900年代後半，海外事象が伝えられた《申報》には，"失恋"という言葉が度々使用され，1910年代後半から1920年代初めの《新青年》における周作人の翻訳や陳独秀の評論にも使用されていた。また，1920年代前半の《婦女評論》における読者と陳望道との問答，《婦女雑誌》における日本文献の翻訳（『女性の心理』，「失恋に就て」）や改訳（『近代の恋愛観』），更に読者と章錫琛との問答からは，1920年代前半に失恋が社会の現象としてみられたことが窺える。折しも，張資平や創造社の作家たちの創作に，"失恋"が描写されたのも1920年代前半であった。

　"失恋"が，"失愛"に取って代わり，中国語に容易に移入され，汎用された背景には，その語構成が中国語に倣うものであったことと同時に，"恋愛"が移入され，その概念が普及するなかで，その後に起こる現象として「こい」を含意した新しい言葉が必要とされたためと推察する。

第3章　和語と和製漢語の中国語への移入　101

おわりに

　「初恋」は，古くは12世紀の歌集の題詞にみられた和語であるが，明治期にはI. S. Turgenev の小説 *Первая любовь* の翻案（嵯峨の屋おむろ「初恋」）や全訳（生田春月「初恋」）の訳語にあてられた。更に島崎藤村の詩や国木田独歩の小説の題名にあてられるなど，ロマンティックな恋愛を表象する言葉として汎用された。一方，中国語の"初恋"は，1910年後半の日本留学経験者・陳嘏によるI. S. Turgenev の翻訳や1920年代の周作人の随筆，日本文学の翻訳，更に張資平の創作などを介して中国語に移入された。1930年には戴望舒の恋愛詩にも使われるなど，中国においてもロマンティックな恋愛を表象する言葉として汎用された。

　「失恋」は，1890年代後半の小栗風葉や泉鏡花らの小説にみられた。西洋文学を翻訳する過程で，「愛」という意味範囲の広い言葉ではなく，男女に特定された「恋（こい）」を目的語として，漢語の語構成に倣った和製漢語「失恋」が創出されたと推察した。

　中国語の"失恋"は，早期には20世紀初頭の《申報》の広告に，1910年代後半には周作人の翻訳，1920年代初めには張資平や創造社の作家たちの創作にみられた。1920年代前半の《婦女評論》や《婦女雑誌》には，読者と編集者との失恋問答が掲載されるなど，失恋が社会現象ともなっていた。但し，1922年5月に，賀川豊彦の「失恋に就て」を抄訳したY. D. が，失恋は「必ずしも悲しいものではない」と底本の訳を変えるなど，その意味は中国の現状に沿った形で受容されたと言える。

注

1) 劉凡夫1993 は，20世紀初頭に中国語に移入された日本語借用語彙の一部を《辞源》の正編（1915），続編（1931）で詳しく分析し，「訓読みの和語」は，正編と続編には合わせて88語が収録されたが，定着したのはわずか11語（和語全語数の12.5%）に過ぎなかったと指摘している（p.9）。
2) 陳力衛2006 は，和製漢語として2,026語を抽出し，そのなかには「失恋」も含まれている。
3) 陳力衛2005a は，和製漢語の成立について，（イ）訓読みから音読みへ代わった

もの（例：おほね→大根），（ロ）日本独自の組み合わせや表記（例：焼亡），（ハ）幕末近代以降の漢語訳語（例：哲学），（ニ）語構成の変化によって日中の異なる意味を分析できる語（例：激動　洋行），（ホ）中国古典語を用いて外来概念との対訳を行った語（例：社会　経済）などとしている（pp.38-40）。この分類に準じると，「失恋」は（ハ）に該当すると考えられる。

4) 本書での考察で，和製漢語とするのは「失恋」のほか，「三角関係」「三角恋愛」「同性愛」「同性恋愛」である。
5) 荒川 1997，p.78。
6) 『日国』第3巻，p.93。
7) 引用は，『日国』（第3巻，p.93）より転用。
8) 佐藤亨1999も，「初恋」の早期の使用例として「浦島年代記」（1722）や『徳和歌後万載集』（1785）など江戸前期の文献をあげている。
9) 引用は，江本裕校注「男色大鑑」新編西鶴全集編集委員会『新編西鶴全集』第2巻・本文篇，2002，p.283。
10) 引用は，饗庭篁村校訂『校訂近松時代浄瑠璃集』1896，p.668。
11) 『堀河院百首』の成立には諸説あるが，青木他2002は，1105年12月27日から1106年3月11日の間ではないかとする（青木賢豪「解説　2成立」巻末，p.317参照）。
12) 嵯峨の屋おむろ（1863-1947）：本名，矢崎鎮四郎。小説家・翻訳家・詩人。1883年東京外国語学校露語科卒業。坪内逍遥の門下生で東京外国語学校では二葉亭四迷と同級生であった。尚，翻案小説「初恋」は，同年の『小説花籠』（奈良嘉十郎）や1891年の『新編ちくさ』（金港堂）に収められ出版された。
13) J. W. von Goethe（1749-1832）原著 *Die Leiden des jungen erthers*（1774）（『若きウェルテルの悩み』）。
14) 『文学界』では，総題「一葉舟」の第6「こいぐさ」9編の「其一　初恋」（p.19）として発表され，『若菜集』では，「初恋」と題し収録される（pp.140-141）。
15) 国木田独歩の「初恋」の初出は，『太平洋』（1900.10）だと思われるが，未見である。
16) 中島健蔵「解題」『国木田独歩集』1964，p.369。
17) 生田春月「訳者序」生田春月訳『初恋』1918，p.2。
18) I. Turgénieff, *Erste Liebe*, aus dem Russischen von Wilhelm Lange, Leipzig: Reclam, s.1. 尚，同書には出版年が明記されておらず，出版年不詳。
19) I. Turgénieff, First Love, *The torrents of spring, etc.* translated by Constance Garnett, London: Heinemann, 1914, p.241. 尚，同書はロシア語からの翻訳で，初版は1897年である。
20) 陳嘏の翻訳には武者小路実篤原著の〈某画家与村長〉（《東方雑誌》第15巻第7

号，1924.7）もある。
21) 邦訳は，生田春月訳『初恋』（新潮社，1918，pp.3-4）を参考にした拙訳である。
22) 《自由談》は《申報》の文芸副刊。1911年8月24日に王鈍根が創設，以降編集者が交代を繰り返しながら，1949年5月末まで断続的に短評，小品，短編小説などが掲載された。
23) 原文：人所想得到而說不出的話，經他生龍活虎般的一支筆描寫了出來。
24) Y.D. は，1922年2月の《婦女雑誌》（第8巻第2号）に厨川白村の「近代の恋愛観」を抄訳している。Y.D. 訳の〈告失恋的人們〉や〈近代的恋愛観〉は，2009年に出版された《陳望道訳文集》（復旦大学出版社）に所収されており，Y.D. は，陳望道の可能性も考えられる。但し前山2011はこの所収には根拠がなく，Y.D. は日本留学経験者の呉覚農だとする。また西槇1993，工藤2010もY.D. は呉覚農だとしている。尚，《現代中国作家筆名録》（北平中華図書館，1936）は，Y.D. を李小峯とする。本書では，Y.D. で表記されているものは表記通りとした。
25) 《晨報副鎸》(1921.10.12-1928.6.5)：《晨報》の副刊として，新教養，新知識，新思想の自由論壇と訳叢を設け，新文化運動と社会主義宣伝に紙面の一部を割いていたが，1921年10月12日から《晨報副鎸》と改め，独立して発行された。
26) 于燿明2001は，〈夏夜夢〉が周作人の「文筆生涯の中で唯一のフィクションめいたもの（p.69）」と評している。
27) 于燿明2001，pp.68-69。尚，1923年には，「二筋の血」や国木田独歩の「夫婦」など，明治文学6編を翻訳した周作人訳《近代日本小説集》（東方雑誌社）が出版されている。
28) 尚，周作人は1928年に森鴎外の「ヰタ・セクスアリス」（『昴』第7号，1909.7）の一部を翻訳した際にも，底本の「これは性欲の最初の發動であつて決して初戀ではない」（森林太郎「ヰタ・セクスアリス」『昴』第7号，1909.7，p.5）に対し，"這是性欲最初的發動，決不是初戀"（豈明（周作人）訳〈Vita Sexualis〉《北新》第2巻14期，1928.6.1）と翻訳している。
29) 馮文炳（1901-1967）：湖北省黄梅県生まれ。筆名は廃名。五四期に北京大学英文系に学び，在学中から小説を書き始める。周作人に深く師事する。
30) 《竹林的故事》（北京：新潮社，1925初版：北新書局，1927再版）は，馮文炳の14編の短編小説が収録されたもの。《竹林的故事》には馮文炳の筆名・廃名が使われている。尚，《竹林的故事》の〈序〉は周作人により執筆されている。
31) 引用は，1928年第3版の影印：《沖積期化石》1986，p.103。
32) 「明油」とは，料理用つやだし油のこと。
33) 戴望舒（1905-1950）：浙江省杭県生まれ。詩人。本名は戴夢鷗。筆名はほかに江思，郎芳など。1923年に入学した上海大学には，教授に陳望道や田漢などの

日本留学経験者がおり，1925年に転学した上海震旦大学の学友には日本で育った劉吶鷗（1900-1939）がいた。石川啄木の短歌を翻訳した馮雪峰と《文学工場》を創刊（1928）するなど，日本語が堪能な作家らとの交流があった。

34) 芸妓の名前であるということは，梁仁編『戴望舒詩 全編』(1989) の脚注（pp.62-70），及び秋吉久紀夫訳編『戴望舒詩集』(1996) の脚注（pp. 67-82）に拠る。

35) 邦訳は秋吉久紀夫訳「八重子」(『戴望舒詩集』1996, pp.70-71) を参照。

36) 邦訳は秋吉久紀夫訳「片思いの人」(『戴望舒詩集』1996, p.76) を参照。

37) 《漢語拼音詞彙（増訂版）》1964。1958年に《漢語拼音詞彙》の初版が発行されているが，"初恋"は未収録であった。

38) 日本語訳は，相原茂編『中日辞典 第三版』(2010) に拠る。

39) これは，中国語の"初"には"剛開始"（〜したばかり）の意味があることに因ると思われる。

40) 但し《現漢》2005 第5版以降は各見出し語に品詞が付され，【初恋】は動詞とされる。

41) 『日国』第2巻，p. 358。

42) 《漢語大詞典》は，【失恋】の意味を「恋愛している一方がもう一方の愛情を失うこと」(原文：恋愛的一方失去另一方的愛情) としている (第2巻下，p.1492)。

43) 小田切進編『日本近代文学大事典』(第1巻)，1977, p.319。

44) 1907年の国木田独歩『涛声』(彩雲閣) に収録された「死」では，同箇所は「まさか」とあり，誤植と思われる。

45) 緑堂野史訳「わかきエルテルがわづらひ」『志がらみ草紙』第54号，1894.3, p.27（原題：*Die Leiden des Jungen Erthers* (1774), J. W. von Goethe）。

46) 塩井正男訳『湖上乃美人』1894, p.319（原題：*The Lady of The Lake* (1810), S. W. Scott）。原書の love-lorn が「重き病」と訳されている。尚，OED (*The Oxford English Dictionary*, 1989) は Love-lorn の用例として，Milton の *Comus* (1634), Scott の *The Lady of The Lake* (1810) などをあげている。

47) 中村福助翻案「梅模様形見小袖」『文芸倶楽部』第5巻第6号，1899.4, p.131（原題：*The Winter's Tales* (1623), W. Shakespeare）。

48) かげろふ「独詩評釈　涙の慰籍 (Trost in Thränen)」『こゝろの華』第4巻第8号，1901.8, p.30。

49) 平石2012は，当時の「青年たちにとって，西洋文学はまさに「模倣」の対象、というよりは「同化」の対象だった (p.26)」と指摘する。尚，関貢米の『詩人と恋』(岡崎屋書店，1901) の第8章，第9章 (pp.80-112) には，「失恋之詩人」「失恋之文豪」と題したイギリスの詩人・文豪（ダンテ，シェイクスピア，スコット，リットンら）の恋の様相が紹介されている。

50) 「不如帰」は,『国民新聞』(1898.11.29-1899.5.24) に連載され,加筆後,1900年に『不如帰』として刊行された。「失恋」という言葉は『国民新聞』の連載にはみられなかった。ここからは,『不如帰』が出版されるまでの1,2年の間に「失恋」が汎用されるようになったことが窺える。
51) 「続続金色夜叉」は1900年12月4日から1901年4月8日までの『読売新聞』に連載された。「失恋」は1901.4.7朝刊1面にみえる。
52) 「火の柱」は,『毎日新聞』に連載され (1904.1.1-1904.3.20, 1.15は休載),5月に『火の柱』(平民社) として出版された。
53) 1900年代後半においても「失恋」は,夏目漱石の「草まくら」(『新小説』第11年第9巻,1906,p.26),国木田独歩「恋を恋する人」(『中央公論』1月号,1907,p.102) などにみられた。
54) 「失恋を吹聴する者」の著者は明記されていないが,『三十棒』の冒頭には新声社同人著とある。また「失恋を吹聴する者」の末尾に「三十一年六月」とあり,脱稿は明治31 (1898) 年6月だと思われる。
55) 『日本近代文学大系 近代詩歌論集』(第59巻,1973) に所収された正宗白鳥「現代の新体詩人」に付された注釈4 (注釈者,角田敏郎) に拠る (p.79)。
56) 大町桂月「序」『青年と煩悶』1907,p.1。尚,酔夢君とは東京朝日新聞の記者であり,創作や翻訳を手がけた西村酔夢 (1879-1943) だと思われる。
57) 平石2012は,大町桂月の「第二 失恋」を分析したうえで,「当時の青年のなかでも,西洋文学に傾倒する煩悶青年たちにおいて,「恋」という煩悶は肥大していくのである (p.50)」と指摘する。
58) これ以前に刊行された国語辞典『日本大辞書』(1892-1893) や『言海』(1889-1891),英和・和英辞典類には管見の限りでは未収録である。但し1927年刊行の『和仏辞典』に,【失恋】amour (m) non partagé. 失戀する, aimer une personne dont on n'est pas aimé. の収録はみられる (p.587)。
59) 山田武太郎 (山田美妙) 編『日本大辞書』1892,p.1。
60) 聖書翻訳において,「翻訳委員会」による「委員会訳」(1880) が,love (約翰15章9節) の訳語として「愛」を採用したことも,「愛」と「恋」の棲み分けに繋がった可能性も考えられる。
61) 柳父1982,p.4。
62) 《商務書館華英音韻字典集成》は,《字典集成》(1875) を増補,改訂した英華字典で,版歴にユレがあると指摘される (宮田2010,p.204)。本書の引用は,東京大学東洋文化研究所所蔵版に拠る。尚,《商務書館華英音韻字典集成》は,井上哲次郎の『訂増英華字典』の増補訳語や品詞表記,ウェブスター辞書の情報も取り込んで,中級の英語学習者を対象にしたとされる (宮田2010,pp.204-210)。

63) 北岡正子訳「摩羅詩力説」『魯迅全集』第1巻，1986，p.114。
64) 同上，「摩羅詩力説」『魯迅全集』，p.137。
65) 1930年2月の魯迅〈我和《語絲》的始終〉(《萌芽月刊》第1巻第2期，p.42)には，「「私の失恋」は当時「ああ，死にたい」といった類の失恋詩が流行ったのを見て，「勝手にしろ」という一句を結びにしてからかったにすぎない」とある。〈我的失恋—擬古的新打油詩〉が発表された前年の1923年8月の《婦女雑誌》(第9巻第8号)には，徐雉(1899-1947)の〈失恋〉と題した詩が掲載されていた。詩の最後に「もしあなたが僕を愛してくれないのなら，僕の心はどこに行き場をみつけたらいいのだろう」とあり，このような相手依存の精神状態が全面に出ているところが魯迅の好むところではなかったようである（鈴木敏雄 1998，p.12 参照）。
66) 清末民初の中国における日本人経営の新聞は1882年の『上海商業雑報』に始まり，明治期（1912年7月まで）に，57紙が創刊され，うち上海では13紙（日本語新聞が9紙，中国語新聞が4紙）が創刊されている。また，1904年3月には日刊の日本語新聞『上海日報』が発行されている（1938.12.31 停刊）（中下1996 参照）。
67) 広告内には著者名は記されていないが，《民国時期総書目（1911-1949）文学理論・文学世界・中国文学》（上，p.666）には，唐真如編訳，1914年8月初版，9月再版とあり，唐真如だと思われる。尚，《世界皇室奇談》は未見であるが，《申報》の広告文には，《世界皇室奇談》は付録として〈清宮宦官秘史〉を付しているとある。『世界皇室奇譚』（1903）には，「洋人の日本観」が付けられている。
68) 尚，『世界皇室奇譚』には，第29章の題目として「羅馬法王バイアス九世の失恋談」が立てられている。
69) 《婦女評論》(1921.8.3-1923.5.15)：《民国日報》副刊として，上海で陳望道が中心となって創刊する（前山・王 1999，p.9 参照）。
70) 陳望道（1890-1977）：浙江省義烏県生まれ。言語学者，文芸理論家。本名は陳参一。筆名は陳仏突（特），南山，暁風など多数。1915年1月に来日，東洋大学で文学・哲学を，早稲田大学と中央大学では法律を学び，1919年5月に帰国（復旦大学語言研究室編《陳望道文集》第1巻，1979，pp.11-12 参照）。
71) 1921年8月創刊以降，《婦女評論》には，堺利彦原著の「自由恋愛説」や「女性中心説」などの翻訳が掲載され，陳望道や茅盾などにも自由恋愛や結婚，離婚などが論じられていた。
72) 評論のほうは〈両個自殺的処女〉と〈一対少年情人的自殺〉(pp.44-50) であった。
73) 11項目とは，「①恋がある故に人間は生きる，②失恋した時の心得，③恋するものは強くあれ，④失恋した場合の生き方，⑤初恋は必しも神聖では無い（ママ），⑥

ダンテとゲーテ，⑦恋愛の理想派と経験派，⑧美貌と恋愛，⑨生活の安定と恋愛，⑩純潔と敬虔と愛による恋愛，⑪失恋者への三つの慰み」で，〈告失恋的人們〉では，①②④⑦⑧⑨⑩⑪の 8 項目のみが取り上げられその内容も抄訳されたものである。④の項目には⑥の一部が組み込まれている。

74) 賀川豊彦「失恋に就て」『星より星への通路』1922，pp.286-287。
75) Y.D. 訳〈告失恋的人們〉《婦女雑誌》第 8 巻第 5 号，1922.5，p.30。
76) 任白濤（1890-1952）：河南省南陽生まれ。辛亥革命の前後，上海の《新聞報》《神州日報》《時報》などの特約通信員を経て，1916 年日本に留学，1921 年に帰国，杭州で中国新聞学社を創立する（李盛平主編 1989，p.143）。
77) 工藤 2010，p.91。
78) 《恋愛論》は 2 種類ある。初訳は 1923 年 7 月に上海学術研究会叢書部から出版され，初訳を一部改訂した改訳本《恋愛論》は啓智書局から 1926 年に出版された。改訳本には，初訳の〈巻頭語〉に続けて，〈関与『恋愛論』的修正〉（《恋愛論》の修正について）が加筆され，改訳本を出版した理由が記されている。本書の引用は，改訳本《恋愛論》（啓智書局，第 9 版，1934，p.3）である。
79) 張資平は，1920 年代の恋愛小説にしばしば"失恋"という言葉を用い，男性の失恋による苦悶を描いているが，1926 年の《飛絮》のように，女性の失恋が盛り込まれた作品もある。
80) 田漢（1898-1968）：湖南省長沙生まれ。劇作家。1916 年叔父に伴われて日本に留学，1920 年東京高師文科第 3 部に入学。留学中，佐藤春夫や厨川白村などを訪ねる。〈咖啡店之一夜〉は出世作。1922 年 10 月帰国。
81) 郁達夫の〈THE YELLOW BOOK 及其他〉の執筆について，張競 1995 は，厨川白村の「わかき芸術家のむれ」（『三田文学』第 4 巻第 1 号，1913.1，pp32-52）を通して，「『イエロー・ブック』とアーネスト・ダウソンを知り，それに刺激されて直接その原作にあたることにした（p.288）」と推察する。
82) 〈湘累〉の文末には"1920 年 12 月 27 日"とあり，〈咖啡店之一夜〉の文末には"1920 年冬初候（東京）"とあり，留学中の作品である。〈咖啡店之一夜〉など田漢の 1920 年代初めの作品には恋愛に関するものも多い。留学中の田漢は久米正雄の『蛍草』を愛読するなど，日本作家の失恋物語に関心を持ち，更に本間久雄の「性的道徳の新傾向」に紹介される E. Key の恋愛観にも賛同していた。日本文学は田漢の恋愛観の形成に影響を及ぼしていたようである（閻瑜 2013 参照）。
83) 須田禎一訳『郭沫若詩集』1952，p.28。
84) 中川俊訳「即座日記」『魯迅全集』第 4 巻，1984，pp.348-349。
85) 茅盾（1896-1981）：小説家，評論家。浙江省桐郷県青鎮出身。本名は陳德鴻。字は雁冰。筆名は茅盾のほか，冰，郎損，M.D. など多数。1916 年 8 月，上海

の商務印書館編訳所に就職し編纂の仕事に携わる。1921年1月には周作人らとともに、文学研究会の機関誌《小説月報》の主編を担当し、自らも毎号、海外文壇消息欄を執筆して欧米文学の最新動向を紹介した。1928年7月から1930年4月までは南京政府の追求・逮捕を逃れるため日本に亡命した。

86) 竹中伸訳「馬さん父子」『老舎小説全集3』1982, p.185。
87) 《綜合英漢大辞典》の初版（1928）の巻頭〈編輯大綱〉には『模範新英和辞典』『井上英和大辞典』『斎藤英和中辞典』を参照したとある。それぞれ『大増補模範英和辞典』（神田乃武他、1916）、『井上英和大辞典』（井上十吉、1915）、『熟語本位英和中辞典』（斎藤秀三郎、1915・1917改訂）を指すものと思われる。

第4章
類義語の発生
― 〈恋人〉の移入をめぐって ―

はじめに

　本章では近代訳語が日本語から中国語に移入されたことにより，既存の同義的語彙と意味を棲み分け，類義語を発生する現象を検証する。

　第1章の1.3.で触れたように，中国語の古典において，「こい」は"情"で表され，恋の対象者も"情人"で表されていた。中国語に同義語的語彙がある場合，日本語借用語彙は定着しにくいという指摘がある[1]。ところが，1945年の《国語辞典》には，"恋人"が収録され，"相恋愛之人"（恋愛中の男女の一方）の意味が付されている。一方，所謂恋人の意味を持つ「愛人」も近代訳語として民国期に移入されていた。つまり民国期には"情人、愛人、恋人"の3語が同義的語彙として共存していたのである。但し現代中国語の"愛人"や"情人"には派生義が確認できる。これは，民国期に"恋人"が移入されたことにより，ほかの2語に派生義が発生したという仮説が成立しそうである。この仮説が成立するのであれば，「こい」を含意した「恋」の熟語の中国語への更なる浸透も考えられる。

　本章では，先ず和語「恋人」が明治期に訳語としてどのように採用されたのかを確認し，中国語に移入される様相を明らかにする。次に近代訳語「愛人」の成立と中国語移入の様相，及び"恋人、愛人、情人"の3語が類義語となる様相を明示し，仮説の証明と本書で掲げた課題の検証を進めたい。

4.1. 近代訳語としての和語「恋人」

4.1.1. 明治期の翻訳における「恋人」の意味

　「恋人」の初出例として，『日国』では，『閑窓撰歌合』（1251）にみえる「藤

原信実女」の歌がひかれ、佐藤亨1999では、「恋人」は近世に生じたとして、『艶狩剣本地』(1714)や『徳和歌後万載集』(1785)があげられている。また半沢1983は、井原西鶴の『好色五人女』(1686)の2例をあげ、江戸期初期から現代語とほぼ同様の意味で用いられていたようだと指摘する。但し江戸後期の遊郭を場面として展開した文学では、「色（いろ）」「色男」「色女」「いい人（男・女）」「情人（いいひと）」のほうが多用され、「恋人」が復活するのは、明治期の翻訳からのようである。この点について半沢は、「恋愛」という言葉の訳語の成立と関係があるのではないかとし、「西欧の新しい概念に見合うように、…『いろ』や『いい人』などという当時一般に用いられた言葉ではなく、手垢のついていない、新鮮な言葉が要求されたのではないか、そしてその一つに『恋人』という語が選択されたのではないか」と指摘する。そのうえで、半沢は明治期における訳語として復活した「恋人」の用例として、坪内逍遥『小説神髄』(1885)や森鷗外他訳「オフェリヤの歌」(1889)をあげている。

管見の限りでは、半沢があげた文献より数年前の「ロミオとジュリエット」(1879)の抄訳に「恋人」の使用が確認できる。用例1）は、1879年の4月から8月の『喜楽の友』に断載された「（ロミオ）ト（ジユリエット）ノ話」、用例2）は、1885年4月7日から5月7日までの『郵便報知新聞』に断載された藤田茂吉訳の「落花の夕暮（ロミオ、ジュリエット）」である。

1) （ロミオ）ハ（ベンブリヲ）ノ辭ヲ覺束ナク思ヘドモ戀人ニ相見ンⅠノ樂サニ我ヲ忘レテ同行セント決シケレハ同ジ友ナル（モルキウショウ）ヲ誘引シテ三人共ニ假面ヲ冠リ（カピレット）ノ家ニソ赴キス

　（「（ロミオ）ト（ジユリエット）ノ話」『喜楽の友』1879.4.10, pp.12-13）

2) 魯美の親友なるベンブリオハ深く氣遣ひ何とかして其心を慰めんと魯美に説き假面を被りて姿を變へカプレットの宴席に入らハ其戀人なるロザリンに遭ふの便宜もあり又其心に從はざるロザリンに増す花のなきにしもあらねバ（藤田茂吉訳「落花の夕暮（ロミオ、ジュリエット）」『郵便報知新聞』1885.4.7）

この2例の抄訳では、ロミオの恋人であったロザリンが「恋人」と訳されている。1886年に河島敬蔵により、全訳『露妙樹利戯曲　春情浮世之夢』

が出版された際には，第1回第2齣のロミオの発話においても my love が「僕が恋人ロザリン」と訳されている．

3) One fairer than <u>my love</u>! th'all-seeing sun Ne'er saw her match since first the world begun.
   7)
   <u>僕が戀人ロザリン</u>よりも美なる婦人は世にあらじ開闢以來世界を照らす日輪も彼女に竝ぶ婦人をば照せしことはなかるべし

（河島敬蔵訳『露妙樹利戯曲 春情浮世之夢』第1回第2齣, 1886, p.30)

ところで，1886 年の『露妙樹利戯曲 春情浮世之夢』には，底本の love や lover の訳語として「恋人」が 12 箇所あてられていたが，「情人」も 3 箇所みられた．但し 1910 年に出版された坪内逍遥訳『ロミオとジュリエット』(早稲田大学出版部) では 24 箇所に「恋人」の訳語があてられ，訳語として「情人」は散見されない．ここからは，1910 年代，つまり明治末には「恋愛関係にある異性」を表す言葉として，「恋人」が優勢となる過程がみえる．

1880 年代後半以降には，『ロミオとジュリエット』以外の翻訳，例えば，I. S. Turgenev 原著二葉亭四迷訳の「めぐりあい」や W. Shakespeare の *Venus and Adonis* (1593) の翻訳「夏草」(島崎藤村訳) に「恋人」がみられる．
9)

4) 婦人の<u>意中人</u>の名を聞いたからは、婦人の何者という事も遂には、多分、聞出せたであらうが、

（二葉亭四迷訳「めぐりあい（第二）」『都の花』1888.1, p.24)

5) ビナスがその<u>戀人</u>の、額や頰や腮までも、思ひのまゝに「キッス」して、　　（無名氏訳「夏草（一回）」『女学雑誌』第 324 号, 1892.7, p.20)

また 1880 年代後半には，翻訳以外の新聞記事（用例 6））や文学作品（用例 7), 8)）に「恋人」の使用がみられるようになる．1887 年 10 月 15 日付の『読売新聞』朝刊 3 面には，イギリスで起きた男女の揉め事が掲載されている．結婚の約束をしていた男性に裏切られた女性が，列車のなかで偶然にその男性の新婚旅行に遭遇したため，所持していた玉子を投げつけて復讐したというものである．その男性は「過にし恋人」と記されている．

6) 此車中にハ彼の怨みある過にし<u>戀人</u>が今ま婚姻後の旅行の首程にて最も華やかに打扮ちたる新婦の手を取りて

(「違約の返報」『読売新聞』1887.10.15, 朝刊3面)

7) 《あレ何事で御座ります。私の申した事がお氣に障りましたか。…女は兩夫に見えずと申しますが。殿御は澤山戀人をお持ちなされ……てもよろしいので御座りますか》

(尾崎紅葉「二人比丘尼色懺悔」『新著百種・第1号』1889, p.16)

8) 珠運が笑し氣に戀人の住し跡に移るを滿足せしが、困りしは立像刻む程の大きなる良木なく百方索したれど見當らねば厚き檜の大きなる古板を與えぬ。

(幸田露伴『風流佛』1889, p.84)

「二人比丘尼色懺悔」や『風流佛』などに「恋人」が使用された1880年代末は,「恋愛」という言葉が流行し始めた時期とほぼ重なる。半沢1983が指摘するように,恋愛思潮の普及に伴い,「手垢のついていない、新鮮な言葉が要求され」[10],汎用したと言えそうである。そして,この「恋人」の汎用に拍車がかかったのが,20世紀初頭の与謝野晶子や石川啄木らの短歌や新体詩の分野での使用ではないかと思われる。

4.1.2. 短歌にみえる「恋人」

1900年代に入ると,「恋人」は与謝野晶子や石川啄木らの短歌に多く使用された。

9-1) 戀人のやさしき胸に凭りそひて笑みつゝ逝きし君は幸あり

(与謝野晶子『小天地』1900)[11]

9-2) 戀人は現身後生よしあしも分たず知らず君をこそたのめ

(与謝野晶子「新詩社詠草」『明星』1906.1)

9-3) 戀人とおもひふるまふわりなさを憎くしもなきひとに見しゆゑ

(与謝野晶子「春雪集」『帝国文学』1907.1)

10) 今は亡き姉の戀人のおとうとと　なかよくせしを　かなしと思ふ

(石川啄木「煙」『一握の砂』1910, p.62)

与謝野晶子の歌には「恋」や「恋人」などで始まるものが多い。『定本与謝野晶子全集』(全8巻, 1979-1981)には,「恋」「恋し」「恋する」で始まる歌が120首余り,「恋人」で始まる歌が30首所収されている。[12]阿木津1998に「北村透谷が『厭世詩家と女性』でいったような新時代の『恋愛』を鉄幹

や晶子たちは『恋』という語をつかってうたった」[13]と指摘されるように、短歌に「恋」や「恋人」が好まれ、多用されたことも、和語「恋人」が明治期に普及した要因の1つと言ってよいのであろう。

4.2. 「恋人」の中国語への移入

4.2.1. 訳語としての"恋人"

中国語の古典に"恋人"という言葉は、管見の限りではみられないが、翻訳に使用された早期の文献としては、1919年の魯迅訳の〈一個青年的夢〉があげられる。底本は武者小路実篤の『ある青年の夢』(1917)である。魯迅（筆名、LS）は、1919年8月2日より『ある青年の夢』の「序」から翻訳を始めた。「第3幕」の途中までを翻訳し、それが《国民公報》(1919.8.15-10.24)に掲載された[14]。第2幕で「乞食」が「女一」に向かって発話した[15]「恋人」を魯迅は底本通り"恋人"と訳している[16]。

11) 乞食。あなたの<u>戀人</u>は戦争で死んだのですね。何萬人か死んだ内の一人になつたのですね。　（武者小路実篤『ある青年の夢』第2幕, p.161）

　　（乞丐）你的<u>戀人</u>、死在戰爭裡了罷。做了死掉幾萬人中的一個罷。
　　　　　　（LS訳〈一個青年的夢〉第2幕（十四続）《国民公報》1919.10.2, 第5版）

魯迅は日本の評論を翻訳した際にも、底本の「恋人」を"恋人"と訳している。例えば、用例12)は厨川白村の『象牙の塔を出て』(1920)を1924年に翻訳したものである[17]。引用は「15　詩三篇」で、R. browning (1812-1889)の詩「立像と胸像」(The Statue and the Bust)に書かれた、「リッカルディ家」に嫁いだ新夫人と「ファアディナンド大公」が初めて目を見交わす場面である。厨川白村は夫人、大公の双方を「恋人」と表し、魯迅もそのまま"恋人"と訳している。

12-1)　<u>戀人</u>の目を以て大公が窓を見上げた時、ふと目ざめた人のやうに新夫人の目も輝いた、　（厨川白村『象牙の塔を出て』1920, p.74）
　　　當大公用<u>戀人</u>的眼，仰看樓窗的時候，宛如初醒的人似的，新婦的眼也發了光，　　　　（魯迅〈出了象牙之塔〉《京報副刊》1924）[18]

12-2)　囚はれたる身は東の窓の格子の蔭から<u>戀人</u>を眺め、廣場を行く大

公は相も變らず窓の女を見上げて其日其日を、明日(あす)は明日(あす)はと云つて過して行く。　　　　　　(同上,厨川白村『象牙の塔を出て』,p.77)

　　幽囚之身,則從東窗的欄影裏下窺戀人,經過廣場的大公,則照例仰眺窗中的女子,每日每日,都説着明日明日地虚度過去。

(同上,魯迅〈出了象牙之塔〉)[19]

但し魯迅は,『象牙の塔を出て』の冒頭「1 自己表現」で使用された「恋人」については,"情人"と訳しており,訳語が一定しない箇所もみられた。また自身の創作や随筆には"恋人"を使用せず,"愛人"を多く使用している。魯迅にとって,"恋人"は理解語彙で使用語彙ではなかったようである。

　訳語としての"恋人"は,1920年代の《婦女雑誌》にもみられた。用例13)は,1920年10月の《婦女雑誌》に掲載された章錫琛(筆名,瑟廬)訳の〈近代思想家的性欲観与恋愛〉である。底本は明記されてないが,羽太鋭治の『恋及性の新研究』(1921)に収められている「近代思想家の観たる性欲と恋愛」だと思われる。[20][21]「トルストイの性慾論」を述べるなかで,羽太が「恋人」と訳した箇所を章錫琛もそのまま「恋人」と訳している。

13)　トルストイも亦性慾衝動を直ちに戀愛なりと觀て居た。彼は靈肉一致の性的戀愛を認めなかつた。それ故に「何人も戀愛を特に高尚なものとは考へてはならない。又人生に價値のあるすべての目的は、<u>戀人</u>との結合によつて達せられるものは何一つないと云ふ事を會得すべきである。その上戀愛若しくは<u>戀人</u>との結合は、決して人生に價値ある目的の到達を容易ならしめるものでなく、却つてこれを阻害するものであることに心附くべきである」と云ふて居る。

(羽太鋭治「近代思想家の観たる性欲と恋愛」『恋及性の新研究』1921,p.5)

　託爾斯泰也把性慾衝動看做戀愛,不認靈肉一致的性的戀愛。他説:『不論何人,不能説戀愛是高尚的。一切於人生有價值的目的,斷沒有一椿可以跟了與<u>戀人</u>的結合而達到。所以戀愛或與<u>戀人</u>的結合,萬不能幫助人生達到有價值的目的,而且可以做他的阻害。』(瑟廬訳〈近代思想家的性欲観与恋愛観〉《婦女雑誌》第6巻第10号,1920.10,p.3)

またY.D.も,1922年に厨川白村の「近代の恋愛観」を抄訳した際,E.Keyの引用に使われた「恋人」を"恋人"と訳している。[22]

第 4 章　類義語の発生　115

14)　茲にエレン・カイの言葉を借りよう、曰く『かういふ完全な想思の愛は、ふたりの戀人が全く一人となつて了ひ、各が自由となつて、最大の完全といふ所まで、お互に開展したいと云ふ希願を含んでゐる。…』（厨川白村「近代の恋愛観（九）」『東京朝日新聞』1921.10.13, 6 面）

愛倫凱在婦人道徳裏邊說：『以完全想思的愛的兩戀人，就可變成一個人似的生活。以各人的自由，達到最大的完全的地方，在乎兩人能發相互的發展。…』
　　　　　　　　　　（Y.D. 訳〈近代的恋愛観〉《婦女雑誌》第 8 巻第 2 号, 1922.2, p.12)

　以上のように、"恋人" は 1910 年代末から 1920 年代初め、日本の小説や恋愛に関する評論などの翻訳を介して、中国に移入されたと言ってよいであろう。

　但し魯迅の翻訳よりも 4 年程遡った、1915 年の《申報》に "恋人" の使用がみられる。それは、日本留学経験者・黄遠生（筆名、遠生）による随筆〈遊美随紀〉である[23]。《申報》の特約記者として 1915 年 10 月、アメリカへの航海の途中、7 年ぶりに東京を訪れた黄遠生は、本郷座で新劇を観て、新劇『無花果』（中村吉蔵, 金尾淵堂書店, 1901）の概要を《申報》に連載していたのだ。

15)　牧師此時一人於風雨怒號之中。在森嚴酷冷之室。沈思獨坐。忽外間有婦女直呼其名。啓戸視之。則十年前之戀人（ママ）日昨聽其說教倒地痛哭尋蹤破獄而至橫身血肉淋漓者也。
　　　　　　　　　　（遠生〈遊美随紀（五）〉《申報》15366 号, 1915.11.20, p.3)

（牧師はこの時で風雨怒号のなか、物々しく冷たい部屋で 1 人座り深く考えている。突然外から婦人が彼の名前を呼んだ。窓を開けてみると、10 年前の恋人で、昨日彼の説教を聞き、倒れて号泣し、彼の行方を捜し、監獄に突入して全身傷つけられて血だらけになった女性である）

　原本である『無花果』をみると、用例 15) の場面には「情人」が使用されており、黄遠生が概要執筆の際、留学中に知り得た「恋人」を意図的に使用したものと考えられる。

　前章の "失恋" と同様、"恋人" も《申報》において、早期の使用がみられたことになる。《申報》には、黄遠生のような日本留学経験の特約記者がおり、1910 年代前半から海外事象を掲載する際に、中国語として受け入れ

易い新語を使用することが試みられたと推測する。但し《申報》においても，"恋人"が多用されるのは，やはり1920年代に入ってからである。

訳語として移入された"恋人"が汎用されるのは1920年代以降である。それは，次項以降で考察するように，恋愛が盛んに論じられるようになることと関係があると思われる。

4.2.2. 恋愛詩における"恋人"の意味

1922年に創刊された現代詩の専門誌《詩》の第1巻第5号において，劉延陵は〈現代的恋歌〉と題し，M. Wilkinson（1883-1928）の詩6篇とそのほかの外国人の詩人の詩8篇をあげて，海外の恋歌を紹介している。そのなかで，M. Widdemer（1884-1978）の作品に言及し，"恋人"を使用している。

16）　但她又是首先替女性反抗男性的女詩人；而本文所以論述到她，也就是因爲她有這一種異樣的色彩的戀歌。她的這一種作品可以近代的女子對她的戀人一首代表我們看罷：

（劉延陵〈現代的恋歌〉《詩》第1巻第5号，1922.10，p.27）

（しかし彼女（恵美爾 M. Widdemer—筆者注）は，初めて女性の為に男性に抵抗した女流詩人で，本文が彼女を論述するのも，彼女がこのような普通は異なる味わいの恋歌を持っているからだ。彼女のこのような作品は，近代の女性が自分の恋人に対して歌った代表作と言える。次に，みてみよう）

ところで，この月刊誌《詩》の創刊者の1人である朱自清は，当時の中国の恋愛詩について，1935年の《中国新文学大系　詩集》の編集に際し，その〈導言〉で次のように述べている。[24]

中国には恋愛詩が欠けている。あるのは「妻を想う」「妻に寄せる」，或いはこれらを暗喩させるものだけで，率直に恋愛を表したものは極めて少なく，愛情のために愛情を歌ったものは全くなかった。この頃新詩は「告白」の段階まで一歩進んだ。…

本当に一意専心に恋愛詩を作ったのは「湖畔」の4名の青年だった。彼らはあの時期は詩のなかで生活していたと言えるだろう。[25]

朱自清が言う，「一意専心に恋愛詩を作った」「湖畔の4名の青年」とは，

1922年に湖畔社を創設し，詩集《湖畔》(1922) や《春的歌集》(1923) を出版した馮雪峰，汪静之，藩漠華（筆名，若迦），応修人である。彼らは，浙江省の出身でいずれも日本留学の経験はないが，馮雪峰は石川啄木の短歌を好み，訳詩もしていたようである。[26] 彼らの恋愛詩にも，"恋人"が用いられている。創作にあたり，中国語の古典に典拠された"情人"よりも，日本語から移入された"恋人"を使うことにより，異国風の新鮮さを表そうとしたのであろう。

17) 沒有一株楊柳不爲李花而顛狂，沒有一水不爲東風吹皺，
   沒有一個戀人，不爲戀人惱着。

        （馮雪峰〈拾首春的歌〉八《春的歌集》1923，pp.5-6）

（スモモの花に惑わされない柳はない。東の風に吹かれて波立たない水はない。恋の相手に悩まされない恋人はいない）

18) 說不盡的思戀，走不盡思路底蜿蜒；
   妹妹呀，遠離戀人的旅客，是如何如何的日長夜長呀！

        （若迦〈三月二十七朝〉《春的歌集》1923，p.30）

（言い尽くせないほどの恋しさ，歩き尽くせない道の蛇行。
恋人よ。恋人から遠く離れた旅人には，昼も夜もなんと長いのだろう）

また，1919 年から 1921 年の間，魯迅，周作人らに作詩の指導を受けていた汪静之は 1922 年に詩集《蕙的風》（亜東図書館）を出版し，次にあげる〈一対恋人〉などを含む，100 首ほどの新詩を発表した。

19) 懸崖絕壁間一對戀人，這麽悽愴地哀吟。
   一個婉淑的少女，一個英俊的壯丁。
   他們精赤着身體，親親切切地厮竝。
   旣不願退回山腳，又不能躍上山巓。

        （汪静之〈一対恋人〉《蕙的風》1922，pp.39-40）

（断崖絶壁にいる一組の恋人が，悲しみにくれて嘆く。
ひとりはしとやかな少女，ひとりはハンサムな青年。
彼らは一糸まとわず，親しく交りあう。
山のふもとに戻りたくないし，山頂に駆け登ることもできない）

この詩からは，結婚することができない恋人が将来を悲観する様子が読み

取れる。《蕙的風》には，次のような詩も収録されており，汪静之が恋愛の延長線に婚姻を見据えた，所謂ロマンティック・ラブを描こうとしていたことが窺える。

20) 琴聲戀着紅葉，親了個永久甜蜜的嘴。
　　他倆心心相許，情願做終身伴侶。…
　　新娘和新郎高興得合唱起來，韻調無限諧和：
　　『呵！祝福我們，甜蜜的戀愛，愉快的結婚啊！』
　　　　　　　　　　　　（汪静之〈恋愛的甜蜜〉《蕙的風》1922, pp.50-51）
　　(琴の音が紅葉に恋をして，永遠の甘いキスをする。
　　彼らは心と心が通じ合い，終身の伴侶を願う。…
　　新郎新婦は嬉しそうに合唱を始める。リズムはこの上もなく調和がとれている。
　　「ああ。私たちを祝福しよう。甘い恋愛，愉快な結婚よ」)

それは《蕙的風》の〈序〉を書いた胡適の汪静之への賞賛の言葉からも明らかだ。

　　完全に解放された青年詩人を見ると，丁度纏足をしていて後にそれをほどいた婦人が，全く纏足をしてない女の子たちがあちこち飛び回っているのを見て，眼で嫉妬し，心で嬉しく思うのと同じである。彼らは私に多くのインスピレーションをくれ，とても感謝している[27]。

また周作人も《蕙的風》が出版された後，旧派から「不道徳」だと批判を受けた際には，「旧道徳のなかで不道徳とされたものこそ，恋愛詩における精神で，私が何も弁解する必要もない」[28]と汪静之の詩を擁護した。第2章の2.4.で触れたように，胡適や周作人は1910年代末の《新青年》で貞操問題を議論していた。そのなかで胡適は，文明国では男女の自由意思による「高尚な恋愛」により婚姻が成立すると説いていた。胡適が賞賛する汪静之の詩には，まさに胡適が理想とする恋愛が描かれていたのであろう。

日本語から移入された"恋人"は，湖畔社の詩人だけではなく，同時期の聞一多や周作人（筆名，槐寿）の恋愛詩にも用いられていた。

21)　蓮蕊間酣睡着的戀人啊！不要滅了你的紗燈。

(聞一多〈寄懐実秋〉《清華周刊》第260期,1922.11.25)[29]

(ハスの花のなかでぐっすり眠っている恋人よ。あなたの灯籠を消さないでください)

22) 我有過三個戀人,雖然她們都不知道。她們無意地却給了我許多：有的教我愛戀,有的教我妒忌,我都感謝她們,謝她給我這苦甜的杯。…養活在我的心窩裡,三個戀人的她却還是健在。

(槐寿〈她們〉《晨報副鎸》1923.4.9,第2版)

(私には3人の恋人がいた。彼女たちは気付かなかったけれど。彼女たちは無意識に私にくれた,たくさんのものを。1人は私に愛することを教えてくれ,1人は私に嫉妬を教えてくれた。私は彼女たちに感謝する。私にこの甘く苦い杯をくれたことに感謝する。…私の心の奥に育んで,3人の恋人である彼女たちはやはり健在である)

周作人の〈她們〉には付記があり,「私は平素青年が恋愛詩を作るのに賛成しているが,自分で詩を作ったのは今回が初めてである」と,初めて恋愛詩を作ったことを明らかにしている[30]。ところで,周作人はこれらの一連の恋愛詩が発表される少し前の《小説月報》(第12巻第5号,1921.5.10)に〈日本的詩歌〉(「日本の詩歌」)と題した評論を掲載し,与謝野晶子や与謝野鉄幹の短歌や正岡子規や,小林一茶の俳句を中国語に翻訳し紹介していた[31]。中国の読者は「それらの訳詩をあくまでも現代の作品として受容した」ようである[32]。周作人の訳詩があったことにより,恋愛詩も自然に中国人に受け入れられたものと思われる。

1930年代に入り,"恋人"は戴望舒の恋愛詩にも用いられている。前章で取りあげたように,戴望舒の恋愛詩〈八重子〉や〈単恋者〉には,"初恋"も使用されていた。

23) 引起寂寂的旅愁的,翻着軟浪闇闇的海,我的戀人的髪,受我懐念的頂禮. 戀之色的夜合花,挑達的夜合花,我的戀人的眼,受我沉酔的頂禮. …我的戀人的唇,受我怨恨的頂禮.

(戴望舒〈三頂礼〉《小説月報》第22巻第10号,1931.10,p.1279)[33]

(寂しげな旅愁をもたらす,力ない波に翻っている暗い海で,わたしの恋人の髪が,わたしの思慕の最敬礼を受けている。恋の色の白玉木蓮の花、軽薄

な白玉木蓮の花、わたしの恋人の眼が、わたしの酔いしれる最敬礼を受けている。…わたしの恋人の唇が、わたしの憎しみの最敬礼を受けている)[34]

24) 我將對你說我的戀人，我的戀人是一個羞澀的人，她是羞澀的有着桃色的臉，桃色的唇和一顆天青色的心.

（戴望舒〈我的恋人〉《小説月報》第22巻第10号，1931.10, p.1280）

（わたしはいまにきみに恋人のことを告げるだろう、わたしの恋人はとてもはにかみ屋、彼女ははにかみ屋で、紅(あか)らんだ顔に、ピンクの唇と、空色のこころをあわせもっている)[35]

1890年代後半以降，与謝野晶子が「恋」という言葉を使って，新時代の恋愛を謳ったように，中国でも1920年代から1930年代初めの恋愛詩に，"初恋"や"恋人"といった"恋"に「こい」が含意された日本語を借用することにより，恋愛詩を新鮮な描写にすることが試みられたと推察する。

4.2.3. "恋人"の汎用

1920年代に入り，"恋人"が恋愛詩に多用される一方，評論や小説にも使用がみられた。

1922年11月3日に梁啓超が東南大学文哲学会で行った講演〈屈原研究〉では，「屈原の恋人は誰か。それはその時の社会だ」というように，"恋人"が比喩的に使われている。[36]

25) 然而他的戀人老不理會他！不理會他，他便放手，不完結嗎？不不！他決然不肯！他對於他的戀人，又愛又憎，越憎越愛，兩種矛盾性日日交戰，結果拿自己生命去殉那『單相思』的愛情！他的戀人是誰？是那時候的社會！　（梁啓超〈屈原研究〉《晨報副鐫》1922.11.20, 第1版）

（しかし彼（屈原―筆者注）の恋人はずっと彼を相手にしなかった。相手にしてもらえないなら、彼は手を離せばそれで済むはずだ。いやいや、彼は決してそうしようともしない。彼は自分の恋人に対して、愛しながら憎み、憎めば憎むほど更に愛した。2つの矛盾が日々交戦し、その結果、彼は自らの命を「片思い」の愛情に捧げたのだ。彼の恋人は誰か。それはその時の社会だ）

また，1923年の《婦女雑誌》で展開された自由恋愛に関する読者との問答では，前年に厨川白村の「近代の恋愛観」を抄訳したY.D.は，読者への

回答に，結婚を前提としている相愛の男女を"恋人"としている。

26) 但我們所主張的『靈肉一致』，是使已得到靈感的兩戀人，再能結合而發生肉感上的關係，以完成戀愛的本質，及種族的使命，並不是靈肉同時並起，就叫靈肉一致。(Y.D.〈自由戀愛与戀愛自由続編―再答鳳子女士―〉《婦女雑誌》第9巻第2号，1923.2，p.46)
(我々が主張する「霊肉一致」は，既に霊感を得た2人の恋人が，更に結ばれることによって肉体関係が発生し，恋愛の本質及び種族保存の使命を完成させることで，霊と肉が同時に存在して霊肉一致と呼ぶのではない)

1924年の《中国青年》には，小立による〈恋愛問題〉と題した短い随筆が掲載され，相愛の男女の意味で"恋人"が用いられ，純粋な恋愛をする"恋人"には家庭や社会の厚い壁があることが論じられている。

27) 但是朋友們！請細細想一想！所謂雙方結合的戀愛，能否絶無條件？即便是至高無上的純潔，而監獄似的家庭，能否絶對許你們自由結合？即使竭力奮鬥，脫離家庭，而社会處處是一樣的凶惡，終不許你們一對親愛的戀人插足。
(小立〈恋愛問題〉《中国青年》第57期，1924.12.13，pp.116-117)
(しかし友よ。よくよく考えてみなさい。お互いが結び合う恋愛というのは全く条件がないのか。仮に最高の純潔でも，監獄のような家庭はあなたたちに自由な結合を許すだろうか。仮に極力奮闘し，家庭から脱け出しても，社会はどこにおいても同じように凶悪であり，結局，あなたたちのような親愛なる恋人が足を踏みいれることは許されないのだ)

1920年後半には，張資平の翻案小説や長編小説にも"恋人"の使用がみられた。用例28）は，張資平の翻案小説《飛絮》(1926)である。底本である「帰る日」での使用の影響を受けたのか，ヒロインが慕っている男性を"恋人"と表記している。また1927年に出版された長編小説《最後的幸福》では，男性（松嘲）が慕うヒロインを"恋人"と表している（用例29)）。

28) 梅君不是個美男子，在他的戀人的我的眼中既不是個美男子，在其他的女性眼中更不是美男子了。　(張資平《飛絮》1926，p.14)
(梅君は美男子ではない。彼の恋人である私の目から見ても美男子ではないのだから，ほかの女性の目にはなおさら美男子には映らなかった)

29) 他覺得美瑛不如從前未嫁時那樣娟麗了。情人眼裏出西施，美瑛是他的第一次的<u>戀人</u>，印象很深，現在面貌雖然變了，不及從前的好看，但在松喞的眼中還是很可愛的處女。(張資平《最後的幸福》1927, p.192)
(彼は，美瑛は嫁ぐ前ほど綺麗ではなくなったと思った。あばたもえくぼというが，美瑛は彼の初めての恋人だったので，印象が深い。今は容貌が変わり以前ほど美しくなくなった。しかし松喞にはまだ可愛い処女に映った)

更に"恋人"は，茅盾や葉紹鈞（字，聖陶）の小説にも使用されるようになり，汎用の過程が窺える。特に，茅盾は仲の良い女性2人を「恋人」のようだと比喩的に使用している。

30) 那時，王女士簡直成了静的<u>戀人</u>(ママ)．他倆既是這等親熱，且又同居，因此趙女士常說他們是同性愛(ママ)．
(茅盾〈幻滅〉《小説月報》第18巻第10号，1927.10, p.29)
(その時，王女史はまるで静女史と恋人のようだった。2人はこのように親しく，更に同居しているので，趙女史は，彼女たちが同性愛だといつも言っている)

31) 隨後的半個年頭，倪煥之同金小姐都幸福地沈浸在<u>戀人</u>的有玫瑰一般色與香的向未來佳境含笑的生活裏。　(葉聖陶《倪煥之》1929)[40]
(その後の半年間，倪煥之と金小姐とは、恋人同志として、未来の楽しい夢を抱きながら、薔薇色の幸福な生活を送った)[41]

以上のように，"恋人"は1915年の《申報》に1例，早期の使用がみられ，その後は，1910年代末の魯迅の翻訳，1920年初めの章錫琛やY.D.に拠る翻訳，更に1920年代の恋愛詩や小説などに汎用されることにより，中国語に浸透したと言ってよいであろう。特にロマンティック・ラブを描く汪静之の恋愛詩には，"恋人"が未婚の「相愛の男女」とされている点が特徴的であった。

ところで，張資平は1920年代に数々の恋愛小説を発表するなかで，相愛の男女を表す言葉として"恋人"を用いたのは，1926年の《飛絮》が初めてであった。それ以前の作品には，"情人"や"愛人"が用いられ，その際"情人"には若干の使い分けがみられた。その傾向は，魯迅の作品にもみられた。[42]次節では日本で成立した「愛人」の中国語への移入について考察を加え，類

義語が発生する過程を検証してゆきたい。

4.3. 近代訳語「愛人」の成立

4.3.1. 日本語における「愛人」の意味・用法

『日国』や『現代に生きる幕末・明治初期漢語辞典』(2007) には，明治期に所謂恋人の意味で，「愛人」も使われたとして，1889 年の北村透谷『楚囚の詩』がひかれている。管見では，同年の「花蝶物語」(F. E. H. Burnett 原著，酡撫柳仙史訳述) にもみられる。

32) 此の神女の眠りはいと安し！餘は幾度も軽るく足を踏み、<u>愛人</u>の眠りを攪さんとせし、左れど眠の中に憂のなきものを、

(北村透谷『楚囚之詩』第 7, 1889, p.10)

33) 其時兩人相對し暫時語なかりしが、デニスは先づ手を延ばしてセオの手を執り「吾が<u>愛人</u>、今よりは我がものぞ」と云ひしに、セオは恥ぢらひながら其側に寄り添ひ、耳熱して頬薄赤く、眼に涙を浮べいとゞ美麗を加へたり。(酡撫柳仙史訳述「欧州情話　花蝶物語 (第 9 回)」

『やまと錦』第 5 号，1889.4, pp.12-13)

これらの「愛人」の意味は，《論語》や《礼記》にみられた「人を愛する」[43]でも，戦後に一般化されたとされる「夫や妻以外の愛している異性」でもない。[44]

ここで，幕末から明治期の蘭和・英和辞典類に「愛人」及び「恋人」がどのように収録されていたのかを確認しておきたい。所謂恋人の意味で「愛人」が収録されたのは，1862 年の堀達之助編の『英和対訳袖珍辞書』である (用例 38))。同辞典は，蘭学系辞典や W. H. Medhurst の英華字典を参照して編纂された英和辞典とされる。[45]但し後述するように，W. H. Medhurst の *English and Chinese Dictionary* (1847-1848) に収録された"愛人"は，「人を愛する」の意味・用法であり，名詞ではない。

34) 【Minnaar】<u>愛スル人</u>。　　　　　　　　　　　　　(『訳鍵』1810)

35) 【Suitor】孌人コイヒト　　　　　　　　　(『諳厄利亜興学小筌』1811)

36-1)【Minnaar】戀人　　　　　　　　　　　　　(『道訳法児馬』1816)[46]

36-2)【Minnaar】恋人(ママ)　　　　　　　　　　　　　　　（『道訳法児馬』1833)[47]
37)　【Lief】戀ヒ人。【Minmaar】戀人。　　　　　　　（『和蘭字彙』1855)
38)　【Honey】蜜蜂．愛人【Lover】愛スル人．恋人(ママ)
　　　【Suitor】願人．戀人【Sweetheart】愛人　（『英和対訳袖珍辞書』1862)
39)　【Lover】愛スル人，友，愛人(ママ)，情人，戀人；【Sweetheart】愛人，
　　　情婦．　　　　　　　　　　　　　　　　　　（『双解英和大辞典』1892)
40)　【Love】 *n.* 2. 愛物，愛人，意中ノ人．【Sweetheart】 *n.* 情婦，戀人．
　　　　　　　　　　　　　（『The newest English-Japanese dictionary』1904)

『英和対訳袖珍辞書』に収録された「愛人」は，『訳鍵』の「愛スル人」を参照した可能性が高く，「愛人」の名詞的意味・用法は日本で訳出された近代訳語と言ってよいであろう。[48]

所謂恋人の意味の「愛人」の成立について，半沢1983には翻訳上の必要から「恋人」と性別上の対立語として成立したのではないか，また舒志田1999には「愛シ人」の意訳より凝縮された漢語形として，触発的に誕生したと考える方ほうが妥当かもしれないと指摘される。[49][50]本書では，「愛スル人」を意味する言葉として，「恋人」と同義的意味で訳出されたと考える。

4.3.2.　「愛人」の中国語への移入

19世紀中葉の R. Morrison（用例41)），W. H. Medhurst（用例42) 43)），W. Lobscheid（用例44)）の英華・華英字典には"愛人"が収録されているが，《論語》や《礼記》にみられたような意味・用法であり，名詞の所謂恋人の意味ではない。

41)　【愛】愛人 to love men　　　　　　　　　　　　　（《五車韻府》1819)
42)　【愛】愛人 to love men kind
　　　　　　　　　　　　　　　　　　（*Chinese and English Dictionary*, 1842-1843)
43)　【Love】愛人 to love men in general
　　　　　　　　　　　　　　　　　　（*English and Chinese Dictionary*, 1847-1848)
44)　【Love】愛人 to love men in general　　　　（《英華字典》1866-1869)

"愛人"が名詞として所謂恋人の意味で収録されるのは，日本の英和辞典を参照したとされる《英華大辞典》(1908)以降である。

45)　【Honey】n, 3. A word of tenderness, 愛人, 愛物, 佳物, 所寶愛者：
　　　【Lover】n, One in love, 愛人, 相好, 情人；
　　　【Sweetheart】n, A lover or mistress, 所戀愛之女, 所戀愛之男, 情人, 愛人, 情郎, 情女, 可人.　　《英華大辞典》1908）

　中国語の文献で"愛人"の名詞的用法が早期にみられるのは，1915年の《新青年》に掲載された〈意中人〉（O. Wild 原著）だと思われる。但し併記されている英文をみると，My dear が"我的愛人"と訳されており，所謂恋人の意味ではない。[51]

46)　Lady Markby：Let me introduce you.（To Mrs. Cheveley.）My dear, Sir Robert Chiltern is dying to know you!
　　　麻：讓我介紹與你。（對齊沸雷夫人說）我的愛人。紀爾泰洛勃脫君。眼巴巴的望着你哩。（英国王爾徳作 薛琪瑛女士訳〈意中人〉《青年雑誌》第1巻第3号, 1915.11, p.265）

　"愛人"が所謂恋人の意味を表す早期の用例は，前節でも引用した1919年の魯迅（筆名, LS）訳〈一個青年的夢〉である。第1幕では，底本の「愛人, 恋人」が"愛人"と訳されている。前節で示した第2幕（《国民公報》1919.10.2）では，底本の「恋人」を"恋人"と訳しており，魯迅は訳語として先ず"愛人"を受け入れ，続いて"恋人"を採用したことになる。

47-1)　亡靈四。…幸福の争神が我が家に微笑みを見せだした時、私の愛人が私に好意を見せだした時、戦争は私を本國から何千里離れてゐる處につれ去りました。…私は戀人から送つて來た寫眞の爲に皆に笑はれてゐました。
　　　　　　　　　　　　　（武者小路実篤『ある青年の夢』1917, pp.28-29）
　　　（鬼魂四）…幸福的神明正微笑給我家看的時候、我的愛人正把好意給我看的時候、戦争便把我運到離開本國幾千里的地方去了。…我因爲從愛人送到了一張照相、被人笑了。
　　　　　　　（LS訳〈一個青年的夢〉第1幕（五続）《国民公報》1919.8.28, 第5版）

47-2)　亡靈四。…たゞ（一人の亡靈に向ひ）あなたが頭をさすつて下さつた時その片鱗にふれました。戀人も知らしてくれないある喜びでした。
　　　　　　　　　　　　　　　　　　　　（同上,『ある青年の夢』, p.36）

（鬼魂四）…（對一個鬼魂說）你來摩頭的時候、纔觸着了片鱗。眞是連愛人也沒有通知過我的一種喜悦。

(同上,〈一個青年的夢〉第1幕（七続）, 1919.8.30, 第5版)

1921年の《新青年》には，日本留学の経験者である李達の翻訳に名詞的用法の「愛人」がみえる。底本は山川菊栄（1890-1980）の「労農露西亜に於ける婦人の解放」で,「愛人」は「愛する人」つまり所謂恋人の意味として使用されている。

48) 古き奴隷的兩性關係が、愛人であつて同時に僚友である男女の間の、自由にして公正な結合に處を讓つた時、人類の汚辱であり、飢ゑたる勞働者の上に其全力を以て落ちかゝる今一つの恐るべき害惡—即ち賣淫は消滅するであろう。(山川菊栄「労農露西亜に於ける婦人の解放」『社会主義研究』2月号, 1921.2, p.16)

古時奴隷的兩性關係，並不如現時這樣是愛人又是朋友的自由公正的結合，這時候，人類的汚辱，壓迫勞働者的一種可怕的弊害可以消滅的。(李達訳〈労農俄国底婦女解放〉《新青年》第9巻第3号, 1921.7, p.34)

翻訳以外では，1920年代初めの《学芸》に掲載された張資平の恋愛小説や郭沫若の「史劇」にも所謂恋人の意味で"愛人"が使われている。留学中の2氏が日本語を借用したとものと思われる。

49) 要說我是你獨一無二的愛人！

(張資平〈約檀河之水〉《学芸》第2巻第8号, 1920.11, p.7)

（私はあなたのかけがえのない恋人と言うべきでしょう）

50) 妙齡女子二人, 躶體, 散髮, 並坐岸邊砂石上, 相互偎倚。一吹「參差」（洞簫），一唱歌。

（歌）淚珠兒要流盡了, 愛人呀, 還不回來呀？…
愛人呀, 還不回來呀？

(郭沫若〈湘累〉《学芸》第2巻第10号, 1921.4, pp.1-2)

（妙齢の女人がふたり、裸形に散らし髪で、岸邊の岩に腰かけておたがいに寄り添っている。一人は洞簫を吹き、一人は歌う。

（歌）涙は溢れ流れて涸るる　いとしき人よ　いつの日君かえる？…
いとしき人よ、いつの日君かえる？）

1922年，1923年には，汪静之や藩漠華ら湖畔社の詩人の恋愛詩にも使用されている（用例51）52）53））。更に魯迅が当時流行した失恋詩を諷刺するために書いた詩のなかにもみえる（用例54））。

51) 白蓮姊姊啊，當我夢裏和我愛人歡會時，請你吐些清香薰着我倆罷。
　　　　　　　　　　　（汪静之〈祈祷〉《詩》第1巻第1号，1922.1, p.21）
（白蓮姉様，夢のなかで私の恋人に楽しく会ったとき，爽やかな香りを私たち2人に吹きかけてください）

52) 假如和愛人變成白雲，自由地飄蕩長空，是何等有趣啊！
　　　　　　　　　　　　　　（汪静之〈白雲〉《薰的風》1922, p.54）
（もし恋人と白い雲になって，自由に大空を漂ったなら，なんておもしろいのだろう）

53) 靜而模糊的夜，但四週又似乎有萬馬奔馳，愛人呀！這是我底心情，在你底身邊瑟瑟彈起。　　（若迦〈三月五夜〉《春的歌集》1923, pp.1-2）
（静かでぼんやりとした夜，併し辺りは千軍万馬の勢いのようだ。恋人よ。これは私の心があなたの周りでサーサーと弾いているのです）

54) 愛人贈我百蝶巾；回她什麼：猫頭鷹；
　　　　　　（魯迅〈我的失恋―擬古的新打油詩〉《語絲》第4期，1924.12）
（恋人が私に蝶の模様のハンカチをくれた。お返しにあげたのはなに―みみずく）

前述した通り，魯迅は"恋人"を翻訳以外には使わなかったようだが，"愛人"は創作や随筆に多く採用していた[56]。

以上のように，"愛人"が所謂恋人の意味をもつ名詞的な意味・用法は，日本語から移入されたもので，1920年代の恋愛詩や小説などに汎用されていたと言えるであろう。つまり，1920年代の中国語においては，"恋人"と"愛人"が同義語として，汎用されたことになる。

次節では，古典に典拠されていた"情人"の意味・用法を確認したうえで，"情人"と"愛人"に派生義が発生する様相を明らかにし，その要因を探ってみたい。

4.4. 類義語の発生

4.4.1. "情人"の意味・用法

《漢語大詞典》は，【情人】の意味を❶感情深厚的友人。(情け深い友)❷恋人。とし，❷の用例として，北宋に編纂された《楽府詩集・清商曲辞一・子夜四時歌秋歌二》や宋代の《商調蝶恋花》，明代の《牡丹亭》などをひいている。また第1章の1.3.1.で触れたように，1915年の《辞源》の【情】の❻には，"俗以男女之愛爲情。如情書，情人"(俗に男女の愛を情とする。情書，情人の如く)とあった。また《辞源》の【情人】には古典の使用例として郭茂倩編の《楽府集》がひかれていた。これらの記載からは，"情人"が所謂恋人を意味する言葉として古典的に使用されていたことが分かる。

《辞源》(1915)：
【情人】［郭茂倩樂府集］江南謂情人曰歡。謂其所私之人也。
(江南では情人を歡という。とりわけ密かに思う人を言う)

但し19世紀中葉のR. Morrison, W. H. Medhurst, W. Lobscheidの華英・英華字典の【情】や【Lover】には"情人"の収録はみられず，1887年の中国人・鄺其照による《華英字典集成》においても，用例55)のように【Lover】には，"相愛者"や"好迷者"などがあてられていた。1892年にH. A. Giles (1845-1935)により，主として駐支領事館員を対象につくられたA Chinese-English Dictionaryの【情】において，loverの意味で"情人"が収録されると，鄺其照も1902年の《商務書館華英音韻字典集成》に【Lover】の訳語として，"愛者"とともに"情人"をあてたことが分かる。1908年の《英華大辞典》では，【Sweetheart】の訳語にも"情人"が収録されている。

55)　【Lover】相愛者, 擬匹配者, 好逑者.　　　(《華英字典集成》1887)
56)　【情】情人 or 情郎 lover.　　　(*A Chinese-English Dictionary*, 1892)
57)　【Lover】*n*. 愛者, 情人;　　　(《商務書館華英音韻字典集成》1902)
58)　【Lover】*n*. One in love, 愛人, 相好, 情人;
　　　【Sweet-heart】*n*. A lover or mistress, 所戀愛之女, 所戀愛之男,
　　　　　　情人, 愛人, 情郎, 情女, 可人. (《英華大辞典》1908)

"情人"は古典に典拠された語であるが，訳語として辞典に収録されるのは 19 世紀末からとなる。前述したように，"恋人"は 1910 年代後半以降，"愛人"は 1910 年代末以降に中国語に借用されており，"情人"を加えた 3 語が同義語的語彙として存在したことになる。

4.4.2. "情人" と "愛人" の派生義

1921 年 7 月の《覚悟》に掲載された陳望道（筆名，暁風）の〈看了『恋愛模索者』〉（「『恋愛模索者』を読んで」）には，『恋愛模索者』(1921) の著者・谷崎精二が使い分けた「恋人」と「情人」が，そのまま中国語にも紹介されている。「恋人」は未婚の男女の恋愛の対象を指し，「情人」は「僕」の妻の恋人を指したものである。

59-1) 彼の女が彼の教へて居る K 實科女學校の生徒である事、…『さうだ、庄瀬は又てれ隠しに嘘をついて居るのだ。… だがさうだとすると彼の女は一體何者だろう？戀人だろうか？屹度さうに違ひない。』

　　　磯はそう斷定した。　　　（谷崎精二『恋愛模索者』1921，pp.4-8）
這女子，據庄瀬說是實科女校的學生；但磯却不相信，從他直覺和嫉妬，斷定伊是庄瀬底戀人．
　　　　　（暁風〈看了『恋愛模索者』〉《覚悟》1921.7.7，1 面）

59-2) 彼の女に情人があつた事が最近僕にわかつたのだ。其の情人は君も知つて居るあの多氣だ。無論まだ他にあるかも知れない。だが他の百人の情人より、僕はあの多氣一人を憎む。
　　　　　　　　　　　　　　（同上，『恋愛模索者』，p.168）
伊有情人，我近來知道了．那情人便是你也知道的多氣．自然，也許另外還有；但即使伊有百個情人，我還是憎惡那多氣一個人．
　　　　　（同上，〈看了『恋愛模索者』〉《覚悟》，1921.7.7，1 面）

日本でみられた「恋人」と「情人」の意味の棲み分けが，中国語にも移入されたようである。また，1920 年代の張資平の作品には "情人" と "愛人" の使い分けがみられた。その際，"愛人" は所謂恋人の意味で使用されたが，"情人" は「実際は私の兄嫁だが，精神上は私の恋人である」や「『恋人 (奥

さん—筆者注）から来た恋文を読むのは嬉しいでしょう』と阿菊はやきもちを焼いた」というように，未婚の男女を指すのではなく，兄嫁や自分の情人の妻を指す場合に用いられる傾向がみられた[61]。

ところで，1930年代の魯迅の随筆には"愛人"の新義がみられる。1933年の《自由談》に掲載された魯迅の〈関与翻訳〉(「翻訳について」)では，"愛人"が配偶者の意味で用いられている。

60) 愛人身上生幾個疱，固然不至於就請律師離婚，但對於作者，作品，譯品，却總歸比較的嚴緊，

(魯迅〈関与翻訳〉《自由談》21704 号，1933.9.14，p.16)
(配偶者の身にできものができたからといって，まさか弁護士を雇って離婚するまでにはいかないが，作者，作品，翻訳となると，どうしても厳しくなってしまうのである[62])

このような"愛人"の配偶者の意味・用法は，1920年代に中国共産党成立後，党内で配偶者を指す語として理解されている。陳建民 1997 は，初期共産党の指導者・彭湃が 1927 年の南昌起義後に配偶者の意味として"愛人"を用い[63]，1930年代には周恩来 (1898-1976) や粛三 (1896-1983) などが彭湃の妻・許冰を"彭湃的愛人"と呼んだことにより，1940年代には革命の根拠地や解放区で妻や夫を指す言葉として流行し始め，新中国成立後急速に中国全土に広まったと指摘する[64]。"愛人"を配偶者の意味として用いるのは，夫婦の関係が円満で仲睦まじいことを表し[65]，恋愛が普及し，結婚もその延長線上に置かれるようになったことを表しているように受け取れる。

古典に典拠された"情人"が，妾や配偶者などの恋人の意味を担い，"愛人"が配偶者の意味を担うようになったことにより，"恋人"は淘汰されることなく，日本語から移入されたままの意味で，現代中国語に継承されることになったと言えそうである。

最後に 3 語の意味の棲み分けを辞典収録から確認しておきたい。前述したように，1915年の《辞源》には【情人】だけが収録されていたが，1930年の《王雲五大辞典》には【恋人】の収録がみられる。また，1945年の《国語辞典》には【恋人】が「恋愛する人」の意味として収録され，3 語が相愛する男女の対象者を表す言葉とされたことが分かる[66]。

61) 【恋人】心愛的人。(お気に入りの人)
　　【情人】相愛的男女。(愛し合う男女)　　　　　　《王雲五大辞典》1930)
62) 【愛人】❶卽情人。❷惠愛他人。(人を慈しみかわいがる)
　　【恋人】相戀愛之人。(恋愛する人)
　　【情人】謂男女相愛者。(男女が互いに愛している人を言う)

《国語辞典》1945)

　そして《現漢》1973試用本の【愛人】には，1番目に"指丈夫或妻子"という新義が，《現漢》2005第5版の【情人】には，2番目に"特指情夫或情婦"の意味がそれぞれ加えられている。"恋人"は，《現漢》1989補編に"恋愛中的男女的一方"（恋愛中の男女の一方）と収録され，《現漢》2016第7版までこの意味が記述されている。[67]

63) 【愛人】名❶指丈夫或妻子。(夫或いは妻を指す)
　　　　　　❷指恋愛中男女的一方。(恋愛中の男女の一方を指す)

《現漢》1973試用本-2016第7版)[68]

64) 【恋人】名恋愛中的男女的一方。(恋愛中の男女の一方)

《現漢》1989補編-2016第7版)

65) 【情人】名❶相愛中的男女的一方。(愛し合っている男女の一方)
　　　　　　❷特指情夫或情妇。(特に情夫或いは情婦を指す)

《現漢》2005第5版-2016第7版)

　日本では明治期に西洋文学が翻訳される際，訳語として「情人」より「恋人」が多く用いられ，恋愛する男女の対象を表す場合は「恋人」が優勢になった。中国語においても民国期に"失恋"や"初恋"など，「こい」を含意する「恋」の熟語が移入されるなか，"恋人"は移入時の意味を保持し，その結果，"情人"や"愛人"に派生義が発生し，意味を棲み分けるようになったと推察する。

おわりに

　本章では，「こい」を含意した「恋」の熟語の中国語移入の第3段階として，和語「恋人」を考察した。

日本では 1879 年及び 1885 年の「ロミオとジュリエット」の抄訳に用いられ，「恋愛」という言葉の流行とその行為が普及するのと並行するかのように，恋愛する 2 人，相思相愛の男女を意味する言葉として汎用された。中国語においては，1915 年の《申報》に連載された〈遊美随紀〉に早期の使用がみられた。執筆者は日本留学経験者・黄遠生であった。以降，"恋人"は魯迅訳〈一個青年的夢〉(1919) などの訳語にあてられ，1920 年代初めには湖畔社の詩人による恋愛詩にも用いられた。特に汪静之の恋愛詩には，婚姻に繋がる恋愛が謳われ，高尚な結婚を理想とする胡適や周作人の賞賛を得た。ロマンティック・ラブを描写する言葉として，"恋人"は 1 つのキーワードとなった。

　それは，近代訳語として中国語に移入された"愛人"に「夫或いは妻を指す」，古典に典拠された"情人"に「情夫或いは情婦を指す」という派生義が発生し，"恋人"が現代中国語においても日本語と同様の意味を保持していることからも言える。"恋人"は中国語の古典にはみられなかった「こい」を含意した熟語であり，"恋愛、初恋、失恋"といった日中同形語が汎用されるなかで，その意味を的確に表す言葉と見做されたためとも考えられる。この点は，本書の課題としたところであり，第 7 章で詳述したい。

　次章では，中国語においてはその意味に変遷がみられた"自由恋愛"について検証し，中国における恋愛思潮の浸透と訳語の関わりを論じたい。

注

1) 例えば，日本語の「大統領」や「会社」は，中国語には既に"大総統"や"公司"があり，訳書や出版物などを通じて中国語に伝えられ，暫く中国語の同義語と併存したが，一般の民衆になじまず，後に淘汰されたとされる（劉凡夫 1993，p.9 参照）。
2) 藤原信実女「こひ人の心は遠く成りにけりわする計の月日ならねど」(『閑窓撰歌合』1251) (『日国』第 1 巻，p.1847 より転用)。尚，『日国』は【恋人】の意味を「その人が恋しく思っている相手。現代では特に，お互いに恋しく思い合っている場合の相手をいう。恋愛の相手。愛人。情人。おもいびと（第 1 巻，p.1847)」としている。
3)「文籍明くるも恋人に、大だかのむすび文、まいる身よりの御すさみ」(『枢狩剣

本地』2, 1714),「恋人のつげのをぐしも利休形さすが千家のかこひ物好」(『徳和歌後万載集』巻 8, 恋上　藤満丸, 1785)(佐藤亨 1999, p.310 より転用)。
4) 半沢 1983, pp.45-46 参照。
5) 半沢 1983, p.46。
6) 半沢 1983, p.44 参照。
7) W. Shakespeare, *The Works of William Shakespeare*. The text revised by The rev.Alexander Dyce., Vol.VI., London：Chapman and Hall, 1866, p.411.
8) 同じ訳文が『文学界』第 38 号(1896.2.19 発行)に「藤村訳」とあり、同号の目次には「島崎藤村訳」とある。
9) そのほかにも J. W. Goethe や S. W. Scott, H. Heine の小説や詩の翻訳, 例えば緑堂野史訳「わかきエルテルがわづらひ」(『しがらみ草紙』1893.12), 塩井正男訳『湖上の美人』(開新堂本店, 1894), 太田玉茗訳「ハイネが詩」(『文芸倶楽部』1897) などにも訳語として「恋人」がみられる。
10) 半沢 1983, p.46。
11) 用例 9) の引用は,『与謝野晶子全集』(第 1 巻歌集 1, 1979) に拠る。
12)「情人」や「愛人」で始まるものは散見されない。
13) 阿木津 1998, p.47。
14) 魯迅〈後記〉《一個青年的夢》1922：《魯迅全集》第 10 巻, 1981, p.190 参照。『ある青年の夢』の全訳は 1920 年 1 月の《新青年》(第 7 巻第 2 号)から 4 月の《新青年》(第 7 巻第 5 号)に掲載され, 1922 年 7 月に《一個青年的夢》として刊行された。尚,《一個青年的夢》〈後記〉には, 魯迅が《新青年》(第 4 巻第 5 号 1918.5)に掲載された弟・周作人による〈読武者小路実篤君所作一個青年的夢〉(「武者小路実篤氏のある青年の夢を読んで」)を読み,『ある青年の夢』の翻訳を決めたことも記されている。
15)《国民公報》は北京の国民公社により刊行された日刊紙。本書の引用は, 東京大学文学部図書館所蔵のマイクロフィルム(1917.1.28 (3035 号)-1919.10.24 (3949 号))に拠る。
16) 但し魯迅は第 1 幕で使用された「恋人」は"愛人"と訳している。この点は次節の 4.3.2. で触れたい。
17) 尚, 魯迅が 1930 年に翻訳した〈現代電影与有産階級〉(《萌芽》第 1 巻第 3 期, 1930.3)(底本：岩崎昶「現代映画と有産階級」『新興芸術』第 1 号, 1929.11.1)においても, 底本の「恋人」が"恋人"と訳されている。
18) 引用は,《魯迅全集》第 13 巻, 1938, p.215。尚,〈出了象牙之塔〉の初出は 1924 年 12 月 13 日から連載された《京報副刊》で, 1925 年 12 月出版の《未名叢刊》(北京：未名社)に所収された(未見)。
19) 引用は, 同上《魯迅全集》第 13 巻, 1938, p.217。

20) 羽太鋭治（1878-1929）：大正・昭和期の医師，性科学者。性に対する書物を多数出版，大正期の性欲学ブームをつくる（『新訂増補人物レファレンス事典』2000，p.1607 参照）。

21) 但し《婦女雑誌》の掲載が 1920 年 10 月であることから，「近代思想家の観たる性欲と恋愛」の初出は 1920 年以前だと思われるが，未詳である。

22) 『東京朝日新聞』に連載された「近代の恋愛観」が，1922 年 11 月に『近代の恋愛観』（改造社）として出版されると，中国でも任白濤に改訳（《恋愛論》啓智書局，1926）され，夏丏尊に全訳（《近代的恋愛観》開明書店，1928）されている。両書においても底本に使われている「恋人」は，全て"恋人"と訳されている。

23) 黄遠生（1885-1915）：原名は為基，字は遠庸，遠生。中央大学法学部に留学し 1909 年に帰国。1912 年に張君励らと《少年中国週刊》を発刊，その後上海の《時報》《申報》《東方日報》や北京の《亜細亜報》の特約記者等を務める（李道剛 2010 参照）。〈遊美隨紀〉は 1915 年 10 月 31 日付から 11 月 23 日付までの《申報》に連載され，第 1 回（《申報》15346 号，1915.10.31）に，7 年前に 6 年間日本に留学していたと記している。黄遠生は 1915 年 10 月 24 日に佐渡丸に乗船し上海を出港し，日本経由でアメリカに向った。東京滞在（1915.10.31-11.1）の記録や観劇した新劇の概要は 11 月 9 日から 11 月 23 日付《申報》（15355-15369 号）に連載された。11 月 16 日付《申報》（15362 号）には，"記新劇 十一月一日東京旅次"と前書きして，「昨晩 1 人で本郷座に行き新劇を見た」とあり，17 日付《申報》（15363 号）には，劇名の 1 つとして「無花果」が記され，以降 11 月 22 日付《申報》（19369 号）まで『無花果』の概要が掲載されている。尚，黄遠生はサンフランシスコに到着直後（1915.12.27）に暗殺された。

24) 〈導言〉の巻末には"24 年 8 月 11 日，寫畢於北平清華園"と記されており，1935 年に書かれたと思われる。

25) 朱自清〈導言〉《中国新文学大系 詩集》第 8 集，1968，p.3348。（原文：中國缺情詩，有的只是「億內」「寄內」，或曲喻隱指之作；坦率的告白戀愛者絕少，爲愛情而歌詠愛情的更是沒有。這時期新詩做到了「告白」的一步。…但眞正專心致志做情詩的，是「湖畔」的四個年輕人。他們那時候差不多可以說生活在詩裏）

26) 施蟄存〈序〉《戴望舒訳詩集》1983，p.3。

27) 胡適〈胡序〉汪静之《蕙的風》1922，p.14。（原文：我現在看着這些澈底解放的少年詩人，就像一個纏過脚後來放脚的婦人望着那些眞正天足的女孩子們跳來跳去，妬在眼裡，喜在心頭。他們給了我許多『烟士披里純』，我是很感謝的）

28) 作人（周作人）〈自己的園地 十九 情詩〉《晨報副鎸》1922.10.12，第 2 版。（原文：這舊道德上的不道德，正是情詩的精神，用不著我的什麼辯解）

29) 引用は，《紅燭》1923，p.185。

30) 槐寿（周作人）〈她們〉《晨報副鎸》1923.4.9，第2版。（原文：我平常很贊成青年人做情詩，但是自己做情詩還是初次）
31) 森2002は〈她們〉の内容について，周作人がかつて体験した淡い恋をたどっていく「思い出」の詩であると指摘する（p.76）。
32) 張競1997，p.203。
33) 用例23）と24）は，鄭振鐸主編《小説月報 第22巻1号-12号》（書目文献出版社，1988）からの引用である。
34) 邦訳は，秋吉久紀夫訳「三度の最敬礼」（『戴望舒詩集』1996，p.88）を参照。
35) 邦訳は，秋吉久紀夫訳「わたしの恋人」（『戴望舒詩集』1996，p.83）を参照。
36) 〈屈原研究〉は1922年11月18日から24日までの《晨報副鎸》に連載された。
37) 《中国青年》1923.10-1927.10（上海）：中国社会主義青年団（のちに中国共産主義青年団と改名）の機関誌（週刊）で，革命，思想，文学，時事など多岐にわたる問題をとりあげ，国民革命期の共産主義運動において啓蒙的な役割を果たした。
38) 小立については，未詳である。
39) 《飛絮》(1926)の〈序〉に，池田小菊（1892-1967）の「帰る日」（『東京朝日新聞』1925.5.1-7.29，全90回連載）の翻案であると記されている。また「帰る日」には「一人（ひとり）の恋人（こひびと）をあくまで守（まも）りたいのが僕（ぼく）の理想（りさう）です」（「帰る日」『東京朝日新聞』1925.5.14），「あなたとしては矢張り一人（ひとり）の恋人（こひびと）をあくまでも守つてくれる人（ひと）の方（ほう）が、いゝのでせう」（「帰る日」『東京朝日新聞』1925.5.16）とある。
40) 引用は，1929年（初版）の改訂版である1953年出版の《倪煥之》，p.123。初版の全30章の構成のうち，改訂版では23章以下が省かれている（『中国現代文学事典』1985，p.282参照）。
41) 竹内好訳『小学教師』1952，p.154。
42) 張資平の作品（1920-1930）14編を収録した《張資平作品精選》（2003）では，"愛人"の使用は10箇所，"情人"は23箇所あったが，"情人"は，妾や配偶者以外の恋人の意味で用いられる場合に多くみられた。
43) 〈学而〉"節用而愛人，使民以時"（用を節して人を愛し，民を使うに時を以てす）。
44) 『日国』は，【愛人】の意味を，①「人を愛すること」，②「愛しているいとしい異性。また，夫や妻以外の愛している異性」とし，①の初出例として，福沢諭吉の『西洋事情』（1866-1870）をひき，漢籍の用法として《礼記》の〈檀弓上〉（「君子之愛人也以徳　細人之愛人以姑息」）をひいている。また「語誌」には，第二次世界大戦後，新聞などで「情婦」「情夫」の婉曲的な表現として用いられるようになったとあり，この意味で初出例として，1954年の庄野潤三の『プールサイド小景』がひかれている（p.10）。
45) 遠藤2009，p.175。後述するように，W. H. Medhurstの *English and Chinese*

Dictionary（1847-1848）では"愛人"は、「人を愛する」の意味での収録である。

46) 引用は、1816 年刊行の『道訳法兒馬』（京都大学所蔵）である。
47) 引用は、1833 年刊行の『道訳法兒馬』（東京大学所蔵）である。
48) 朱京偉 1995 においても、『明治のことば辞典』（1986）で確認できた日本語からの借用語のなかで、「愛人」は「日本で新しい意味が付与された」語と見做している。
49) 半沢 1983, pp.46-47 参照。
50) 舒志田 1999, p.4 参照。
51) 〈意中人〉の底本は、O. Wild の *An Ideal husband*（1895）。舒志田 1999 もこの"愛人"は「むしろ例外」と指摘する（p. 7）。ちなみに厨川圭子訳『理想の夫』（角川書店、1954）では、同箇所は「あのね」と訳されている（p.16）。
52) 李達（1890-1966）：1913 年に第一高等師範理科に公費留学、1919 年帝国大学予科理科に入学。同年に〈女性解放論〉（《解放与改造》10 月第 1 巻第 3 号）を発表、1921 年から 1929 年に山川菊栄や堺利彦の婦人解放に関する著作を多数翻訳する（王宓 1998, pp.38-39 参照）。
53) 舒志田 1999 は、李達が訳した"愛人"を配偶者の意味として中国語で早期に使われた用例とするが（p.71）、底本の「愛人」は配偶者の意味ではなく、所謂恋人の意味だと思われる。
54) 須田禎一訳「湘累」『郭沫若詩集』1952, p.23。
55) 飯倉照平訳「野草」『魯迅全集』第 3 巻、1984, p.22。
56) 1920 年代の作品では、所謂恋人の意味で"愛人"が 16 例使用され、"情人"は 2 例であった。調査は電子版《中華伝世蔵書》（2002）に収録された魯迅作品集（20 集）を使用し、詳細や意味の確認は《魯迅全集》（1981）、及び『魯迅全集』（1984-1986）を使用した。
57) 尚、1915 年の《辞源》に【愛人】や【恋人】は収録されていない。
58) 宮田 2010, p.283。
59) 〈性的屈服者〉《雪的除夕》, p.164。（原文：事實上雖然是我的嫂嫂，但精神上是我的情人）
60) 〈公債委員〉《不平衡的偶力》, p.67。（原文：『讀情人寄的情書，多快樂！』阿菊有點醋意）
61) 1920 年から 1930 年の張資平の作品 14 編が収録された《張資平作品精選》には、"愛人"が 10 例、"情人"は 23 例あった。
62) 片山智行訳「翻訳について（下）」『魯迅全集』第 7 巻、1986, p.333。
63) 彭湃（1896-1929）：1917 年に来日、1918 年に早稲田大学政経学科に入学後は、堺利彦らが中心となる「コスモ倶楽部」に参加する。帰国（1921）後に「社会主義研究社」を組織した近代的農民運動や初期共産党の指導者となる。1926 年

10 月汕頭で広東省農会潮梅事務所にいた許冰と知り合い，その冬結婚する。1929 年 8 月国民党に逮捕され処刑された（『中国現代文学事典』1995，pp.627-629 参照）。

64) 陳建民 1997，p.6。
65) 陳建民 1997，p.28。尚，舒志田 1999 は"愛人"が夫婦を特別に指すようになったのは，新中国成立後「男女平等を提唱した社会主義のイデオロギーに一致したからであろう（p.10）」と指摘する。
66) 1935 年刊行の《標準語大辞典》には，【情人】のみが"跟自各兒有愛情的異性人"（自分が愛情をもつ異性）の意味で収録されている。
67) "恋人"は民国期の国語辞典に収録されていたが，《現漢》の 1973 試用本や第 1 版には収録されなかった。中国社会科学院語言研究所の名誉所長であった呂叔湘は，1984 年 1 月の《辞書研究》（第 1 号）に〈大家来関心新詞新義〉（「新語新義に関心を持とう」）を載せ，新語に関心を持つべきだと 32 語をあげている。そのなかには"恋人"も含まれており，第 3 版の前に出版された《現漢》1989 補編に収録されたものと思われる。
68) 但し見出し語に名や動というような名詞や動詞などの品詞分類が付けられたのは，2005 第 5 版からである（以下の用例も同様）。

第 5 章
近代訳語の意味の変遷と収斂
―〈自由恋愛〉の解釈をめぐって―

はじめに

　本章では，日中同形語として中国語に移入された後，中国語においてはその意味が変遷し，訳語が収斂される様相を検証する。荒川 1997 にはない分類であり，新たな語彙交流の様相を提示できると考える。
　「自由恋愛」を構成する「自由」については多くの先行研究がある[1]。もともとは心の思いのまま，制限を受けないことの意で，漢籍では《後漢書》，日本では『続日本紀』(777) に見えたが[2],「しいたげられないこと」とか「意思行動を束縛されないこと」の意味が翻訳書を通して移入され，「言論の自由」「結社の自由」など，法律の用語として，英語 freedom 及び liberty の訳語として定着したとされる[3]。「単純化して言えば、西欧語の翻訳語としての『自由』はいい意味、伝来の『自由』は悪い意味」[4]で，新義「自由」には[5]，プラスイメージの意味が加わったと言える。
　本章では，先ず日本語における近代訳語「自由恋愛」の訳出とその意味を明らかにし，次に「自由恋愛」が中国語に移入された過程と 1920 年代前半までの意味解釈を確認する。続いて，《婦女雑誌》を中心に論じられた〈新性道徳論〉から当時の知識人が唱えた"自由恋愛"の意味を分析する。更に張資平が 1920 年代に"自由恋愛"をどのように捉えていたのかを考察に加え，"自由恋愛"の意味の変遷と収斂の過程を論じたい。

5.1. 近代訳語「自由恋愛」の成立

5.1.1.「自由恋愛」の訳出

　『日国』は，【自由恋愛】の意味を「①男女双方の自由意志に基づいた恋愛。

男女間の自由な恋愛が社会的によくないこととされた時代に用いた語。②配偶者、婚約者以外の者との性行為が行われる際に、当人どうしの自由意志に基づくものとして表現する語」とし，①にのみ，森鷗外 (1862-1922) の「ル・パルナス・アンビユラン」(1910) と厨川白村の『近代の恋愛観』(1922) をひいている。

　管見の限りでは，『日国』の②の意味での初出は，1874 年の加藤弘之訳「米国政教」だと思われる。これは，本書の第 2 章 2.2.1. の用例 18) に示したように，加藤弘之がドイツ語で書かれた『アメリカにおける教会と国家』を翻訳し，Free-lovers を「自由恋愛党」と訳出したものである。

1) 然ルニ一方ニハモルモー子ン一夫ノ數妻ヲ娶ルヲ以テ其神道ノ許ス所トナシ又一方ニハ<u>自由戀愛黨</u>　夫婦共時々戀愛スル所ノ變スルニ從テ縱ニ配偶ヲ改ムルヲ以テ眞ノ自由トナセル一黨アリ此一黨輓近漸ク合衆國ニ起レリ　縱ニ配偶ヲ改ムルヲ以テ人身自由權ノートシテ之ヲ主張スルノ風アリ　（加藤弘之訳「米国政教　第 4 章」『明六雑誌』第 13 号，1874.6, p.2）

ここで言われる「モルモー子ン」とはアメリカで創設されたモルモン教を指す。モルモン教は教義により一夫多妻制が公式に認められていた。また「自由恋愛党」は 1871 年のアメリカ大統領選挙に立候補した V. Woodhull を中心に男女の性的同権を主張していた政党である。加藤はこの政党をほしいままに配偶者を改むるをもって真の自由となせる一党と説明を加えている。箕輪 2009 は，アメリカの free love は V. Woodhull を中心に 19 世紀半ば以降に広まった社会運動だとする。

　加藤の訳出以降，free love の訳語として「自由恋愛」がそのまま普及したわけではなかったようだ。福沢諭吉の「離婚の弊害」(1886) や「一夫一婦偕老同穴」(1896) では，「相愛の自由」「自由愛情論」と訳されている。

2) 男女相愛するは人の天性なりと雖ども其相愛するの情ハ時に或は變化せざるを得ず相愛するに聚りて愛の盡るに散じ互に其舊愛を去て互に其新たに愛する所に就き聚散去就は唯男女の擇ぶ所に任じて隨時其愛する所を愛するを妨げずこれを<u>フリー・ラヴ（相愛の自由）</u>と云ふ

（福沢諭吉「離婚の弊害」『時事新報』1886.7.28，2 面）

3) 愛情相投ずれば合して夫婦と爲り其情の盡るを期して自由に相別れ

更らに他に向て好配遇を求む可し云々とて此説を名けて自由愛情論と称す…　　　（福沢諭吉「一夫一婦偕老同穴」『時事新報』1896.4.30，2面）

　20世紀に入り，欧米の社会主義的思想が盛んに議論されるなかで，訳語の収斂がみえてくる。用例4）の1900年に出版された『近世社会主義評論』は政治家・久松義典（1855-1905）により，欧米の社会主義関連の文献十数種を参照して書かれたものである。著者が引用した箇所には「自由恋愛」にフリー・ラヴのルビが振られている[11]。

4）「自由戀愛は、人の天性にして、多妻社會は、自然の情態こ（ママ）は共同的生活に於當然の結果にして分離生活廢滅の基なり」と、澄まし込んで構へたるに至りては實に驚き入りたり、

（久松義典『近世社会主義評論』1900，pp.113-114）

　1903年，社会主義者・堺利彦（1871-1933）（筆名，枯川生）は，『万朝報』に「自由恋愛論」を掲載した。E. Zola（1840-1902）が説く「自由恋愛説」とは，「婚姻制度に関する法律習慣の束縛を脱して，自由なる男女の結合を希望する」ものだと説明している。この「自由恋愛論」は，E. Zola の *Le Travail*（1901）の英訳（Work）に記された「自由恋愛」について，説明を加えたものである[12]。

5）予ハゾラの「勞働」を抄譯するに當り、其篇中に現はるゝ自由戀愛の思想について、少しく辨明（ママ）するの必要を感じた。
　そもゝゝ自由戀愛（Free love）と云ふ言葉にハ、多くの人が種々雜駁なる意味を含くませて居るが、要するに、婚姻制度に關する法律習慣の束縛を脱して、自由なる男女の結合を希望するのが即ち自由戀愛説である。　　（枯川生「自由恋愛論（上）」『万朝報』第3601号，1903.9.20）

5.1.2.「自由恋愛」の汎用

　「自由戀愛」は1900年代半ばに，堺利彦や石川三四郎（1876-1956），更に大杉栄（1885-1923）ら社会主義者の間で度々論じられた[13]。それは，次にあげた1906年の小疇三郎の『結婚哲学』の記述からも窺える。

6）自由戀愛とは如何なるものなる乎、自由戀愛とは男女の關係を愛によりて決し、法律と習慣との支配を拒絶せんとするもの也。

自由戀愛の思想は社會主義より割出されたるものにして、今や歐米
　　の社會に非常なる大速力以て傳播しつゝあり、個人主義者、社會主義
　　者は聲を大にして此の福音を叫びつつある也、
　　　　　（小﨑三郎「第二章第八節自由恋愛の思想」『結婚哲学』1906, p.45-46）
　また，1906 年や 1908 年の『読売新聞』の記事は，「自由恋愛」がアメリカやロシアで流行っていることを伝えている。

7)　「…謂ゆる自由戀愛なるもの、米に行はるゝの多きか、將た日本に行はるゝの多きか。」と說き
　　　　　　　　　　（「昨日の新聞雑誌」『読売新聞』1906.6.9，朝刊 6 面）

8)　此の頃、伯林の方々の書肆の店頭に「スザニン」と題する露國小說翻譯物が列べてある。新聞、雜誌でも一廉の評判になつてある。…「スザニン」は作中の主人公の名で、…知識的社會は、この作に鼓吹せられて、自由戀愛の熱狂者となり、靑年の間にスザニズムが唱導せらるると同時に、高等敎育ある女子間にも「自由戀愛倶樂部」の成立を見るに至つた。
　　　　　　　（在伯林 KN 生「スザニスト」『読売新聞』1908.11.15，付録 1 面）

　以上のような用例からは，「自由恋愛」が free love の訳語として，20 世紀初頭に社会主義者らにより論じられ，外国に流行る現象として捉えられていたことが分かる。

　1910 年代に入ると，『日国』が①の意味の初出例とした，森鷗外の小説「ル・パルナス・アンビユラン」に「自由恋愛」が使用される。この小説は大逆事件直前の世相を反映して，自然主義への風刺と同時に文芸弾圧を行う政府への批判も顔を覗かせていたとされる[14]。作品には，第一流の自然主義作家である「先生」が，妻ではない女性と「自由恋愛」をしていたと記されている[15]。

9)　亡くなつた先生には長男があるから、それが位牌を持つ筈であるが、先生が亡くなる前まで自由戀愛を遣つてゐたので、細君と三人の子供とは、別居をしてゐて、葬にも立たない。そこで門人の此男が位牌を持つことになつたのである。（鷗外「ル・パルナス・アンビユラン」『中央公論』第 25 年第 6 号，1910.6，p.133）

1914年には，女性文芸同人誌『青鞜』の社員であった伊藤野枝（1885-1923）により，アナキスト・E. Goldman のエッセイが翻訳され，底本の Free love が「自由恋愛」と訳されている。伊藤野枝は E. Goldman の人生に感動し，同書を翻訳したようである。

10)　　Free love? As if love is anything but free! Man has bought brains, but all the millions in the world have failed to buy love. Man has subdued bodies, but all the power on earth has been unable to subdue love.

自由戀愛？まるで戀愛が自由以外のもののやうだ！人間は澤山の智慧を買つた、けれど全世界の數百萬人は戀愛を買ふことに失敗した。人間は肉體を克服した、けれど地上のあらゆる權力も遂に戀愛を征服することが不可能であつた。

(伊藤野枝訳「結婚と恋愛」『婦人解放の悲劇』1914, p.54)

1916年11月10日付の『読売新聞』には，伊藤野枝とも関連がある所謂日陰茶屋事件（1916.11.6）が報じられ，被害者の大杉栄は「「自由恋愛」の実行者」と記され（用例11)），また宮田修の「自由恋愛の破綻」は，加害者の神近市子に対して，「理性で認める自由恋愛説も恋愛と言う感情に打ち勝つことが出来」なかったわけで，その行為は「寧ろ旧式」だと評している。

11)　無政府主義者として、自由思想家として、最近には神近市子、伊藤野枝二女史に對する「自由戀愛」の實行者として、思想界文學界乃至社會一部の注意を惹きつゝありし大杉榮氏は昨曉三時相州葉山なる旅館日蔭の茶屋の一室にて睡眠中神近市子の爲に短刀を以て咽喉部を突き立てられ、

(「大杉栄氏刺さる」『読売新聞』1916.11.10, 朝刊5面)

12)　元來大杉氏には正妻がある、それに自分が割込んで行つた、それは要するに大杉氏の自由戀愛說を是認してゐたからである、けれど理性で認める自由戀愛說も戀愛と云ふ感情に打ち克つ事が出來なかつた所に、今度の事件が起り、自由戀愛の破綻が出來たので、神近さんの行爲は決して新しいものではなく、新しい衣を着ただけの女の所行で、寧ろ舊式な行方である、

(宮田修「自由恋愛の破綻」『読売新聞』1916.11.10, 朝刊4面)

以上のように,「自由恋愛」はFree loveの訳語として,早期には明治初期の翻訳にみられ,20世紀に入ってからは,欧米の社会主義関連の翻訳やその紹介,及びその議論のなかで汎用された。近代訳語「自由恋愛」は,社会主義者やアナキストらに唱えられるところの専門用語的な意味を帯びた1語と理解されたと言ってよいであろう。それは,1915年の『井上英和大辞典』[18]に「結婚に拠らざる男女の相愛」と説明が付され,1935年の『辞苑』に収録された「自由恋愛」の意味からも言える。[19]

13)【Free】—free love, 自由戀愛（結婚に依らざる男女の相愛）.

(『井上英和大辞典』1915)

14)【自由恋愛】(Free love) 從來の傳統及び約束を無視した男女の戀愛行爲。即ち戀愛及び結婚の選擇・離婚等に就いての自由を主張すること。　　　　　　　　　　　　　　(『辞苑』1935)

5.2.「自由恋愛」の中国語への移入

5.2.1. 20世紀初頭から1910年代末までの意味解釈

日本で社会主義関連の文献が翻訳,出版されると,中国語にも1902年以降幸徳秋水らの評論などが多数翻訳され,[20]来日中国人により関連の機関誌も発刊されていた。1907年6月に何震らにより創刊された《天義》もその1誌であり,7月の《天義》(第3巻)には幸徳秋水の寄稿も掲載されている。何震(筆名,震)は,9月の《天義》(第7巻,第8-10巻合冊)に〈女子解放問題〉を連載した。[21]何震がここで言う"自由恋愛"とは,「自由に恋愛すること」を意味すると思われる。

15) 況彼等所爲果出於自由戀愛猶可言也。乃吾觀中國自由之女子其鐘情男子出于自由戀愛者實佔少數有情不自禁不擇人而淫者有爲男子所誘而墮其術中者其尤甚者則因求財之故而自失其身。

(震述〈女子解放問題〉《天義》第7卷, 1907.9, p.14)

(しかも彼らの行為が本当に自由な恋愛に基づいたものだったら,まだ道理が通る。中国では自由な女性が自由な恋愛によって男性を好きになった人が

実に少ないと思う。感情を抑えられずに，人を選ばないでみだらな行いをした人がいれば，男子に誘惑され堕落した人もいる。最もひどいのは，財産を求めるために自ら貞操を失った人もいることである）

また，1907年11月の《天義》（第11・12巻合冊）には，周作人（筆名，独応）の評論〈防淫奇策〉が掲載された[22]。周作人は「今日の婚姻は感情による婚姻でもなければ，自由な恋愛によるものでもない以上，男女の愛欲を成し遂げることができず，淫悪の念が必ず生じてしまう」と言い，男女に「淫」という悪い思いが生まれるのは，飢えや寒さから「盗」が生まれるのと同じであり，女性を私有財産にする制度が諸悪の根源だとしている[23]。

16) 至於歐美各國其男女結婚離婚雖克自由然亦僅有其名耳。實則男女婚姻受宗教法律及僞道德之裁制者不知凡幾… 是則今日之婚姻均非感情上之婚姻也。既非出於自由變愛(ママ)則男女之大欲不克遂淫悪之生乃事理所必然。是猶處私有財産制度之下人民迫於飢寒。而欲禁其不爲盗也。雖日加防制並禁遏誨淫誨盗之書。夫何益之有哉。

（独応〈防淫奇策〉《天義》第11・12巻合冊，1907.11，p.394）
（欧米各国においては，男女の結婚と離婚は自由だが，ただ名ばかりで，実は男女の婚姻には，宗教，法律および偽道徳の制裁を受けるものが全部でどれほどあるか分からない。… 従って，今日の婚姻は全て感情による婚姻ではない。自由な恋愛によるものでもない以上，男女の愛情を成し遂げることができず，淫悪の念が生じてしまうのが物事の道理の必然である。尚，これは私有財産の制度のもとで，餓えと寒さに迫られる人民が盗みをなすことを禁ずることと同様に，日々警戒し抑制して，淫蕩の本を禁圧するにも関わらず，何か益になることがあろうか）

周作人は，"自由恋愛"，つまり「自由に恋愛すること」により，男女の愛欲も成し遂げることができると言いたかったのであろう。周作人は1918年に与謝野晶子の「貞操は道徳以上に尊貴である」を翻訳することになるが，その10年程前から婚姻に繋がる恋愛の必要性を意識していたようである[24]。

次にあげる1912年の《自由談》に掲載された〈最文明之拆婚字據〉（最も文明的な離婚証書）の短い記事にも"自由恋愛"が使われている。これは離婚後，妻が「自由に恋愛」をしても干渉してはいけないという意味で用いら

れており，何震や周作人と同じ意味・用法である．

17) 立脱離夫妻名義字據某邀同中證某某。今因實行黨規。情願與髮妻某氏斷絶關係。三面議定。退還庚帖。分開床舖。搬出粧奩。當日一併了結。以後任憑某氏自由戀愛與某毫不干渉並無争風吃醋等■。此係雙方合意。永無反悔恐口無憑。立此脱離夫妻名義字據存照。

（立三〈最文明之拆婚字據〉《自由談》14266 号，1912.11.8）
（夫婦関係を断つ文書を書く某は中證党員某に許可を得る．党則の実行に従い，初婚の妻・某氏と関係を断つようにする．3 者は，「庚帖」を返すこと，別居すること，嫁入り道具を運び出すことを当日全て終わらせ，以後某氏が自由に恋愛しても全く干渉しないし乱痴気騒ぎをしないことなどを決めた．これは双方の合意によるものである．いつまでも約束を破ることなく，後々のためにこの離婚証書を作成し証拠とする）

数日後の《自由談》の〈自由談話会〉の項に掲載された短い記事（無題）には，前掲の"自由恋愛"と同じ意味で，"恋愛自由"が使用されている．

18) 余贊成女子參政權。而不贊成今日中國女子有參政權。余贊成高尚之婚姻自由。而不贊成曖昧之戀愛自由。

（小柳（無題）《自由談》14271 号，1912.11.13）
（僕は女性の参政権には賛成するが，今日の中国の女性が参政権を有することには賛成しない．僕は高尚な婚姻の自由には賛成するが，いかがわしい恋愛の自由には賛成しない）

尚，この記事に記されている「高尚な婚姻の自由」とは，1903 年に戢翼翬が《俄國情史》を訳述した際に，底本にない父宛の手紙文を挿入し，本人の意思による結婚を懇願した，所謂自由結婚と同じ意味を成していると考える[27]．ここからも清末から自由結婚は中国の知識人にとって重要な課題であったことが窺える[28]．

1910 年代後半に入ると，《新青年》を中心に"自由恋愛"の意味が問われるようになる．1917 年 5 月の《新青年》には，袁振英（筆名，震瀛[29]）により，アナキスト・E. Goldman の〈結婚与恋愛〉が翻訳された．これは，本章の用例 10) にあげたように，日本では 1914 年に伊藤野枝により翻訳されている[30]．袁振英も Free love を"自由恋愛"と訳した．但し Free love? As if love is anything but free! を伊藤野枝が「自由恋愛？　まるで戀愛が自由以外のもののやうだ！」と直訳的に訳していたのに対し，袁振英は「自由恋愛よ。恋愛とは自由にほかならない」と婉曲的に訳しているのが特徴的である。

また，Man has bought brains, を"男子可買他人之腦髓"と Man を「男子」と訳しているのも，伊藤野枝訳と異なる点である。

19)　<u>Free love</u>? As if love is anything but free! Man has bought brains, but all the millions in the world have failed to buy love. Man has subdued bodies, but all the power on earth has been unable to subdue love.[31]

<u>自由戀愛乎</u>。戀愛無他自由而已男子可買他人之腦髓而不能買他人之愛情。其失敗者以千萬計。男子又可克服他人之肉體而不能克服他人之愛情。　　　（震瀛訳〈結婚与恋愛〉《新青年》第 3 号第 5 号，1917.5，p.7)

（自由恋愛よ。恋愛とは自由にほかならない。男子は智慧を買うことはできたが人の愛情を買うことはできなかった。これに失敗したものは千万人に及ぶ。また男子は人の肉体を克服することはできたが人の愛情を克服することはできなかった）

以降《新青年》では，第 2 章の 2.4. で触れたように，劉延陵と陳独秀との"自由恋愛"をめぐる問答，周作人訳〈貞操論〉，更に胡適，藍志先，周作人の 3 者による自由恋愛論争などが掲載され，その意味が問われた。前述した《天義》や《申報》の意味するところの"自由恋愛"（自由な恋愛）と袁振英が説くような"自由恋愛"（自由恋愛）の相違が，1910 年代末の誌上においては難解だったようである。[32]

折しも 1919 年 11 月の《大公報》に掲載された毛沢東（1893-1976）の文章には"自由恋愛"が讃えられている。長沙で趙五貞という 21 歳の女性が両親に結婚を強要され，花嫁の籠のなかで自死した事件をめぐり，毛沢東の文章が連日掲載された。[33] 11 月 21 日付〈「社会万悪」与趙女士〉ではこの事件に関連し，郷里の女性の例をあげ次のように記している。

20)　再舉出一個例。「我們韶山鄉裡有一個姓茅年十八歲聰明而且美貌的女子。嫁到一個姓鐘極蠢極醜的丈夫。這女子極不願意。最後拋掉他的丈夫。戀愛鄰居一個姓李的兒子。今年八月。逃出他的家庭。實行自

由戀愛去了」。　　　　（沢東〈「社会万悪」与趙女士〉《大公報》1919.11.21）
（もう1つ例を挙げよう。「我々の郷里韶山に茅という姓で，18歳の聡明で美しい女性がいた。鐘という姓の愚かで醜い男に嫁いだが，この女性は全く望んでいなかった。最後には夫を捨てた。隣に住む李という姓の息子と恋愛をし，今年8月家庭を捨自由恋愛を実行した）

　毛沢東は望まない結婚をさせられた女性が夫以外の男性と恋愛し，家庭から逃げ出し"自由恋愛"を実行したことを肯定的に捉えている。その背景には，この当時毛沢東自身，父の選んだ妻がいながら家を離れ，楊開慧（1901-1930）と恋愛をしていたこともあったようである。[34]

5.2.2.　1920年代前半の意味解釈

　1920年代に入ると，《婦女雑誌》などに日本の評論の翻訳やE. KeyやE. Carpenterなど近代の恋愛観に関する重訳が多くみられ，近代の恋愛観が紹介されるなかで，"自由恋愛"の意味が問われた。

　1920年8月，陳望道（筆名，佛突）は《民国日報》の副刊《覚悟》に，本間久雄[35]の「性的道徳の新傾向」（『現代之婦人問題』1919）を翻訳した。陳望道は底本の「恋愛の自由」「自由恋愛」をそれぞれ"恋愛底自由""自由恋愛"と訳し，H. IbsenやE. Keyが主張するのは「恋愛の自由」であり「自由恋愛」ではないとその意味の相違を説いた。

21）　イブセンの『海の夫人』は「戀愛の自由」といふことに對する作者の見解をよく裏づけた作である。…エレン・ケイも亦自由離婚を主張する一方、愛の責任性を力説した。彼女に取つては「責任」は「自由」であり、「自由」はやがて「責任」であつた。所謂「自由戀愛」―性的放恣と無責任なる性的自由の表象語たる「自由戀愛」といふことを嫌悪し、排斥する點に於てはイブセンもエレン・ケイも同一であつた。
　　　　　　　（本間久雄「性的道徳の新傾向」『現代之婦人問題』1919, pp.15-16）
　易卜生底『海上夫人』、是一篇很能表示作者對於『戀愛底自由』底見解的著作、…愛倫開也一面主張自由離婚、一面力說戀愛底責任性。伊以爲『責任』便是『自由』、『自由』便是『責任』；伊那嫌悪『自由

戀愛』—性的放縱和無責任的性的自由底『自由戀愛』—排斥『自由戀愛』的一點、是和易卜生沒有兩樣的。
　　　　　　　　　　（佛突訳〈性的道徳底新趨向（続）〉《覚悟》1920.8.2, 2面）

　1921年には章錫琛（筆名，瑟廬）も本間久雄の『エレン・ケイ思想の真髄』（1921）の第1篇を要訳し，E. Keyが主張するのはLove's Freedom, Love with Freedomであり，Free Loveつまり"自由恋愛"ではないことを明らかにしようとした。

22)　けれどもエレン、ケイの戀愛觀は、上にも述べた通り、極めて理想的なものであつて、いつでも戀をしたいときに戀をして、止したいときに止すといふ放縱耽溺の、本能滿足の所謂「自由戀愛」とは全く別なものであつた。のみならずケイ女史は、所謂「自由戀愛」を以て、戀愛の神聖を汚すもの、「子孫の神聖」を汚すものとして、極力排斥してゐるのである。エレン、ケイの主張したのは、つまりFree Loveではなくて Love's Freedomである。Love with Freedomである。　　　　　　　（本間久雄『エレン・ケイ思想の真髄』1921, p.50）
但是我們一看上面所說愛倫凱的戀愛觀，便可曉得她的所謂戀愛，是極高尚的，決不是放縱沈溺滿足本能的自由戀愛。不但不是，而且她還極力的排斥自由戀愛，說自由戀愛，汚辱戀愛的神聖，汚辱子孫的神聖。她所主張的，是"Loves Freedom"，是"Love with Freedom"，並不是"Free Love"。
　　　　　　　（瑟廬〈愛倫凱女士与其思想〉《婦女雜誌》第7巻第2号, 1921.2, p.26）

　しかし「新概念である『恋愛』を、既存の概念『姦淫』と混同していたのが普通だったと思われる」当時，"恋愛的自由"と"自由恋愛"との違いは，読者には難しかったようである。1922年8月から1923年2月の《婦女雑誌》には，読者も交えて"自由恋愛"に関する問答が度々掲載された。1922年8月の第8巻第8号に，鳳子という女性からの投稿〈恋愛自由解答客問第一〜第三〉が掲載されると，翌月号と翌々月号の第8巻第9号と第8巻第10号の通信欄には，〈恋愛問題的討論〉と題し，章錫琛と恋愛に関する記事を度々投稿した王平陵（1898-1964）の往復書簡が連載され，更に1923年2月の第9巻第2号には，〈恋愛自由与自由恋愛的討論〉と題した鳳子とY.D.による

問答，及び章錫琛の〈読鳳子女士和 Y.D. 先生的討論〉(「鳳子女史と Y.D. 氏の討論を読んで」)が掲載された[37]。章錫琛は〈読鳳子女士和 Y.D. 先生的討論〉で，"恋愛的自由"と"自由恋愛"の相違を次のように説いた。

23) 至於所謂戀愛的自由，則如愛倫凱女士所說，『祇是一種感情的自由』，就是對於異性有不受任何干涉的戀愛的自由。但至於有了戀愛以後，則此兩異性必須成為夫婦，直到戀愛破裂為止，不能再和第三人發生戀愛；並且必須組織家庭，必須對於所生的子女負相當的責任，不是像所謂自由戀愛的都可以自由，這便是所謂戀愛自由。近來有許多人往往把這兩個名詞混而為一，實在大誤。(章錫琛〈読鳳子女士和 Y.D. 先生的討論〉《婦女雑誌》第 9 巻第 2 号，1923.2, pp.48-49)

(恋愛の自由とは，E. Key の言うように『感情の自由にすぎない』。異性に対して如何なる干渉も受けない恋愛の自由があるということである。しかし恋愛が成立したら，この 2 人の異性は夫婦となり，恋愛が破れるまで第三者と恋愛関係になることはできない。必ず家庭を作り，生まれた子供に相当の責任を負わなければならない。所謂自由恋愛のように何でも自由というわけにはいかない。これこそが恋愛の自由である。近頃多くの人がこの 2 つの名詞を混同しているのは，実に大きな誤りである)

更に章錫琛や Y.D. の討論を理論的に裏付けるかのように，厨川白村の「恋愛の自由」(『婦人公論』1922.9)が翻訳された。

24) 西洋人の云ふ自由戀愛と云ふ言葉は，「馬から落馬」といふのと同じ愚な言葉である。自由がなければ戀愛は無いのだから，馬からでなければ落馬はしないのと同じだ。唯この自由戀愛と云ふ言葉を，普通の慣用法に從つて放縱不羈の戀愛關係と解するならば，私が前節の所論に述べた通り，それは實は自由性交と云ふ事になるのだ。

(厨川白村「恋愛と自由 ―恋愛論の続稿―」『婦人公論』第 7 年第 9 号，1922.9, pp.50-51)

西洋人所說自由戀愛 (Free love) 的名詞，和『從馬上落馬』的話一樣愚蠢。沒有自由就沒有戀愛，好比不是從馬上決無所謂落馬。不過自由戀愛的名詞，依普通的慣用法，常解為放縱不羈的戀愛關係，所以正如我前節所說實在自由性交。

（Y.D.訳〈恋愛与自由〉《婦女雑誌》第 9 巻第 2 号，1923.2，pp.50-51）

厨川白村の「恋愛と自由」が紹介されたことにより，"自由恋愛"が意味するのは"自由性交"であり，"恋愛的自由"との相違が明確となった。更に「精神的な人格的な戀愛に絶對の自由を與へるならば，結局は一人格たる男子と一人格たる婦人との一對が出来るので，最後は一夫一婦の原則に落ち着く外は無いのである」と，厨川が唱える近代の恋愛観も紹介された。[38] [39]

5.3. 新性道徳論における"自由恋愛"
―《婦女雑誌》を中心に―

このように《婦女雑誌》などでは，日本の評論などの翻訳を通して，「自由恋愛」ではなく「恋愛の自由」の重要性が説かれていた。ところが 1925 年 1 月，《婦女雑誌》は〈新性道徳号〉を組み，そのなかで編集長の章錫琛は「はては配偶者双方の許可があれば，一夫二妻や二夫一妻のような不貞操な形式を帯びても，社会や他人に害を及ぼさなければ，不道徳と認められない」[40]と唱え，副編集長の周建人も[41]「同時に 2 人以上の人と恋愛することについて，本人自身の意思によるもので他の人に害を与えなければ，道徳の問題が生じない（女性が多くの男性と恋愛する場合も同様）」[42]，或いは「今日個人の恋愛関係は不当とされ，公然と妾を蓄えたり娼婦を買ったりすることは不道徳とされないのは本当に誤りである」[43]などと，個人の自由意思による恋愛・結婚の重要性を説き，あたかも"自由恋愛"を擁護するかのような発言をしたのである。周建人の主張の根底には，恋愛の自由を認め，社会や他人に損害を与えなければ，三角または多角関係となっても，個人の自由に任せるべきという論理があった。[44]これらの論に対して，北京大学の陳大齋教授は[45]「新女性を指導することに努める《婦女雑誌》の新性道徳号は何とも，一夫多妻の生活をしている人にとって言い訳となり，一夫多妻制の新しいお守りになりうる議論を含んでいる」[46]のかと批判した。更にこの批判文に対する章錫琛と周建人の反論文が，《現代評論》（1925.5.9）や《莽原》（1925.5.15）に掲載されるなど，1925 年春，誌上では"自由恋愛"の意味が論じられたのである。1925 年 1 月の《婦女雑誌》に〈新性道徳号〉が組まれたのは，1920 年代半

ばになっても，旧道徳を固守している人はもちろん，旧道徳に反発している人のなかにも，男女関係には生殖作用，肉欲しかないと考える人がいたことにあったようだ。[47]

　1925年5月，魯迅は〈編完写起〉(「編集を終えて」)(《莽原》1925.5.15) のなかで，「私は章，周両先生が中国でこうした議論を持ち出すのはどうも時期尚早だと思う。—外国ではすでに言いふるされたことではあっても，外国は外国である[48]」と諭している。ここで魯迅が言う「こうした議論」とは，1925年1月の〈新性道徳号〉に掲載された，前述の章錫琛の〈新性道徳是什麼〉(「新しい性道徳とは何か」) や周建人の〈性道徳之科学的標準〉，及び1925年5月9日の《現代評論》(第1巻第22期) の巻末「通信」欄に掲載された章錫琛の〈新性道徳与多妻 —答陳百年先生〉，周建人の〈恋愛自由与一夫多妻—答陳百年先生〉を指すと思われる。一連の議論は章錫琛や周建人が《婦女雑誌》の職を辞することで収束した。

　魯迅の〈編完写起〉も含めたこれらの一連の論争は，1925年10月発行の《新性道徳討論集》(開明書店) に収められた。後に魯迅が「当時にあって，これは小さな問題では決してなかった[49]」と語るように，"恋愛的自由""自由恋愛" は1920年代の知識人にとって大きな問題であったと思われる。

5.4. 張資平の恋愛小説における "自由恋愛" の意味

5.4.1. 1920年代前半の "恋愛"

　このような知識人による "自由恋愛" の議論の時期とまさに重なるように，1920年代後半，張資平は "自由恋愛" を題材とした恋愛小説を多く描いた。本節では，1920年代の "自由恋愛" の意味を考えるうえで，張資平が "自由恋愛" をどのように捉えていたのかをその作品から確認しておきたい。

　留学中の1920年の処女作〈約檀河之水〉では，主人公の中国人留学生と下宿先の娘との恋を "恋愛自由花" (恋愛の自由という花) と表現している。また，1922年に発表した身辺小説《沖積期化石》(上海泰東書局) では，「彼は以後，結婚問題に対して彼の折衷主義を捨て，自由恋愛説に賛成するようになった[50]」と，ある中国人牧師が娘の結婚について "折衷主義" ではなく "自

由恋愛説"に賛成するようになったと言っている。ここでの"折衷主義"とは「中国の若い男女の性の知識はまだ西洋人には及ばないので，結婚に関してはもとより男女が自ら望むが，しかしまだ親の許可が必要である」[51]ことを意味し，"自由恋愛説"に対する言葉として使われている。日本では「自由恋愛説」について，社会主義者により「婚姻制度に関する法律習慣の束縛を脱して，自由なる男女の結合を希望するのがすなわち自由恋愛説である」[52]と説かれており，留学中の張資平もその意味は理解していたものと推測される。

但し張資平が描いた恋愛小説を「恋愛の自由」「自由恋愛」という視点から改めてみてみると，1920年代前半と後半では描写に変化がみられる。1925年に脱稿した翻案小説《飛絮》以降の作品には，「自由恋愛」という言葉に秘められた張資平なりの恋愛観がみえてくる。折しも1925年1月は，《婦女雑誌》に〈新性道徳号〉と題した特集が組まれ，知識人により恋愛に関する議論が再加熱していた時期でもあった。張資平の1924年までの作品は，男女の「恋愛」が描かれたとはいえ，ヒロインは，中国の旧い思想に縛られ，弱い立場に置かれた女性像が多く，更に親が結婚に介入にするため，自由結婚や恋愛結婚には至らない作品ばかりであった。

ところが1925年に入り6月10日に脱稿された〈不平衡的偶力〉は，登場人物こそ，農村に育った小中学校時代の同級生（男性1人，女性2人）に設定されるものの，それまでの作品にみられたような旧い思想に縛られ苦悩する，弱い立場に立たされた女性ではなく，むしろ「肉よりも霊」を重んじた男女の純愛，しかも「恋愛結婚」が描かれるのである。

5.4.2. "自由恋愛"の模索

1925年2月15日脱稿の身辺小説〈雪的除夕〉で，張資平と思われる主人公の「彼」は次のように語っている。

> 最近彼は自分の作品について，外部の人が浪漫的で芸術的であるが，現代盛んな思潮から作品を評価するなら，旧式な作品だと批判しているのを聞いた。彼は自分の作品がこのように容赦なく批評されているのを聞いて，自分の作品で一家の生活を支える自信が更になくなった。[53]

1925 年の春先，張資平は自分の作品が「旧式だ」という批判を耳にし，新しい題材，新しい創作の方向性を求めていたようである[54]。しかし前述したように魯迅は，1925 年 5 月 15 日付〈編完写起〉《莽原》で章錫琛や周建人の〈新性道徳号〉に苦言を呈していた。魯迅に同調するかのように，張資平の 1925 年 8 月に発表された小説〈二人〉《現代評論》第 2 巻第 35 期）には次のような C と Y の会話がある[55]。C が「彼女たち（武昌大学の女学生―筆者注）は我々が旧式の婚姻に失敗した人間であることを知らないだろう[56]」と話すと，Y も「本当だ。我々は恋愛の失敗者だ。…もし彼女たちの 1 人と恋愛が発生したら，このような恋愛は本当に純粋で誠実であり，その為には何でも犠牲にできる[57]」と同調する。しかし C は「妻子がいる我々は，眠っている時でさえこのような甘い恋愛の夢は断念したほうがいい。自重したほうがいい[58]」と続け，Y も同調する。この会話からは，張資平が魯迅と同様に章錫琛や周建人の説を時期尚早と捉えているということを意思表示したように思われる。

　このような状況で書かれたのが，1926 年の翻案小説《飛絮》であったと推測される。《飛絮》については次章の 6.3. でも詳述するように，その〈序〉に，1925 年 5 月 1 日から『東京朝日新聞』に 90 回連載された池田小菊の「帰る日」の翻案小説であり，後半部分に手を加えて「奇形な作品」にしたことが明らかにされている。つまり 1926 年以降に "自由恋愛" を実践する女性を描くためには，伏線が必要だったようである。

　《飛絮》が出版された翌月には，《最後的幸福》が単行本として出版された。《最後的幸福》には，自由な恋愛に憧れるだけではなく，自ら幸せな結婚を求めて自由な恋愛を実践するヒロインが登場する。作品のなかには張資平が考える "自由恋愛" の意味が窺える話が挿入されている。「林瑞雲はもともと既にほかの人と婚約が決まっていた女性である。父母の指図によってある金持ちの屠殺業者の息子と婚約させられた。これに対して瑞雲は大変不満であった。だから彼女は自由恋愛でお婿さんを探して，屠殺業者の息子を拒もうと思った[59]」。林瑞雲はヒロインの同級生であるが，ここでは，親が決めた婚約者がいるものの，女性自身の意思により「恋愛」をすることの意味として "自由恋愛" が用いられている。

この後に発表された〈苔莉〉[60]にも，自由な恋愛を実践する女性が登場する。ヒロイン・苔莉は白国淳と自由結婚をして1女を儲けたが，実は夫には郷里に正妻や愛人がいた。国淳は無責任にも従弟である謝克欧に苔莉親子の世話を頼む。やがて克欧と苔莉は恋愛関係となる。作品には恋愛に至る2人の心情が細かく描写されている。後に，克欧に持ち上がった恩師の娘との結婚話，克欧の病気などの障害が発生すると，2人は永遠の愛を貫くために「情死」を選ぶ。苔莉は遺書に「女性に対して責任を負わないあなた達に比べれば，遥かに及ばないほど偉大です」[61]と，責任ある行動をとった克欧を称えた[62]。既婚であっても，自ら幸せをつかもうとした苔莉こそ，張資平の言わんとする"自由恋愛"を実践した女性だと思われる。

　1930年の《紅霧》のヒロイン（大学教授の娘）は，苔莉より更に大胆に"自由恋愛"を実践する女性として描かれる。ヒロインは父親の勧める結婚を聞き入れず，恋人と駆け落ち結婚をして3子を儲けた。しかし「最初に父の忠告を聞いていたら，この男性と結婚することにならなかったはずだ。…自由恋愛の思想に夢中になり，深く考えなかった」[63]と，"自由恋愛"の結果結ばれたことを悔いる表現もみられる。ヒロインは，浮気を繰り返す夫に耐えかね，3人の子供を残し，恋人とともに日本に渡り，恋愛を重ね，"自由恋愛"を謳歌する。物語は夫の自殺，3人の子供の病死，ヒロインの自殺という結末を迎える。《紅霧》のヒロインが"自由恋愛"を実践した女性として描かれたことは確かであろう。但し悲劇的な結末は，張資平が自由奔放すぎる"自由恋愛"に対し警鐘を鳴らしており，張資平自身の「恋愛観」にユレがあったとも受け取れる。

　張資平は1920年代後半の作品で，旧思想の呪縛から解き放たれ，女性も自由に恋愛することの意味として"自由恋愛"という言葉を用い，その際には相手の男性や女性が既婚者である場合も含んでいた。つまり張資平は章錫琛や周建人が〈新性道徳号〉で論じた「自由な恋愛」の意味を"自由恋愛"という言葉を使い，作品を描いたと推察されるのである。このような恋愛に対する捉え方は，次章で考察するように，民国期の中国語において"三角恋愛"が汎用されたことに繋がるのではないかと思われる。この点は次章で詳述したい。

ところで，1920年代後半に若者に"自由恋愛"が流行っていたことは，蒋光慈[64]や茅盾の作品からも窺える。

25) 後來江霞年齡大了，昇入了W埠的中學，受了新潮流的激蕩；一般青年學子群醉心於自由戀愛，江霞本來的性格就是很急進的，當然不能立於例外了。　　　　（蒋光赤〈弟兄夜話〉《鴨緑江上》1927，pp.87-88）
（後に江霞は大きくなり，W市の中学に進学して新潮流に揺り動かされた；一般の青年学生らは自由恋愛の思想に酔っていた。江霞の本来の性格は急進的だったので，当然例外ではなかった）

26) 「現在時勢變了，這個倒是時髦的自由戀愛了。」
　　　　（茅盾〈動揺〉《小説月報》第19巻第1号，1928.1，p.4）
（「今は時勢が変わったから，これは流行の自由恋愛だ」）

「一般の青年学生らは自由恋愛の思想に酔っていた」や「今は時勢が変わったから，これは流行の自由恋愛だ」という言葉には，婚姻前の男女の「自由な恋愛」が含意されていると思われ，章錫琛や周建人，張資平らが論じた"自由的恋愛""自由恋愛"とは意味が異なる。

1920年代末から1940年代の辞典類に収録された【自由恋愛】の意味も時代の経過とともに変化がみられる。1929年に出版された用語辞典《新術語辞典》[65]や1933年の《現代語辞典》[66]では社会主義者が提唱したものとするが，1945年の《国語辞典》では，「専ら双方の感情によって互いに結ばれること」とし，現代語の"恋愛"の意味に近い解釈となっている。[67]

27) 【自由恋愛】(Free love) 聖西門，傅利葉，莫利斯等主張謂：結婚應以自由的戀愛爲基礎。他們反對強制的愛，而主張結婚應排除去一切的束縛—尤其是宗教的和財産的束縛。這種主張就是叫做"自由戀愛"。　　　（《新術語辞典》1929）
（サン・シモン，フーリエ，モリスなどが主張すること：結婚は自由な恋愛を基礎としなければならない。彼らは強制的な愛に反対し，結婚は一切の束縛—特に宗教と財産の束縛—を排除しなければならないと主張する。このような主張が「自由恋愛」と呼ばれる）

28) 【自由恋愛】Free love；Amour libre；Freiliebe

〜是反對一切對於戀愛的束縛（如財產階級宗教等的）及強迫結婚，而主張各人依照自由的意志與需要實行無制限的戀愛。〜最初爲烏托邦社會主義者所倡。

(《現代語辞典》1933)

（自由恋愛は恋愛の束縛（例えば，財産，階級，宗教など）及び強迫結婚に全て反対し，各人の自由な意思に従い，制限のない恋愛を実行することが必要だと主張する。自由恋愛は，最初ユートピア社会主義者が提唱した）

29) 【自由恋愛】男女兩性之結合，不因宗教財產或家庭之束縛，專依雙方之情感而互相結合者，謂之自由戀愛。《国語辞典》1945）

（男女両性の結合が宗教や財産，或いは家庭の束縛に因らず，専ら双方の感情によって互いに結ばれることを自由恋愛という）

5.5. 訳語の収斂

"自由恋愛"の意味解釈の変化は1940年代末から1950年代初めの《人民日報》の記事からも窺い知ることができる。1949年と1952年の《人民日報》には"自由恋愛"が次のように使用されている。

30) 武静君：所问关于民主政府是否允许自由恋爱，以及如有对方被家长虐待，陷害，是否受法律制裁等问题，简复如下：人民政府规定的婚姻制度是男女婚姻完全自主的一夫一妻制，坚决反对封建的婚姻制度。例如：父母包办，金钱买卖等。对青年男女的自由恋爱，政府自然允许。　　　(〈简复〉《人民日报》1949.3.18. 第04版)

（武静君が，民主政府は自由恋愛を許しているのか，また相手が父兄から虐待や迫害を受けた場合は法律の制裁を受けるのか等の問題を訊ねる。回答は以下の通りである。人民政府が規定する婚姻制度は男女の婚姻が完全に本人の意思による一夫一婦制であって，封建的な婚姻制度には断固反対している。例えば親が勝手に決めた婚姻や金銭による売買など。青年男女の自由恋愛に対して政府は無論許可している）

31) 据皖北阜阳专区统计，…民主和睦家庭有九万五千三百七十六个，<u>自由恋爱的有二千四百十四对</u>。

　　　　（〈今年上半月各地执行婚姻法情况〉《人民日報》1952.8.28，第03版）
　　（安徽省北阜陽区の統計によれば，…民主的で仲睦まじい家庭は95,376戸で，自由恋愛によるものは2,414組あった）

　ここで使われる"自由恋愛"は，ともに未婚の男女における自由な恋愛を意味している。1950年代以降の《人民日報》には"自由恋愛"がこのような意味で使用される例がほかにもみられた。この意味解釈の変化の背景には蓄妾の禁止，一夫一婦制などの法制化もあったと思われる。第1章で触れた通り，1930年12月に〈中華民国民法〉（第985条）が公布され，配偶者のある者の重婚は不可となった。但し蓄妾は婚姻とはみなされなかったので，厳密な一夫一婦制の施行ではなかった。共和国成立後の〈中華人民共和国婚姻法〉（1950）において，ようやく婚姻の自由，一夫一妻制（第1章原則第1条）や重婚・蓄妾の禁止（第2条）が公布施行された。つまり，共和国成立以降の"自由恋愛"とは，未婚の男女における自由な恋愛の意味にほかならないのである。

　更に，《現漢》に収録される【自由恋愛】をみると，1983第2版までは「男女間の家庭や宗教などの束縛を受けない恋愛」と収録されるが，第3版以降は未収録となっている。

32) 【自由恋愛】男女間不受家庭或宗教等束縛的恋愛。（男女間の家庭や宗教などの束縛を受けない恋愛）

　　　　　　　　　　　　　（《現漢》1973試用本，1978第1版，1983第2版）

　これは，恋愛が自由に行われるようになったことを意味し，"自由恋愛"が"恋愛"という言葉に収斂されたと考えてよいであろう。

　次頁の図1は，《申報》にみられた"自由恋愛"という言葉の使用件数を集計したものである。

　"自由恋愛"は本章の用例17）にあげた通り，1912年に初めて使用され，以降，1930年代前半まで使用件数が多い。但し1930年代後半は件数が激減している。日中戦争等の社会背景の影響も考えられるが，「恋愛は自由である」という概念の浸透により，その言葉の必要性が低くなったと推察する。

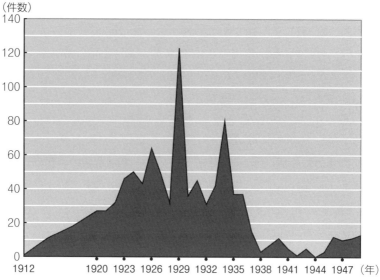

図1 《申報》にみられた"自由恋愛"の使用数

おわりに

　本章では，日中同形語として中国語へ移入された近代訳語が，社会の変化に応じてその意味解釈に変遷がみられた分類を考察した。単なる日中同形異義語と異なるのは，最終的には他の言葉に収斂されるという点である。

　「自由恋愛」は free love の訳語として，早期には加藤弘之の「米国政教」(1874) にみえ，20世紀初頭には，主に社会主義者やアナキストらが主張するところの概念語として，1語の名詞として扱われた。一方中国語では，1907年の《天義》に掲載された何震と周作人の評論や1912年の《自由談》に早期の使用がみられたが，その意味は「自由な恋愛」と解釈されるものであった。《新青年》では"自由恋愛"の意味が問われたが，その意味は明確ではなかった。1920年代に入り《婦女雑誌》では，E. Key の恋愛観を紹介した本間久雄の「性的道徳底新趨向」や『エレン・ケイ思想の真髄』が翻訳され，"自由恋愛"と"恋愛的自由"と意味の相違が論じられた。1923年には厨川白村の「恋愛と自由」が翻訳され，"自由恋愛"は"自由性交"だと

説かれ、"恋愛的自由"の重要性が唱えられた。これらの議論の根底には、当時の中国には親の取り決めによる婚姻、或いは蓄妾など旧態依然とした婚姻制が残されていたことがあったと考えられる。それは、1925年1月の《婦女雑誌》に組まれた〈新性道徳号〉での章錫琛と周建人の言説や1920年代後半の張資平の恋愛小説からも窺える。

蓄妾禁止が法的に明文化された1950年の前後に刊行された《人民日報》には、未婚の男女の恋愛が"自由恋愛"という言葉で表され、時代の推移、社会の変化とともにその意味も変遷したことが読み取れる。

"自由恋愛"の意味・用法の変遷、及び言葉の収斂は、中国における社会の変化、中国語における言語上の特性が重なったことに因ると推察する。

注

1) 主な先行研究には進藤1981、柳父1982、佐藤喜代治編1983、森岡1991がある。
2) 佐藤亨『現代に生きる　幕末・明治初期漢語辞典』2007、pp.400-401。
3) 惣郷・飛田編『明治のことば辞典』1986、p.218。
4) 陳力衛2006、朱京偉2013も、"自由"は日本で先に新義を得た語と捉えている。
5) 柳父1982、p.177。この柳父の言及は、《後漢書》や『徒然草』にみられるように、「自由」に「我がまま勝手」というような意味の用例が多いことに拠る（p.178参照）。
6) 『日国』第2巻、p.500。
7) モルモン教は1830年代アメリカ合衆国北東地域でJ. Smithにより創設され、一夫多妻制を公式制度としていたが、1890年に教義上正式に放棄することを宣言する（奥平1998参照）。
8) 山室・中野目校注1999、p.413の注7。
9) 箕輪2009、p.1。また、箕輪2009では、フリー・ラヴは1850年代にオーエン主義やフーリエ主義による社会主義ユートピア共同体や、スピリチュアリズム等の思想的影響を受けて形成されたとしている（p.16の注1）。
10) 朱京偉2006は、1880年以後の社会主義文献で2字語を調べると、その6割は明治初期に使われていた既存の語で、明六社を中心に活躍した啓蒙学者達が著訳書に使い、後に社会主義を論じる文章や書物にも使われるようになり、社会主義用語の最初の基盤を作り、これらが語基となって3字語・4字語を構成し、社会主義用語の数を増やしたと指摘する。但し「自由恋愛」についての言及はみられない。

11) 用例4）は，『近世社会主義評論』の第8編第22章の「フォーリール新案共同農場共同合宿所一夫多妻，自由恋愛，人倫の一大変動」で，著者・久松義典の引用箇所は，フランスの哲学者フォーリールによる「計画書」（1830）の一部だと思われる。
12) 堺利彦が参照したのは，*Le Travail* の英訳 *Work*（trans. Ernest Alfred Vizetelly, London：Chatto & Windus, 1901）である。堺は *Work* から翻案小説「労働問題」（『万朝報』1903.8.23-10.24 に断載）を創作した。尚，「自由恋愛論（下）」は，「自由恋愛論（上）」が掲載された翌日の9月21日の『万朝報』に掲載された。この2編の「自由恋愛論」は1921年に伯焜により〈自由恋愛説〉（《婦女評論》第12期，1921.10.19）として翻訳されている。
13) 石川三四郎「自由恋愛私見」（『平民新聞』第45号，1904.9.18），堺利彦「自由恋愛と社会主義」（『平民新聞』第47号，1904.10.2），大杉栄「余の想望する自由恋愛」（『家庭雑誌』第5巻第2号，1906.12）など。
14) 鳥内2010，p.65。幸徳秋水らが処刑された大逆事件は翌1911年に起きた。
15) 『日国』は，「ル・パルナス・アンビユラン」の使用例を①に分類しているが，ここで使用される意味は，②に分類されたほうが適切かと思われる。
16) 伊藤野枝「自序」（『婦人解放の悲劇』東雲堂書店，1914，p.10）参照。尚，E. Goldman（1869-1940）はロシア生まれで，1885年にアメリカに移住後，アナキストのヨハン・モストに影響を受ける（山泉1991，p.158参照）。
17) E. Goldman, Marriage and love, *Anarchism and other essays*, New York：Mother earth publishing association, 1910, p.242.
18) 倉田1926が参照に付した「自由恋愛論」（pp.195-252）のなかで，自身の意味する「自由恋愛」について，「既婚と獨身とを問はず，相手の數を限定せず，凡そ如何なる境遇地位に於ても，…自由であつて何ものも之を束縛する権利がない（p.195）」ことだと語ることからも窺える。
19) Free love の訳語として「自由恋愛」を早期に収録した辞典としては，1902年の『新訳英和辞典』（三省堂）があるが，特に意味は付されていない。
20) 狭間1976は，1902年には，幸徳秋水著『二十世紀怪物帝国主義』：趙必振訳（上海通雅局）ほか3冊，1903年には村井知至著『社会主義』：羅大維訳（上海広智書局）ほか6冊をあげている（p.81）。
21) 吉川2003は，何震が幸徳と手紙のやり取りや幸徳宅を訪問するなどの親交があり，何震の共産主義により女性の解放が可能だという主張は，幸徳の社会主義が女性解放の唯一の手段だとする主張（「婦人解放と社会主義」『世界婦人』第16号，1907.9.1）と重なると指摘する（pp.20-23）。
22) 同評論の題目は，目次には〈防淫奇策〉とあるが，掲載の本文題目には〈坊淫奇策〉とある。"坊"は誤植だと思われる。

第5章　近代訳語の意味の変遷と収斂　161

23) 李瑾 2004, pp.51-65 参照。尚，引用箇所の"自由恋愛"は，原文では"自由變愛"とあるが，陳子善・張鉄榮編《周作人集外文》（海南国際新聞出版中心，1995，p.28）も"自由戀愛"としており，"自由變愛"は誤植だと思われる。
24) 尚，李瑾 2004 は，〈防淫奇策〉と〈貞操論〉の内容を対照することにより，周作人が〈貞操論〉を翻訳する前から，既に与謝野晶子と同じ考えを抱いていたと指摘する（pp.55-58）。
25) ■は印刷が不鮮明のため解読が困難であった。
26) "庚帖"とは，生まれた年・月・日・時を干支で書き表した書き付けで，縁談の時に交換して相性を見るもの（『中日大辞典　第三版』2010, p.587 参照）。
27) 《俄国情史》については，本書の第 1 章の 1.2.1. で詳述した。
28) 執筆者・小柳については，未詳である。
29) 袁振英（1894-1979）は 1920 年，1921 年の《新青年》にソ連の共産党関連の評論を数多く翻訳した。
30) 袁振英は「恋愛を伴わない結婚」に反対し，「婚姻を伴わない恋愛」に賛成し，これを広めるために，〈結婚与恋愛〉を翻訳したようである（李継鋒他 2009, p.193 参照）。
31) E. Goldman, Marriage and love, *Anarchism and other essays*, New York：Mother earth publishing association, 1910, p.242.
32) 1920 年以降《新青年》は共産党関連の記事が多く扱われるようになる。尚，瞿秋白〈中国知識階級的家庭〉（《新社会》旬刊第 2 号，1919.11），唐俟（魯迅）〈随感録 恨恨而死〉（《新青年》第 6 巻第 6 号，1919.6, p.632）にも"自由恋愛"の使用がみられたが，その解釈が明確になるものではなかった。
33) 毛沢東の評論は〈対於趙女士的自殺的批評〉（1919.11.16）に始まり，〈婚姻上的迷信問題〉（1919.11.28）など 9 編に及ぶ。
34) 高橋 1996 は，毛沢東自身趙五貞の事件をごく身近に感じていたと指摘する（p.40）。
35) 本間久雄（1886-1981）：評論家，英文学者，国文学者。早稲田大学英文科卒業。坪内逍遥，島村抱月の学統を継ぎ文芸評論家として明治末年から活躍。関東大震災後から日本近代文学に専念し，1935 年から 1964 年にかけて『明治文学史』全 5 巻を完成させる（『日本大百科全書（第二版）』第 21 巻，1994, p.785 参照）。
36) 西槙 1993, p.80。
37) この一連の問答は，西槙 1993 に詳しく分析されている。
38) 厨川白村「恋愛と自由 ―恋愛論の続稿―」『婦人公論』第 7 年第 9 号，1922.9, p.51。
39) 厨川白村の「恋愛と自由」は，1922 年 11 月に出版された『近代の恋愛観』（改造社，pp.210-220）に収録された。但し収録の際には，加筆や修正があった。

特に文末には一段落が加筆され,「繰返し言ふ」として,霊魂一致による恋愛の純潔が強調されている。また『近代の恋愛観』は 1928 年に夏丏尊により全訳され,加筆・修正後の「恋愛と自由」が翻訳されている。

40) 章錫琛〈新性道徳是什麼〉《婦女雑誌》第 11 巻第 1 号,1925.1,p.6。(原文:甚至如果經過兩配偶者的許可,有了一種帶着一夫二妻或二夫一妻性質的不貞操形式,只要不損害於社會及其他個人,也不能認爲不道德的)

41) 周建人 (1888-1984):魯迅と周作人の弟。1920 年から 1930 年に 100 編近くの婦女問題に関する評論を発表した(謝徳銑《周建人評伝》1991 参照)。

42) 建人〈性道徳之科学的標準〉《婦女雑誌》第 11 巻第 1 号,1925.1,p.10。(原文:至於說同時不妨戀愛二人以上的見解,以爲只要是本人自己的意志如此而不損害他人時,決不發生道德問題的(女子戀愛多人也是如此).)

43) 同上,建人〈性道徳之科学的標準〉,p.11。(原文:所以在今日有人以爲私人的戀愛關係是不當,公然納妾或宿娼倒不甚關係於道德問題,實在是錯誤的)

44) 西槇 1993,p.86。

45) 陳大齋 (1886-1893):浙江省海塩生まれ。筆名は百年。心理学者。東京帝国大学卒業後,1912 年以降浙江省立高等学校校長,北京法政専校,北京大学,北京師範大学などで教授を歴任する(《中国近現代人物名号大辞典》1993,p.490 参照)。

46) 百年〈一夫多妻的新護符〉《現代評論》第 1 巻第 14 期,1925.3.14,p.6。百年は陳大齋の筆名。目次には陳百年とある。(原文:不料以指導新婦女自任的婦女雜誌的新性道德號中竟含着一種議論,足以爲過一夫多妻的生活的人所藉口,足以爲一夫多妻的新護符)尚,《現代評論》は 1924 年 12 月に創刊された週刊総合誌(1928 年 12 月に停刊)。主な執筆者には,胡適や梁啓超らがいた。

47) 西槇 1993,p.74。

48) 魯迅〈編完写起〉《莽原》第 4 期,1925.5.15,p.16。(原文:可是我總以爲章周兩先生在中國將這些議論發得太早,——雖然外國已經說舊了,但外國是外國)邦訳は,岡田英樹訳「編集を終えて」『魯迅全集』第 9 巻,1985,p.110。

49) 魯迅〈按語〉(1935.2.15 脱):《魯迅全集》第 7 巻,1981,pp.78-79。(原文:然而在当時,却也并非小事情)

50) 張資平《沖積期化石》,1922(引用は,1928 年第 3 版の影印:《沖積期化石》,1986,p.84)。(原文:他以後對於結婚問題,更抛棄了他的折衷主義,贊成自由戀愛說了)

51) 同前,《沖積期化石》,p.83。(原文:年輕男女的性的智識也赶不上西洋的人,所以婚事固然要兒女自己情願,但也要經父母的許可)

52) 堺利彦「自由恋愛論(上)」『万朝報』第 3601 号,1903.9.20。尚,堺が翌年発表した「自由恋愛と社会主義」(『平民新聞』第 47 号,10.2)は 1921 年の《婦人

評論》(第 12 期, 10.19, 2 面) に〈自由恋愛説〉(伯焜訳) と題し翻訳されている。

53) 張資平〈雪的除夕〉《雪的除夕》1925, pp.11-12。(原文：他近來聽見外面有人批評他的作品，說他的作品太多浪漫的藝術的分子，把現在的很旺盛的時代思潮來衡他的作品，他的作品可以說是舊式的了。他聽見他的作品受了這種殘酷的批評，他更不敢自信他的作品能維持他一家的生活了)

54) 引用の「外部の人」とは，誰を指すのか不明であるが，張資平は1924年の秋武昌大学に赴任する前に，上海で創造社のメンバーに会い，冬には創造社のメンバーである成仿吾が張資平を訪ねているので，その際に得た情報とも思われる。

55) Cとは張資平，Yとは武昌大学に赴任してきたばかりの郁達夫と思われる。張資平は小説で自身と思われる主人公をCやVなどで表記している。尚，郁達夫は1920年に母親が勧めた女性 (孫荃) と日本留学中に婚礼を挙げ，後に2男2女を儲けたが，必ずしも郁の意にかなう相手ではなかった (大東 2012, p.175)。そして，張資平の〈二人〉が発表された2年後の1927年1月，郁達夫は上海で浙江省師範女子学校を卒業した才色兼備の新女性 (王映霞) と出会い，翌年結婚披露宴を経て一緒に暮らし始めている (高橋みつる 2006・2007 参照)。

56) 張資平〈二人〉《現代評論》第2巻第35期, 1925.8.8, p.14。(原文：她們並不知道我們是爲舊式婚姻失敗了的人)

57) 同上，張資平〈二人〉, p.14。(原文：眞的！我們是戀愛的失敗者。…但是我想若眞的能够再和那一個女性發生戀愛，那麼這種戀愛是很純正的眞摯的了，恐怕什麼都可以爲犧牲——)

58) 同上，張資平〈二人〉, p.14。(原文：所以我們——有了妻子的我們，就連夜間也再不會發甜密的戀愛之夢的我們還是斷念的好，自重些好)

59) 張資平《最後的幸福》創造社出版部, 1927, p.45。(原文：林瑞雲本來是和人家訂了婚約的女子，因爲是父母的主婚，訂給一個有錢的屠夫的兒子，這是她頂不情願的。因此她想自由戀愛的揀一個夫婿，好抵制那個屠夫的兒子)

60) 〈苔莉〉は《創造月刊》第1巻第5, 6期 (1926.7, 1927.2) に連載された後，1927年《苔莉》(創造社出版部)，1936年《苔莉》(上海大光書局)，1942年《苔莉》(啓文印書局) など版を重ねている。尚，《創造月刊》は1926年3月に創刊された創造社の機関誌である (1929年1月第2巻第6期で停刊)。

61) 実藤恵秀「中国情死考 —日本文化の中国への影響の一—」(『中国文学月報』第37号, 1938.4) は，1930年代の中国にみられた「情死」は，この〈苔莉〉の影響もあるのではないかと指摘する (p.19)。

62) 張資平〈苔莉〉《創造月刊》第1巻第6期, 1927.2, pp.32-33。(原文：由你們的對女性不負責任的人看來恐怕是望塵不及的偉大吧！)

63) 張資平《紅霧》1930, p.5 (原文：最初聽了父親的忠告，何至於和這個男人結婚。

…又麻醉於自由戀愛的思想，沒有深思）

64) 蒋光慈（1901-1931）：安徽省霍邱生まれ。本名，蒋光赤。小説家，詩人。1920年陳望道らの紹介で上海社会主義青年団に加入。1921年日本経由でソ連に向かい，モスクワ東方共産主義労働大学で政治経済学を学ぶ。1924年帰国。

65)《新術語辞典》の〈編輯凡例〉には，この辞典の特色について「五四運動以来，欧米の学術が入ったことにより多くの学術語に出合うが，その意味が正確につかめず困っている人が多い。本書の目的はこの困難を解決するためである。一般の読者の求めを標準として，流行している新術語に解釈を加えた」とある。

66)《現代語辞典》の〈編輯体例〉には，この辞典の包括範囲について「社会科学，哲学，文芸，国際知識，自然科学，及び普通用語の諸部門である。自然科の項目が一番多い」とある。また収録項目は約5,000近く，そのうち新語は約2,000余りだと記されている

67) 尚，Free love は，《綜合英漢大辞典》（1928）には"自由戀愛，自由結婚，自由性交"と，《英華合解辞彙》（1940）には"戀愛自由"と収録されている。

第6章
異形同義語の成立
―〈三角関係／三角恋愛〉の成立―

はじめに

　近代の日中語彙交流により創出された訳語の多くは日中同形語であるが，「三角関係」と"三角恋愛"のように，何らかの理由により，語形の一部を変えて定着した訳語もある[1]。その背景には，前章で考察したような「自由恋愛」と"自由恋愛"の日中の意味解釈の相違と関連があるようにも思われる。

　「三角関係」の意味について，『日国』は「①三つのものの間の関係。②特に，三人の男女の間に結ばれた恋愛関係」とし，②の初出例として厨川白村の『近代の恋愛観』(1922)をひいている[2]。また，『明治大正 新語俗語辞典』(1984)も，大杉栄の『自叙伝』(1923)をひいており，「三角関係」は，大正期中頃に成立した言葉だと推測される[3]。また「関係」という言葉の成立については，relationの訳語に中国語の古典語「関係」をあてたのは『英和対訳袖珍辞書』(1862)であり，この意味・用法は19世紀末の《清議報》などを介して中国語に逆移入されたと指摘される[4]。「恋愛」の成立については，本書の第2章で考察した通りである。

　本章では，先ず日本語における近代訳語「三角関係」の成立を明示し，次に中国語において"三角恋愛"が優勢になる過程を明らかにする。続いて，張資平の1920年代の恋愛小説で描写される三角関係，及び《婦女雑誌》を中心とした知識人の言説を分析し，日中異形同義語が誕生した要因を明らかにする。

6.1. 和製漢語「三角関係」の成立

6.1.1. 「三角関係」の訳出

　所謂三角関係を表す言葉としては、1907年に日本語訳されたH. Ibsenの戯曲 *Hedda Gabler* (1890) に「三角同盟」という語がみられる。*Hedda Gabler* の第2幕には、人妻である主人公・ヘッダ・ガブラーにブラック判事が求愛し、彼女の夫との間に所謂三角関係を結ぶことを提案する場面がある。このブラック判事の台詞には「三角同盟」があてられた。

　1) 判事「…ね、何うです。結局、斯う云ふ交際方 ―ええと、よく世間で云ふ、ハハハ ―<u>三角同盟</u>― てい事は、其の關係者には、餘程愉快なもんですぜ ―え？」

　　　　（千葉掬香訳「ヘダ・ガフラア（ママ）」『こゝろの華』第11巻第8、1907.8、p.26)

Hedda Gabler は1890年11月ドイツで完稿され、12月にコペンハーゲンで出版された（ノルウェー語）。翻訳は、同年にドイツ語訳、翌年に英語訳、ロシア語訳などが出版され、日本語訳は1907年に初めて出版された（用例1))。その後日本語訳は、①1909年、土肥春曙訳「翻案劇　鏑木秀子」(『早稲田文学』第47-48号、10-11月)、②1909年、千葉掬香訳『ヘダ・ガブラア』(易風社)、③1918年、坪内士行訳『イプセン傑作集　ヘッダ・ガブラー』(早稲田大学出版部) などが出版されたが、いずれもブラック判事の台詞には用例1) と同様に「三角同盟」があてられた。その理由は翻訳の底本が英語訳であり、次の用例2) に示したように、その底本に triangular friendship が使用されていたためと思われる。

　2) BRACK. …Such a <u>triangular friendship</u>—if I may call it so —is really a great convenience for all parties, let me tell you.[5]

「三角同盟」という言葉は、既に1897年の『十九世紀列国史』(福井準三・安岡秀夫合訳、有斐閣書房、pp.226-227) にみられ、「獨墺伊の三国同盟」の意味として使用されているが、用例1) や前述の *Hedda Gabler* の日本語訳①から③の文献では恋愛関係の意味にあてられている。[6]

　ところが、③の坪内士行訳『イプセン傑作集　ヘッダ・ガブラー』の「緒言」には「三角関係」という言葉がみえる。「緒言」は島村民蔵によって書

かれたものである。ヘッダ・ガブラーに求愛するブラック判事について記述する際，「三角関係」を用いている。

3) 女と結婚するほどの才能も興味も持たないが，夫と細君の間へ割り込んで，所謂「三角關係」を造る程度ならば，何時でも喜んで應じようという利口者である。(島村民蔵「緒言」坪内士行訳『イプセン傑作集　ヘッダ・ガブラー』1918, p.7)

③の坪内士行訳『イプセン傑作集　ヘッダ・ガブラー』の本文第2幕のブラック判事の台詞には，「三角同盟」が使用されているが，島村民蔵は「緒言」でなぜ「三角関係」を使用したのであろうか。

実は，この第2幕でブラック判事がヘッダ・ガブラーへ求愛する台詞は，原書（ノルウェー語）やドイツ語の訳本には，それぞれの言語で「三角（の）・関係」と表す語が使用されている。例えば，1903年にベルリンで出版されたドイツ語訳のブラック判事の台詞には，dreieckiges Verhältnisとあり，直訳すると，「三角の関係」である。

4) BRACK. … — ein solches, sagen wir, dreieckiges Verhältnis, — das ist im Grunde eine große Annehmlichkeit für alle Teile.

島村民蔵はドイツ語に秀でており，H. Ibsenについては1910年前後の『早稲田文学』に2編のイプセン論を発表し，1923年には『皇帝とガラリア人』を翻訳している。『イプセン傑作集　ヘッダ・ガブラー』の「緒言」を書くにあたり，ドイツ語訳のHedda Gablerを目にし，ドイツ語訳から「三角関係」と訳した可能性も考えられる。

ところが，この「三角関係」という言葉は，島村民蔵の「緒言」での使用から2年ほど遡って確認できる。それは，1916年の『東京日日新聞』『大阪毎日新聞』(1.1-1.8) に連載された森鷗外の史伝「椙原品」である。鷗外は，伊達綱宗と正室・初子，側室・椙原品という，夫婦と妾の3者の関係を「三角関係」と表している。

5) 私は其周圍にみやびやかにおとなしい初子と，怜悧で氣骨のあるらしい品とをあらせて，此三角關係の間に靜中の動を成り立たせようと思つた。しかし私は創造力の不足と平生の歴史を尊重する習慣とに妨げられて，此企を抛棄してしまつた。

(森林太郎「椒原品」『東京日日新聞』1916.1.7．3面)

　鷗外は4年間のドイツ留学を終え1888年に帰国している。1903年には，所蔵するイプセン全集の中から「牧師」(『萬年艸』巻第6・巻第8，原題：Brand)，1909年に『ジョン・ガブリエル・ボルクマン』(画報社)などを翻訳し，日本に初めてH. Ibsenを紹介したと言われている。当然，ドイツ語訳のHedda Gablerも目にしていたのではないかと推察される。

6.1.2.「三角関係」の汎用

　Hedda Gablerでは夫婦と男性，「椒原品」では夫婦と妾の3者の関係が，「三角関係」とされたが，1918年5月の『新潮』に掲載された久米正雄の「大凶日記」では，未婚の男女3人の関係を表す言葉として使用されている。「4月12日」と冒頭に日付が付され「今日は實に僕に取つて，生涯忘れられない日となった。…Z・MとF子さんとが結婚する記事が目に止つた」と綴り，久米と松岡譲，夏目筆子の3人を「三角関係」としている。

6)　最近の僕の事件と相似を持つのには少々弱つた。…僕もあの事件を生のまゝ通俗小説にする程馬鹿ではない。ただ親友と戀人との<u>三角關係</u>は、僕に取つては恐らく、漱石先生以上に永くテーマとするだらう。

(久米正雄「大凶日記」『新潮』第28巻第5号，1918.5, p.114)

　更に，1920年6月から新聞に連載された菊池寛の小説「真珠夫人」(『東京日日新聞』『大阪毎日新聞』1920.6.9-12.22)においても，既婚の主人公・瑠璃子と青年，瑠璃子の義理の娘・美奈子という男女3人に発生した恋愛関係が「三角関係」と表されている。

7)　一人の男に、二人の女、或は一人の女に、二人の男、戀愛に於ける<u>三角關係</u>の悲劇は、昔から今まで数限りもなく、人生に演ぜられたかも判らない。が、瑠璃子と青年と美奈子との三人が作る<u>三角關係</u>では、美奈子丈が一番苦しかつた。

(菊池寛「真珠夫人」『東京日日新聞』1920.11.18, 朝刊4面)

　上掲の2例は，夫婦以外の男女3者に発生した関係が「三角関係」とされている。但し次の用例に示すように，本間久雄が1921年5月の『婦人公論』に発表した「恋愛悲劇　男女の三角関係物語 ―日本の劇文学に現れたる―」

では，三人とも未婚である場合には，本当の三角関係は成立しないと論じられ（用例8)），同年10月の厨川白村の「近代の恋愛観」（『東京朝日新聞』1921.9.30-10.29）においても，夫婦とそれ以外の男女とに生じる関係が「三角関係」とされている（用例9））。

8) 私は嘗て本誌で、西洋の近代劇に現はれた男女の三角關係の悲劇について述べたことがありますが、今度は日本の近代文學就中劇文學の中に現はれた三角關係の悲劇についてお話することに致します。…所謂男女三角關係といふのはかふいふ複雑な關係を云ふのであつて、三人とも未婚である場合には、本當の三角關係は成立しないのであります。(本間久雄「恋愛悲劇 男女の三角関係物語 ―日本の劇文学に現れたる―」『婦人公論』第6巻第5号，1921.5，pp.1-2)

9) しかし、危機は往々にして此際に結婚生活を脅かす。ちやうど米の飯を棄てゝ、鹽から雲丹に箸を附けるやうに、よその男や女に關係出來る例の三角關係「三人の經濟」は愁かる際に生ずるのである。

（厨川白村「近代の恋愛観（九）」『東京朝日新聞』1921.10.13，朝刊6面）

つまり，*Hedda Gabler*で描かれたように，「三角関係」というのは本来夫婦とそれ以外の男女に生じる関係とされるものであったが，未婚の男女の「恋愛」の普及とともに，男女間に発生する現象が多様化し，その意味も多様化したと言える。

このことは，前章でも触れた「自由恋愛の実行者」大杉栄が，自らの体験を綴った「お化けを見た話」のなかで，伊藤野枝や神近市子との関係を「三角関係」，妻を含めた関係を「四角関係」としていることからも窺える。[17]

10) 僕は、伊藤の此の覺悟さへ續いたら、即ちいろんな事情がそれを續ける事を許しさへしたら、僕らの三角關係と云ふか四角關係と云ふか、とにかくあの複雑な關係がもつと永續して、そしてあんなみじめな醜い結果には終らなかつたらうと、今でもまだ思つてゐる。

（大杉栄「お化けを見た話＝自叙伝の一節＝」『改造』9月号，1922.9，pp.92-93）

以上の用例の他にも，1920年代には著名人に生じた三角関係が誌上を賑わし，評論や小説などでも「三角関係」という言葉が汎用された。[18][19]

ところで，1920年代は西洋の近代の恋愛観が受容され，翻訳や評論など

が多く出版されていた。その訳者の1人である本間久雄は，前掲の用例8)「恋愛悲劇　男女の三角関係物語—日本の劇文学に現れたる—」が掲載される前年の1920年9月に，「恋愛悲劇　男女三角関係物語＝西洋近代文学に現れたる＝」(『婦人公論』9月号，pp.1-17) を掲載し，「三角関係」の意味を次のように説明している。

11) 戀愛が醸し出す、かずかずの悲劇の中で、一番深刻であり、一番味ひの深いのは所謂三角關係の悲劇です。これを「永久の三角關係」（イーターナル・トライアングル）と名づけてゐます。これは、どういふことであるかといふうと、二人の男が、その一人の男の妻君である女に同時に戀してゐる場合に起る悲劇、又は、二人の女が、その一人の女の夫である男に、同時に戀する場合におこる悲劇を指して云ふのであつて、其の關係が丁度三角の形をなしてゐるところから、かる戀愛關係は常に三角關係といはれるのであります。そしてこの關係は、古くして而も新しい關係であるところから、又「永久の三角關係」（イーターナル・トライアングル）とも云はれるのであります。(本間久雄「恋愛悲劇　男女の三角関係物語＝西洋近代文学に現れたる＝」『婦人公論』第5巻第9号，1920.9, p.1)

本間久雄は「夫婦ともう1人の男性（或いはもう1人女性）の3者に起こる恋愛関係」は古くもあり新しい関係でもあり，西洋では eternal triangle と言われるとし，その訳語に「永久の三角関係」をあてている[20]。これは，ドイツ語から訳出された「三角関係」が，英語の訳語としても採用されたものと推察する。

6.1.3.「三角関係」への収斂

「三角関係」が評論や小説にも汎用される一方，1920年代前半の新聞記事の見出しなどには「三角恋愛」という言葉もみられた。

12)【伊藤朝子さんが　十九年下の愛人を得て　無我の三角戀愛　愛人瀬沼庸一氏（二二）は　證信氏に煩悶を訴へて來た青年】
(『読売新聞』1921.11.2, 朝刊4面)

13)【山梨陸相夫人の妹　白鳩銀子の家出　また新しい上流婦人の家出から離婚に纏はる三角戀愛の風評】(『読売新聞』1921.12.23, 朝刊4面)

筆者の調査によれば，『読売新聞』では，見出しなどに「三角恋愛」が使用されたのは，1921年以降1923年をピークとして1925年までに9件あり，1923年以降1925年までの「三角関係」の使用件数（3件）の3倍となっていた。[21]しかし1923年，1924年には，見出しには「三角恋愛」を用いながらも，本文では「恋愛三角関係」や「三角関係」と表記する記事などが散見されるようになる。

14) 【博士と夫人と實弟の三角戀愛　離婚訴訟の爲歸國中　夫人は評判の美人　在濱外人間で大評判】外國人の家庭に起つた戀愛三角關係として横濱外人間に大評判となつてゐる面白い戀愛事件がある――

(『読売新聞』1923.7.18，朝刊5面)

15) 【三角戀愛の哀しき破局（所謂早大生女子大生の情死事件）】
三角關係の苦しみは、その時から展開されたものらしい。

(香川水明「三角恋愛の哀しき破局」『婦人公論』第9巻第4号，1924.4，pp.110-115)

　これは，見出しの言葉としては「三角恋愛」のほうが意味を理解しやすく，「三角関係」が普及するまでの過渡的な使用だったと思われる。[22]それは1926年以降の新聞の見出しに「三角関係」が多くなり，その表記として「恋の三角関係」が多く使用されたことからも裏付けられる。[23]

　辞典の収録をみても，1920年代後半以降「三角関係」が優勢となったことが分かる。1927年の『新英和大辞典』はeternal triangleの訳語を「（恋愛の）三角関係。永遠の三角関係」とし，1940年の『独和辞典』もdreieckiges Verhältnisの訳語として「三角関係」をあてている。

16) 【Eternal】*the eternal triangle*（戀愛の）三角關係.
　　【Triangle】*the eternal triangle* 永遠の三角關係（小説家，戯曲家のお定りの題材）. 　　　　　　　　　　　　(『新英和大辞典』1927)

17) 【Sankaku-kankei（三角關係）】The eternal triangle；triangular love；a tripartite（triple）love-affair.　　(『新和英大辞典』1931)

18) 【Verhältnis】ein dreieckiges ～，三角關係.　　(『独和辞典』1940)

　国語辞典類では，1907年の『辞林』に「三角同盟」，1930年の『ポケット顧問 や、此は便利だ』には「三角恋愛」の収録がみられたが，1935年の『辞

苑』以降は「三角関係」が収録され，その意味を「一男二女又は一女二男の間に結ばれた恋愛関係」（『辞苑』）としている。以後,『言苑』(1938) や『言林』(1949) にも同様の意味で「三角関係」が収録されるようになる。

19) 【三角同盟】三國又は三者が、相互に同盟すること。　（『辞林』1907）
20) 【三角恋愛】異性三人の間の戀愛關係。ある夫婦の中の一人が他の女性または男性に戀する場合。または戀愛關係にある男女の一人の間に戀愛を生じた場合にいふ。

（『ポケット顧問　や．此は便利だ』1930）

21) 【三角関係】一男二女又は一女二男の間に結ばれた戀愛關係。

（『辞苑』1935）

22) 【三角関係】一男二女又は一女二男の間に結ばれた戀愛關係。

（『言苑』1938）

ところで，日本語の「関係」という言葉の意味について，『日国』は4つ目の意味として「男女が肉体的関わりをすること。情交」[24]とし，初出例として，1902年の永井荷風『地獄の花』（金港堂）をひいている[25]。この意味は，1907年の『辞林』にも「男女の情交」の記載がある[26]。用例9）にあげた厨川白村の「近代の恋愛観」で使用された「よその男や女に関係の出来る例の三角關係」の「関係」もこの意味だと解釈できる。つまり男女に纏わる言葉として使われる「関係」には，性的なニュアンスが含まれていたと考えられ，「三角関係」もマイナスのイメージをもった言葉として汎用されたという推察が可能であろう。

この点を踏まえながら，次に中国語への移入の様相を明らかにしたい。

6.2.「三角関係」と「三角恋愛」の中国語への移入

6.2.1. 中国語における"三角関係"の意味

中国語において"三角関係"という言葉がみられたのは，管見の限りでは1921年9月の《婦女評論》に掲載された陳望道（筆名，曉風）の評論〈男女社交問題底障碍〉（「男女交際問題の障害」）が最も早い。

23) 因爲他們糊塗的心裏認男女社交爲自由戀愛的手段，所以遇有男女兩

人往來較密的，就認爲戀愛的同伴，遇有男女三人往來較密的，就認爲戀愛底三角關係。其實，或許一角也不成！
　　　　　　　（曉風〈男女社交問題底障碍〉《婦女評論》第 7 期，1921.9.14）
（彼らの愚かな頭のなかでは，男女交際は自由恋愛の手段だと考えているから，男女 2 人が頻繁に行き来するとすぐ恋愛関係と考え，男女三人が仲良くなるとすぐに恋愛の三角関係だと考えるのだ。しかし実際には 1 つの関係も成立しないのではないか）

　陳望道は，森鷗外や島村民蔵により「三角関係」が訳出され，新聞に掲載，或いは出版された時期に日本に留学（1915-1919）していた。帰国の際，「共産党宣言」の日本語訳と英語訳を持ち帰り，1920 年には中国語訳《共産党宣言》を完成させている。1920 年から 1923 年には，自ら主編した《民国日報》の副刊《婦女評論》を通じて新思想や新道徳を宣伝し，婦女解放の唱導や社会改革の文章を多く掲載しており，用例 23）もその 1 編と思われる。
　1922 年には，張資平の長編身辺小説《沖積期化石》に"三角関係"の使用がみられる。張資平はこの作品を東京帝国大学在学中の 1921 年末に書きあげたが，この時には既に久米正雄の「大凶日記」や菊池寛の「真珠夫人」などが新聞に発表されていた。張資平は日本語の「三角関係」を借用したのであろう。

24）　他們三個人是純潔的愛的結合，並不是由性的衝動發生出來的戀愛的三角關係。　　　　　　　　　　　　（張資平《沖積期化石》1922）[27]
　　（彼ら 3 人は純潔的な愛による結合であり，性の衝動によって生じる恋愛の三角関係ではない）

また 1928 年に夏丐尊[28]により完訳された《近代的恋愛観》（原著：厨川白村『近代の恋愛観』）においても，同形で訳出されている。

25）　よその男や女に關係の出來る例の三角關係「三人の經濟」^{メナジユ・ア・トロア}は、憑かる際に生ずるのである。…否甚だしきに至つては、今までの結婚關係は單なる便宜上の形式虛僞のものか、或は若い時代の一時的な遊戯氣分の者であつた場合、後に出來た三角關係に於て、初めて眞に人としての充實した戀愛生活を見る様な例さへ尠なくない。
　　　　　　　　　　　　　　　（厨川白村『近代の恋愛観』1922，pp.47-48）

和別的男或女發生關係的所謂三角關係『三人的經濟』(Ménage a trois) 者，就在這時候。…不如果以前的結婚關係只是便宜的形式的虛僞的，或少年時代的一時的遊戲的，常會要到了後來的三角關係中才嘗到眞正人間的充實的戀愛生活，…　　（夏丏尊訳《近代的恋愛観》1928, p.35)

　ところで，厨川白村の『近代の恋愛観』は，任白濤によっても，初訳本《恋愛論》（上海学術研究会叢書部，1923）と改訳本《恋愛論》（啓智書局，1926）が出版され，"三角関係"も訳出されていた。但し1926年の改訳本には，用例25)の箇所は全く訳されておらず，底本の「三たび恋愛に就て　十一」は，〈八　三角関係〉という項目がたてられ，部分訳になっている。用例26)の波線の部分は，改訳本では訳されていない。

26)　　しかし私は云ふ，不幸にして既にこの三角關係の癌腫に罹つた場合に於てすらも，人間として執るべき最上の道は，やはり『自由』の他には有り得ないと思ふ。その自由が與へられたる時に、結果は意外にも、多年同棲を續けたるさきの關係は、其内在的潛勢力の爲に猛然として復活し來つて、『海の夫人』のごとき結末を見ることさへ決して稀ではない。性的選擇の自由は如何なる場合に於ても失はれてはならぬ。全く愛の無いものが互に夫婦關係を持續しつつ、他の異性に想ひを寄せながら、其日々々を誤魔化してゐるが如きは、人間として最も恐るべき罪惡である。これが罪惡でなくして何であらうぞ。自らに大して對して自らを欺く事は、他人を欺くより以上の大いなる罪惡ではないか。　　（厨川白村『近代の恋愛観』1922, p.240）

　　　　不幸既罹了三角關係的癌腫，最上之道，仍不外乎『自由。』性的選擇之自由，無論在如何的時地，也不可以拋棄。要是同全然沒有愛的人持續愛的關係一方面鍾其情於他人，糊裏糊塗地過虛僞的日子，這比自欺欺人的罪惡還大哩。　　　　（任白濤《恋愛論》1926, p.54）

　工藤2010は，このような底本が部分的に削除された任白濤の部分訳について詳しく考察したうえで，削除した結果，「近代文芸において重要なテーマである『三角関係』の紹介というテーマ論へと転化されてしまったことを意味する」とし，「社会背景に恋愛熱現象が存在したことを想像するに難くない」と指摘する[29]。しかし後述するように，1920年代の中国においては，

三角関係は知識人のみならず，若者も苦慮する社会問題となっていた。任白濤が底本にない項目をわざわざ〈八　三角関係〉と立てたのは，旧式の婚姻制に対する批判が根底にあったのではないかと考える。用例26)に示したように，任白濤が，愛情のない夫婦関係を持続しながら，他の人に想いを寄せるのは「人間として最も恐るべき罪悪だ」とする厨川の一文を，〈八　三角関係〉の最後の一文にしているところからも推測される。

以上の用例のように，日本で訳出された「三角関係」は，翻訳を介して中国語にも移入された。前述したように日本語の「関係」には「情交」の意味があったが，中国語の"関係"にも「情交」の意味がある。厨川白村の『近代の恋愛観』を訳した夏丏尊も「よその男や女に關係の出來る」を"和別的男或女發生關係"としていた（用例25））。《漢語大詞典》は，【関係】の意味の１つを"指男女性愛方面的事情"（男女の性愛のことを指す）とし，1936年の茅盾の小説〈煙雲〉をひいている。夏丏尊が訳した"發生関係"の"関係"もこの意味で使用されたと言える。

6.2.2.　《婦女雑誌》《婦女評論》にみえる"三角恋愛"

"三角関係"が汎用される一方で，1920年代の《婦女雑誌》や《婦女評論》には，日本でも一時期新聞などの見出しに使用された"三角恋愛"という言葉もみられた。周建人が1922年２月の《婦女雑誌》に掲載した〈恋愛的意義与価値〉（恋愛の意義と価値）には，所謂三角関係の意味として"三角恋愛"が用いられている。

27)　戀愛裏最容易發生苦痛的三角戀愛便是一個著例，但如果戀愛以相對者的意思爲中心，立意不在爭持掠奪，只要能滿足相對人的願望，就是自己的願望，那就許多困難也得解決了。

　　　　　（周建人〈恋愛的意義与価値〉《婦女雑誌》第８巻第２号，1922.2, p.6）
　　　（恋愛のなかで最も苦痛になりやすい三角関係は，その顕著な例である。しかし恋愛というものが相手の意思を重んじ，争って奪わないようにして，相手の願望を満足させることが自分の願望だとするのであれば，多くの困難も解決される）

周建人はこの〈恋愛的意義与価値〉の冒頭で「恋愛は本来神聖なものだが，

以前より多くの人は誤って，それを卑猥なもの，あるいは得体の知れないものと見なしてきた。彼らがこのように考えるのは恋愛の意義と価値を知らないためである」[31]と述べ，恋愛のなかで最も苦悩が起きやすい三角関係が発生したとしても，互いの気持ちを尊重することにより問題は解決するとし，個人の自由意思と責任による恋愛の重要性を唱えていた。周建人のこのような恋愛に対する捉え方は，1925年1月の《婦女雑誌》に組まれた〈新性道徳号〉で論じた"自由恋愛"擁護の論に通じるものであると思われる。

　1923年の6月，7月の《婦女評論》に連載された読者からの投稿にも，"三角恋愛"がみえる。一連の連載のきっかけは王毅生と名乗る読者が，友人・A（男性）に発生した三角関係の解決法を読者に求めたことに始まる。王毅生は，〈三角形的恋愛問題 —請読者解決—〉（三角形の恋愛問題—読者に解決を請う）と題し，Aとその友人・C（女性），そしてCの友人・B（男性）に発生した三角関係について，「彼らのこの三角の苦痛により，将来どのような惨劇が起こるかわからない」[32]と，読者に解決方法を求めた。王毅生の投稿文では，三角関係は"三角形的恋愛、三角形的愛"と表されたが，投稿文の巻末に付された〈記者付記〉には，「このような『三角恋愛』問題は実際に大変多く，文芸上でも多く列挙できないほどである」[34]と表記されている。そして次号の第95期から第98期までには読者からの解決方法が，〈我底三角恋愛解決法〉〈三角恋愛底討論〉などと題されて連載された。結局これらの投稿には決定的な解決策は見出されず，2週間後の第100期に当事者・Aからの投稿〈三角恋愛解決的趨勢〉（「三角恋愛の動向」）が掲載され，B君が身を引いてくれそうだという報告で連載を終えている。《婦女評論》に連載された一連の投稿の題目は次の通りである。

　28）《婦女評論》第94期－第100期：
　　　　第94期，1923.6.6 ：王毅生〈三角形的恋愛問題 —請読者解決—〉
　　　　第95期，1923.6.13：曹亜俠〈我底三角恋愛解決法〉
　　　　　　　　　　　　　徐帰溟〈従三角恋愛看見「恋愛的本質」〉
　　　　第96期，1923.6.20：曹亜俠〈我底三角恋愛解決法〉（続）
　　　　　　　　　　　　　李寿田〈三角形的恋愛問題与不平等的両角形問題〉

　　　　　　　　A〈三角恋愛中人来信〉
　第 97 期，1923.6.27：遠定〈三角恋愛底討論〉（第 4 編）
　第 98 期，1923.7.4 ：曹亜侠〈我底三角恋愛解決法〉（続）
　第 100 期，1923.7.18：A〈三角恋愛解決的趨勢〉

　1 年半程後の 1925 年 2 月の《婦女雑誌》にも，特集〈五大文徴　均於本号発表〉（五大募集文　本号にて発表）が組まれ，〈三角恋愛解決法〉と題した 5 人の読者からの解決法が掲載された。先ず曹雪松という読者は，《婦女評論》（第 94 期，1923.6.6）に掲載された王毅生の投稿〈三角形的恋愛問題 —請読者解決—〉に触れ，"三角恋愛"の円満な解決は未だみられないとし，次の用例 29）のように，「新文化の看板を掲げ新道徳の仮面を被った人が提唱する『一夫一婦』制を破る」ことが唯一の解決方法だと提案した。

29）　三角戀愛問題，是社會中最普遍而又最難解決的一個問題．自去年王君毅生在婦女評論九十四期中提出討論後，至今還沒有得到完滿的解決．…

　　　我相信，解決這個問題倘要面面周到而不犧牲任何一方面，唯一只有打破那班架着新文化招牌戴着新道德面具的人提倡的『一夫一婦』制；否則，就是問萬能的上帝，恐也沒有解決的方法．

　　　（曹雪松〈三角恋愛解決法 1〉《婦女雑誌》第 11 巻第 2 号，1925.2，p.394）
　　　（三角恋愛問題は社会において最も普遍的で解決が難しい問題である。去年王毅生君が《婦女評論》94 期に討論を提起して以降今日まで円満な解決は得られていない。…

　　　この問題を解決するには，あらゆる方面が周到で，いかなる方面も犠牲がないなら，新文化の看板を掲げ新道徳の仮面を被った人が提唱する「一夫一婦」制を破るしかないと私は信じる。さもなければ，万能の神に訊ねても解決の方法はないであろう）

　また祖堂という読者は，「『自由恋愛を実行すること』が三角恋愛を解決する唯一完璧な方法である」[35]と述べ，一塞という読者は「ABC の 3 人が一緒に男女共同生活を送るべきだ」[36]と述べている。つまり"三角恋愛"を円満に解決するには，3 者の関係を円満に持続することだなどという主張が，解決方法として掲載されたのである。これらは，1925 年 1 月に組まれた〈新性

道徳号〉の翌月に掲載されたものである。ここからも章錫琛や周建人ら編集者の意図が窺える。彼らが唱える"自由恋愛"を実践するには、"三角恋愛"も前提としてあり得ることだったのであろう。この点については本章の6.4.で詳述したい。

以上のように、"三角恋愛"という言葉は1922年に周建人の〈恋愛的意義与価値〉に使用され、1923年には《婦女評論》、1925年には《婦女雑誌》に読者からの投稿に使用されていたことになる。

6.2.3. 《申報》にみえる"三角恋愛"

"三角恋愛"は、1924年以降の《申報》の広告にも度々みられた。また1920年代後半以降の《申報》には"三角関係"との使い分けがみられ、"三角恋愛"が優勢となる契機もみえてくる。

1924年、1925年の《申報》には、《三角恋愛》(黄中著、国華書局)という小説の予約・出版の広告、著者の紹介、作者からのお知らせなどが度々掲載された[37]。広告には「作者は傑出した才能で、細やかな文章により、精神的な恋愛と失恋の苦悩を描く。ロマンティックなところは深い感動を与える能力が極まり、悲愴なところは婉曲的に深い苦しみを表す。これは元々作者の悲哀を描いたもので、他の著作に比べると奥深い」[38]などと賞賛されていた。図版6は、著者を紹介し、その作品が読者を夢中にさせる偉大な創作であることが宣伝されたものである。

図版6 《申報》広告：黄中《三角恋愛》

また、1925年1月3日付《申報》には、《三角恋愛》の著者からのお知らせとして、「以後いかなる映画会社及び舞台なども決して三角恋愛の四文字を用いて劇名や映画の題目にしてはいけない。著作権論を犯すこと何卒注意願いたい」[39]と、《三角恋愛》というタイトルに著作権があることを注意喚起する記事が掲載されていた。

更に 1926 年 1 月 16 日付の《申報》に掲載された，当日初演の新劇の演目〈王司令殺妻〉(「王司令の妻殺害」) の広告には，「劇には三角恋愛の問題，多妻主義の問題，自由恋愛への問題の誤解が含まれています。我が社の価値のある実話劇を好むみなさん，早くお出でください[40]」などと記されており，1920 年代半ば，三角恋愛や自由恋愛は演劇でも扱われたテーマであったようだ。このような《申報》の広告における"三角恋愛"の汎用は，言葉の定着にも及んだと推測される。

その一方で，《申報》には"三角関係"の使用もみられた。用例 30) は，H. Ibsen の戯曲の梗概をまとめた記事で，18 番目としてロスメルスホルムを紹介するなかでロスメルと妻ベアーテ，そしてレベッカの関係を"三角関係"としている。また用例 31) は，1929 年 8 月 31 日付の〈日本小説的 Model〉という記事で，久米正雄の「蛍草」の作品に描かれる三角関係は，久米自身の体験を描いたものだと記述されている。

30) (18) 樂斯美爾之家　名門之家的主人樂斯美、是一位虔敬的人、自小因與一抱有自由思的孤女李倍加接近、遂也漸漸爲自由思想所捉住、妻倍姐爲了此<u>三角關係</u>、投河自盡、

　　　　(士驥〈易卜生劇的梗概 (続)〉《申報》19764 号，1928.3.26, p.6)

((18) ロスメルスホルム　名門の家の当主・ロスメルは敬虔な人である。小さい頃から自由意思を抱く孤児・レベッカと親しくなり次第に自由な思想に捉らえられた。ロスメルの妻・ベアーテはこの三角関係により川に身を投げ自殺した)

31) 久米正雄的「螢草」、雖然是一部空想的作品、但像詩樣拿一種痛切的實感來寫的東西、…正是對他先生夏月漱不的小姐「筆子」(ママ)其戀後寫的、從悲痛的<u>三角關係</u>、寫出自己生生的體驗、中主人公野村的心情、就是作者心情的直敍、

　　　　(簫崇素〈日本小説的 Model〉《申報》20274 号，1929.8.31, p.8)

(久米正雄の「蛍草」は架空の作品だが，詩のように痛切な実感で書かれている。…これは彼の師である夏目漱石の長女筆子に恋した後に書かれた。悲痛な三角関係から自身の生々しい体験を描いたもので，作中の主人公・野村の心情は作者の心情がそのまま描かれたものだ)

《申報》には上掲の2例の他にも"三角関係"の使用例がみられた。但しその多くは以下にあげるような男女の関係以外の国や一般の人などとの関係に用いられている。用例32)は南方で蒋介石が率いる南京国民政府と張学良が率いる奉天，そして日本との関係，用例33) 34)は中国，日本，ロシアの関係を表している。用例33)の原著は，藤岡啓の『満蒙を新らしく見よ』(外交時報社，1928)である。原著で使用されている「三角関係」がそのまま翻訳されたものである。

32)　南方奉天日本之<u>三角關係</u>、更趨複雑混亂、

　　　　　　　　　　（〈日本干渉東省成功〉《申報》19882号，1928.7.23，p.8)

（南方・奉天・日本の三角関係が更に複雑になり混乱し，)

33)　第一節「<u>至日俄戰爭止之三角關係</u>」、

　　　　　　　　　　（方魚〈東省刮目論〉《申報》20568号，1930.7.3，p.3)

（第一節は「<u>日露戦争までの三角関係</u>」で，)

34)　②<u>中日蘇之三角關係</u>

　　　　　　　　　　（陳〈中蘇復交与国際現勢〉《申報》21441号，1932.12.14，p.5)

（②中日ソの三角関係)

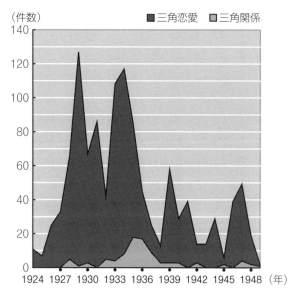

図1　《申報》にみられた"三角恋愛"と"三角関係"の使用数の対照

以上のような用例からは,《申報》においては 1920 年代後半以降,専ら"三角関係"が恋愛以外の 3 者を表す言葉として使われたように推測される。

　前頁の図 1 は,《申報》(1872.4.30-1949.5.27) にみられた"三角恋愛"と"三角関係"の使用数をまとめたものである。"三角関係"は,1928 年以降停刊の 1949 年まで 91 件の使用があったが,所謂恋愛関係を意味するのは 7 件のみで,それ以外は前掲の用例 32) 33) 34) で示したような,国や一般の人の関りを表す場合での使用であった。《申報》のデータからも,"三角恋愛"が優勢であったことが明白となった。

6.2.4. "三角恋愛"への収斂

　1920 年代後半になると,小説や評論にも"三角恋愛"の使用がみられるようになる。用例 35) は《小説月報》に連載された茅盾の中編小説〈幻滅〉,用例 36) は前述の《申報》で出版広告が掲載された《三角恋愛》である。

35) 「戀愛不反對,……妨礙工作却不行……王女士太浪漫了……三角戀愛……」
　　　　　　　　　　(茅盾〈幻滅〉《小説月報》第 18 巻第 9 号,1927.9,p.15)
(「恋愛は反対しないけど,……仕事の妨げになるのはいけない。……王女史はロマンティックすぎて,……三角関係……」)

36) 『不錯,我也記起來了：所謂「三角同盟」中的幾個實貨 ―住宿在一處的幾個鬧過三角戀愛的失敗者 ―他,聽説也是其中一個呀！』
　　　　　　　　　　　　　　　　　　　　　(黄中《三角恋愛》1929,p.14)
(「そうだ。私も思い出した。所謂「三角同盟」のなかの何人かの滑稽な人 ―一緒に住んでいて三角関係で騒がせたことがある失敗者 ―話によると,彼もそのなかの一人だそうだ」)

　更に 1930 年には,魯迅も〈張資平氏的"小説学"〉(張資平氏の《小説学》) のなかで,"三角恋愛"を用いている。魯迅 (筆名,黄棘) は所謂三角関係を題材とした恋愛小説を多く描く張資平を"三角恋愛小説家"と称し,その作品を△ (三角) だと揶揄している。

37) 張資平氏先前是三角戀愛小説家,…。…那就是 ― △
　　(黄棘〈張資平氏的"小説学"〉《萌芽月刊》第 1 号 4 期,1930.4,pp.236-237)
(張資平氏は以前は三角恋愛小説の作家で,…。…それはすなわちこうだ ―

△)[43]

　魯迅に"三角恋愛小説家"と揶揄された張資平は，1932年の恋愛小説《黒恋》に"三角恋愛""四角恋愛"を用いている。用例24)に示したように，張資平は留学中の1921年末に書き上げた《沖積期化石》では"三角関係"を使用していた。1922年に上海経由で帰国した張資平は，1922年以降の《婦女雑誌》《婦女評論》《申報》に掲載された記事や問答，広告などを見聞きしたであろう。用例37)のように，魯迅に"三角恋愛小説家"と言及されたことも承知していたであろう。"失恋、初恋、恋人、自由恋愛"などの日本語を積極的に取り入れた張資平であったが，"三角関係"に関しては，《婦女雑誌》《婦女評論》などの誌上や《申報》での使用状況，更に1920年代後半に描いた自らの三角恋愛小説の内容に鑑み，使用語彙を"三角恋愛"に変えたと推察される。その張資平の三角恋愛小説については次節で論じたい。

38)　自己从前和弈芳君展三人演过三角恋爱来。不，加上仲瑚，共四个人，演的是四角恋爱。现在是何清代替了我，而我代替了君展重演三角恋爱了。　　　　　　　　　　　　　　　　　　（張資平《黒恋》1932)[44]

　　　（自分は以前，弈芳と君展と三角関係であった。いや仲瑚を加えた4人での四角関係であった。今は，何清が私に代わり，私が君展に代わって，再び三角関係になった。）

　張資平の三角恋愛小説については，1933年の茅盾の長編小説《子夜》で触れられ，当時流行していたことが分かる。

39)　难道成天躲在家里看张资平的三角恋爱小说？　　　（茅盾《子夜》1933)[45]

　　　（まさか晩まで家に引きこもって，張資平の三角恋愛小説でも読むほかないか)[46]

　以上のような考察から，1920年代前半以降，中国語では所謂三角関係を表す言葉としては，"三角恋愛"が優勢になったと言ってよいであろう。それは，次に示す辞典の収録からも言える。1930年以降の国語辞典《王雲五大辞典》《辞海》《国語辞典》には"三角恋愛"が収録され，その意味は「2人の男性が1人の女性を，或いは2人の女性が1人の男性を愛すること」（《王雲五大辞典》）とされる。但し《辞海》(1936)，《国語辞典》(1945)には，"三角恋愛"の意味としてそれぞれ「複雑な恋愛関係」「矛盾する恋愛」と記載

され，時代経過により意味の捉え方の変化が看取できる。

40) 【三角恋愛】兩男共愛一女，或兩女共愛一男。 (《王雲五大辞典》1930)
(2人の男性が1人の女性を或いは2人の女性が1人の男性を愛すること)

41) 【三角恋愛】謂二男一女。或二女一男間之複雜戀愛關係也．
(《辞海》1936)
(2人の男性と1人の女性，或いは2人の女性と1人の男性との複雑な恋愛関係をいう)

42) 【三角恋愛】謂二男一女，或二女一男間之矛盾戀愛。
(《国語辞典》1945)
(2人の男性と1人の女性，或いは2人の女性と1人の男性との矛盾した恋愛をいう)

英漢辞典では，日本の英和辞典を参照した《綜合英漢大辞典》の合訂本(1937)が，eternal triangle を"永遠三角關係"(永遠の三角関係)と訳し，更に小説家や劇作家が題材として用いるという説明が添えられ，"三角恋愛"の1語が加えられている (用例43))。《現漢》においては，1989補編以降，2016第7版まで，「2人の男性と1人の女性或いは2人の女性と1人の男性との恋愛」の意味で収録されており，現代中国語においても"三角恋愛"が優勢であると言える (用例44))。

43) 【Triangle】The eternal triangle 永遠三角關係 (二男一女或二女一男間之複雜的戀愛關係，小說家或戲劇家常用爲題目者)，三角戀愛．
(《綜合英漢大辞典　合訂本》1937)
(永遠の三角関係 (2人の男性と1人の女性，或いは2人の女性と1人の男性との複雑な恋愛関係で，小説家や劇作家がよく題材とする)，三角関係)

44) 【三角恋愛】指两个男子和一个女子或两个女子和一个男子之间的恋爱。
(《現漢》1989補編-2016第7版)
(2人の男性と1人の女性或いは2人の女性と1人の男性との恋愛)

では，何故中国語においては，"三角恋愛"が優勢となったのであろうか。更に張資平は，なぜ使用語彙を"三角恋愛"に変えたのであろうか。次節で

は，先ず張資平の 1920 年代の恋愛小説からその要因を探ってみたい。

6.3. 張資平の恋愛小説に描かれる"三角恋愛"

　魯迅に"三角恋愛小説家"と揶揄された張資平であるが，初期の作品から三角関係を描いたわけではなかった。東京帝国大学に留学中の処女作〈約檀河之水〉(ヨルダン河の水)《学芸》第 2 巻第 8 号，1920.11)には，張資平自身が熊本の第五高等学校時代に経験した，下宿先の日本人女性との失恋が描かれた。また留学中の第 2 作〈她悵望着祖国的天野〉(《創造季刊》，第 1 巻 1 期，1922.3)に描かれたのも，長崎華僑の父と日本人女性を母にもつ女性の中国人学生との失恋であった。この 2 作品は日本を舞台にした，男女 1 対 1 の恋愛であった。

　三角関係を扱う恋愛小説は帰国後の作品からになる。第 1 作目は，〈愛之焦点〉(《創造季刊》第 1 巻第 4 期，1923.2)である。家庭の事情により，1 つ屋根の下で暮らした，女性主人公・N 姉と同姓従姉弟・Q と異姓従兄妹・M との三角関係を描いたものである。幼い頃に両親を亡くした Q は，N 姉の母に実の子のように育てられる。Q と 1 歳年上の N 姉は成長するにつれ互いに好意を持つようになる。しかしその頃 N 姉の異姓従兄妹にあたる M が，N 姉の家から英語学校に通うため，N 姉の家に同居する。この時，Q が恐れたことは，M が Q よりも家柄が立派だったり，財産があったり，聡明であったことではない。一番恐れたことは，M と N 姉の苗字が違っていたことである。中国の旧い社会思想では，同姓従姉弟の N 姉と Q の結婚は許されない。Q は N 姉に「N 姉さん，ぼくたち革命を起こす勇気がないわけじゃないよね」と旧思想を打ち破り，自由結婚することを提案する。しかし結局，N 姉は異姓従兄の M との結婚を選ぶ。

　この「愛之焦点」について，張競 1995a は，清末までの文学に，美的価値が賦与された「三角」ないし「多角の恋」を描いたものは全くなく，「張資平が描いた『三角関係』は文学史上かつてみなかった，新しい男女の愛を表現するものだと言える」[47]と評価する。

　次作〈梅嶺之春〉(《東方雑誌》第 21 巻第 20 号，1924.10)は，童養媳である[48]

女性と既婚者である叔父との三角関係，その次の作品〈性的屈服者〉(《雪的除夕》1925) は，兄弟 2 人と遠縁の女性をめぐる三角関係が描かれ，張資平が試行錯誤しながら三角関係を描こうとした様子が窺える。しかしいずれの作品も舞台は地方の山村が中心で，男女の関係も近親者，及び小学や中学時代の同級生で，描かれる恋愛も旧い社会体制や旧思想に縛られたうえでの展開で，女性は社会的に常に弱い立場におかれていた。

ところが 1926 年以降，張資平の作風に変化がみられるようになる。その転機となったのは翻案小説《飛絮》(1926) だと思われる。本書の第 4 章，第 5 章で触れたように，《飛絮》は，1925 年 5 月 1 日から『東京朝日新聞』に 90 回連載された池田小菊の「帰る日」の翻案小説である。《飛絮》の〈序〉には，次のように翻案の経緯が記されている。

> 夏休みに『朝日新聞』連載の「帰ル日(ママ)」を読んで，その巧みな描写に感心した。…後半を読むと描写が前半に比べ見劣りしていてがっかりした。しかしこの翻訳原稿を燃やして捨ててしまうのはもったいないので，手を加えて，《飛絮》という奇形な作品にした。…
> この《飛絮》は純粋な創作とは言えず，「帰ル日(ママ)」の模倣によりできたと言ってもいいし，「帰ル日(ママ)」からヒントを得て書いたものとも言える。…。[49]

張資平の記述通り，後半部分は「帰る日」とは異なる。中国人に好まれる展開を盛り込み，底本より複雑な作品になったようだ。[50] 「帰る日」と《飛絮》の登場人物関係は次頁のようになる。

登場人物の設定は，「帰る日」に類似しているが，張資平自身が〈序〉で記したように，後半は「帰る日」より複雑な展開となっている。「帰る日」に設定されたのは，主人公・東紀伊子と恋人・葉山正也，そして紀伊子の父が結婚を勧める教え子である久留島久雄の関係が中心である。強いて言うなら，紀伊子が叔母と恋人・正也が関係を持ったのではないかと気をもむ，というもう 1 つの関係が示唆される。

一方《飛絮》にも主人公・劉琇霞と恋人・呉梅，父が勧める教え子の呂広との関係と琇霞と叔母と恋人・呉梅との関係があり，「帰る日」に類似する。

・「帰る日」

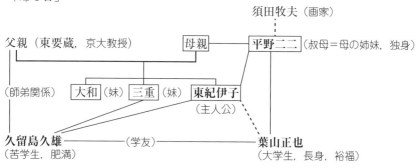

・《飛絮》

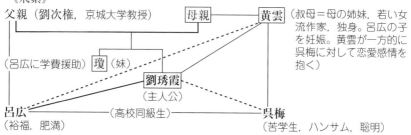

凡例：------：恋愛関係（含む，男女の関係），―――：婚姻関係，
―――：そのほかの関係（姉妹，友人等），□：女性

図2 「帰る日」と《飛絮》の登場人物関係図[51]

しかし《飛絮》の後半には，「帰る日」にはなかった，琇霞と叔母，呂広との三角関係が挿入されている。琇霞との関係がぎくしゃくする恋人・呉梅は，琇霞に無理に性的関係を迫る。その呉梅の行動にショックを受けた琇霞は，結局父の勧める呂広と結婚してしまう。しかし結婚後，まもなく妊娠に気づき，呉梅の子であることを夫・呂広に打ち明ける。すると，夫は意外にも許してくれる。実は夫の呂広は，ひそかに叔母と関係を持ち，妊娠させていたのだ。その後，貧困のために子供は病死し，叔母自身も病気になる。病床で叔母は呂広の懺悔を聞き，安堵して息を引き取る。この後半部分が張資平の言う「奇形な作品」であろう。

《飛絮》が出版される3年ほど前の1923年の《婦女評論》では"三角恋愛"

の解決法が読者から求められ，《飛絮》出版の前年の 1925 年 2 月の《婦女雑誌》には"三角恋愛"の解決法が掲載されていた。このような社会現象を見極めたうえで，張資平は「奇形な作品」に仕上げ，更に使用語彙も《申報》でも優勢となっていた"三角恋愛"に変えたのではないだろうか。

1931 年 2 月の《婦女雑誌》に掲載された〈女学生愛読的書籍的研究〉(「女学生が愛読する書籍の研究」) の統計によれば，張資平は作家ベスト 12 人中の第 7 位に，《飛絮》は 84 書籍中，第 30 位に選ばれている[52]。当時，張資平の恋愛小説が好まれたことと，更に三角関係が複雑に描かれた《飛絮》の人気を窺い知ることができる。

6.4. 知識人の言説にみる民国期の恋愛観

本節では，民国期の中国語において"三角恋愛"という言葉が普及した背景の 1 つとして，女子教育の振興を目的に刊行された月刊誌《婦女雑誌》において論じられた知識人の言説を探ってみたい。

《婦女雑誌》は 1921 年に編集長に章錫琛，副編集長に周建人を迎えてから，E. Key の恋愛論を抄訳した本間久雄の「その更新的教化論」(『エレン・ケイ思想の真髄』1921) や厨川白村の「近代の恋愛観」など，日本人によって書かれた評論の翻訳が数多く掲載された。結婚問題や産児制限の特集も度々企画され，恋愛，結婚，離婚，貞操，性道徳などに関連する論文が多数掲載されるとともに，通信欄を設け編集者と読者が意見を交わすなど，誌上でも討論が盛んに行われていた。

周建人の〈恋愛的意義与価値〉が掲載された 1922 年 2 月の《婦女雑誌》には，厨川白村の「近代の恋愛観」の前半部分の抄訳が掲載された。厨川白村の恋愛理論を拠りどころとした章錫琛や周建人は当然，「近代の恋愛観」を目にしたであろう。「近代の恋愛観」には「三角関係」という言葉が再三使用されていた。しかし周建人は〈恋愛的意義与価値〉で，"三角関係"ではなく"三角恋愛"を用いている。

前章 5.2.2. で触れたように，《婦女雑誌》における 1922 年 8 月から 1923 年 2 月にかけての一連の"自由恋愛問答"のなかで，1922 年 9 月の《婦女

《雑誌》の通信欄には，章錫琛と王平陵との往復書簡〈恋愛問題的討論〉が掲載されていた。王平陵が，「雑誌（婦女雑誌—筆者注）はエレン・ケイの恋愛観に重きを置き，多くの婦女問題の作者は日本人が書いた書籍のなかから恋愛を討論する文章を『焼き直し』ている」[53]と指摘すると，章錫琛は，

> Love という言葉は，これまで中国にその概念が無かったばかりか，その名詞も無った。近頃無理に「恋愛」という訳を当てているが，その概念はまだ無い。だから，多くの人がこれを「姦淫」と同じだと理解している。これは一般の人が恋愛を語ることに反対する最大の原因である。…私は恋愛を用いて婦女の問題を解決する出発点としたい。この主張に私の友人のなかでは，周建人だけが私に同意してくれている[54]。

と返信していた。章錫琛は，旧来の婚姻制に縛られていた当時の中国において，新しい概念である"恋愛"の真の意味を普及させたいと考えていたのであろう。

それは，1925年2月の《婦女雑誌》の特集〈五大文徴　均於本号発表〉に記された〈選者的話〉(「選者の話」)からも窺い知ることができる。この特集に掲載された〈三角恋愛解決法〉については，6.2.2. で論じた通りである。〈選者的話〉の冒頭には，本号で掲載したのは5人の投稿文だけであったが，投稿は40人に及んだことが明かされ，その意見を集約したうえで選者の恋愛観が次のように述べられている。

> 我々は以下のことを知るべきである。(1) 三角恋愛はたまにある恋愛方式で一般的な恋愛方式ではない。(2) 所謂恋愛とは，これは本当に気が合う恋愛のことで，全く獣欲の恋愛ではない。(3) 恋愛する者は相手の意思を尊重するべきで相手を占有しようとする野心を持つべきではない，そうすれば問題とならない。現行の法律では，配偶者の重婚や和姦は，配偶者の一方が自ら告発して初めて罪となり，もし3者が皆承認すれば法律においては違反とならない。道徳の方面において，現代の性道徳の説によれば，全て個人的な事で社会に害や悪を及ぼさなければ個人の自由に任せるべきで，不道徳とすべきではない。このような関係は社

会において害や悪にならず，悲惨的な結末を避けるなら自由にして差し支えない[55]。

　この特集は1925年1月に《婦女雑誌》で〈新性道徳号〉が組まれた翌月に発行されたものであり，この〈選者的話〉からも編集者の意向が明確に理解できる。

　第1章の1.1.2.で詳述したように，中国においては1930年12月に〈中華民国民法〉(第985条)が公布され，配偶者の重婚が不可となったが，蓄妾は婚姻とみなされなかったため容認され，厳密な一夫一婦制の施行ではなかった。つまり，「選者」が「現行の法律では，配偶者の重婚や和姦は，配偶者の一方が自ら告発して初めて罪となり，もし3者が皆承認すれば法律においては違反とならない」と論じるように，1920年代の中国においては，重婚も法には触れなかったのである。1922年2月の〈恋愛的意義与価値〉で周建人が語っていたように(本章用例27))，お互いの気持ちを尊重すれば，三角の関係になったとしても特に問題ではなく，"三角恋愛"にネガティブな意味はなかったのであろう。

　"恋愛"の真の意味の普及を目指していた《婦女雑誌》の編集者・周建人や章錫琛，更には「選者」ら知識人にとって，"三角恋愛"のほうがより的確な言葉であったと推察する。

おわりに

　本章では，日中異形同義語が成立した要因を探った。

　近代訳語「三角関係」は，ドイツ語に秀でた森鷗外と島村民蔵により，H. Ibsenの戯曲 *Hedda Gabler* (1890) で使用されたドイツ語 dreieckiges Verhältnis から訳出された可能性が高いと指摘する。また「三角関係」は英語 eternal triangle の訳語にもあてられていた。これらの原語の意味は，「夫婦ともう1人の男性或いはもう1人の女性」に発生した恋愛関係であったが，久米正雄の随筆「大凶日記」(1918) や菊池寛の「真珠夫人」(1920) では，独身の男女に発生した関係として使用された。本間久雄の「男女の三角関係

物語」(1920, 1921) や厨川白村の『近代の恋愛観』(1922) などに汎用され，1920 年代後半から 1930 年代初めには定着したと推察する。

中国語でも陳望道の評論 (1921)，張資平の身辺長編小説 (1922)，任白濤の改訳 (1926)，夏丏尊の翻訳 (1928) に"三角関係"が使用され，日本留学経験者により日本語借用語彙として中国語に移入された。しかし《婦女雑誌》の副編集長であった周建人は，1922 年の 2 月に評論〈恋愛的意義与価値〉を載せ，そこでは"三角恋愛"を用いた。更に，1923 年の《婦女評論》における読者からの投稿，1924 年，1925 年の《申報》における広告，1925 年の《婦女雑誌》における読者からの投稿や〈選者的話〉においては，専ら"三角恋愛"が使用された。しかも，1920 年代後半から 1930 年代の《申報》のデータからは，"三角関係"との意味の棲み分けが確認できた。

何故，日本では「三角関係」，中国語では"三角恋愛"が優勢となったのであろうか。日本は，第 2 章で考察したように，1880 年代末から 1890 年代初めに，「恋愛」の言葉の流行，その行為の普及がみられ，1898 年の民法（第 766 条）により一夫一婦制が法制化されていた。一方中国では，20 世紀初頭に西洋のロマンティックな意味を帯びた"恋愛"が紹介されたが，五四新文化運動以降，"自由恋愛"の意味解釈が知識人の議論の的とされ，1920 年代前半においてもその議論は続いていた。《婦女雑誌》では，読者である女学生や婦人層向けに，恋愛の尊さ，自由な恋愛の必要性を唱え，その際には，たとえ所謂三角関係になったとしても，愛情のある恋愛関係・婚姻関係こそが重要だと論じられた。しかも 1920 年代は法的には重婚も蓄妾も容認されていた。このように日本と中国において，恋愛観の普及に時間差があったこと，中国には旧態依然とした婚姻制があったことが，異形同義語の誕生要因として考えられる。

日本語の「関係」にも中国語の"関係"にも男女間の情交の意味が含まれていた。一夫一婦制が法制化されていた日本では，所謂三角関係はマイナスイメージをもつ「三角関係」が的確な意味を表す言葉であり，反対に重婚や蓄妾が容認されるなか，旧い慣習による結婚ではなく，個人の意思による恋愛・結婚の普及を目指そうとしていた中国においては，プラスイメージの"三角恋愛"のほうが優勢となったと言えるであろう。

第 6 章　異形同義語の成立　191

　「三角関係」と"三角恋愛"は，1920 年代から 1930 年代の日本と中国において ほぼ同時期に成立した日中異形同義語と言える。近代訳語として中国語に移入されたにもかかわらず，その語形の一部を変えて成立した要因は，日中の社会背景の相違にあったと推察する。

注

1) 1930 年代の国語辞典類，更には《現漢》2016 第 7 版にも【三角恋愛】が収録されている。
2) 『日国』第 2 巻，p.157。
3) 『明治大正　新語俗語辞典』は，【三角関係】の意味を「三人の男女の間に生ずる、めんどうな恋愛関係。また，三人の間に生ずる複雑な関係 (p.136)」とする。
4) 沈国威 1994，pp.222-245 参照。
5) Henrik Ibsen, *Rosmersholm; The lady form the sea; Hedda Gabler*；edited by William Acher, Authorised English edition, London：Walter Scott Publishing, 1905, p.289.
6) 1907 年の『辞林』は，「三角同盟」を収録し，その意味を「三國又は三者が、相互に同盟すること」としている（参照：本章 172 頁用例 19））。また『新しき用語の泉』(1923) にも収録され，「英語の Triple alliance」とあり，明治期に訳語として成立したものと思われる。
7) 島村民蔵 (1888-1970)：1909 年早稲田大学英文科卒業後，東京大学独文科に進む。早稲田大学在学中に坪内逍遥の指導を受け，近代劇，特にイプセンを研究する（藤木 1997，p.9 参照）。
8) ノルウェー語で書かれた *Rosmersholm; Fruen fra havet; Hedda Gabler* (Gyldendalske Boghandel, Nordisk Forlag, 1914) には，trekantet forhold とあり，日本語では「三角関係」と訳すことができる。(『日本語ノルウェー語辞典』2002 参照)。
9) Verhältnis について，『独和辞書』(1885) は「関係，比例，割合，事情」と，『新訳独和辞典』(1915) は「1. a) 関係；b) 情事」としている。また，1895 年の独独辞典（*Deutsches Woerterbuch* von Moriz Heyne, Leipzig：S. Hirzel) は，Verhältnis の意味の 1 つに liebesverhältnis（私通）をあげている。liebesverhältnis の意味は『藤井　新独和辞典』(1917) を参照。
10) *Henrik Ibsens saemtliche Werke in deutscher Sprache*/durchgesehen und eingeleitet von Georg Brandes, Julisus Elias, Paul Schlenther：S. Fischer, 1903, s.269.
11) 藤木 1997，p.9 参照。
12) 「椙原品」は，「森林太郎」の署名で 6 回にわたり連載された。『山房礼記』（春

陽堂，1919）所収の「椙原品」の文末には「（大正4年12月記）」とある。
13) 「牧師」の翻訳を説明している箇所に，「鷗外文庫にはドイツ語版のイプセン全集がありイプセンの他の作品はこの全集によって訳出されている」とある（「後記」『鷗外全集』第3巻，1973，p.632）。
14) 藤木1997，p.1 参照。
15) 久米正雄「大凶日記」『新潮』1918.5，p.113。
16) Z・Mとは友人・松岡譲（旧名，善譲）でF子とは夏目漱石の長女・筆子である。久米と結婚すると噂されていた筆子が，久米の親友である松岡譲と結婚することが新聞各紙に報じられた（日高2011，p.6 参照）。
17) 1916年11月9日，大杉栄が神奈川県葉山の日陰茶屋で，恋人・神近市子に刺されるという事件が起きた（日陰茶屋事件）。大杉には妻があり，更に伊藤野枝とも恋愛関係にあった。
18) 1923年9月号の『解放』（第5巻9号，pp.167-178）では，「武者小路実篤氏の三角関係」と題し，藤井眞澄や山川菊栄らにより，武者小路実篤の恋愛に関する社会的影響などが論じられている。
19) 山本宣治「結婚、三角関係、離婚 ――青年生物学者の見た考え―」（『改造』新年号，1923，pp.1-25）や里見弴「多情仏心」（『時事新報』1923.3.7），志賀直哉「暗夜行路」（『改造』第10巻6号，1928.6，p.65）などにみられる。
20) OEDも，見出し語triangleの項で，eternal triangleの意味をA group or set of three, a triad. Esp. a love-relationship in which one member of a married couple is involved with a third party. と夫婦と第三者の恋愛関係とし，早期の用例とし，Daily Chron. 1907.12.5の記事やG. B. Shaw in F. Harris Contemporary Portraits 2nd, 1919をひいている。『オックスフォード　ホーンビー英英中辞典』（1978）は，the eternal triangleの意味を the situation existing when two person are in love with the same person of the opposite sex.（同性の2人が1人の異性に恋している状態）としている。
21) 『読売新聞』にみられた「三角恋愛」の使用件数は，1921年2件，1922年1件，1923年4件，1924年1件，1925年1件であった。尚「三角関係」が男女関係以外の意味（政治上の3者の関係）で使われた記事は，1924年に1件，1925年に3件，1926年に2件あったが，この数は「1923年以降1925年までの「三角関係」の使用件数（3件）」には含まれていない。
22) 新聞記事以外では，1925年の内田魯庵「四十年前」（1925.3：『おもひ出す人々』春陽堂，1931.10，p.4）に「三角恋愛」の使用がみられた。
23) 1926年の『読売新聞』で，見出しなどに「三角関係」が使用されたのは12件あり，内9件は「恋の三角関係」と表記されている。尚，1926年の「三角恋愛」の使用は4件にとどまった。

24) 『日国』第1巻, p.1262。
25) 「笹村はそも何時頃から夫人と關係して居たのであらうか」(永井荷風『地獄の花』金港堂, 1902, p.148：引用は, 近代デジタルライブラリーに拠る (検索日：2015.4.5)。
26) 『辞林』(1907) には「関係」の5つ目の意味として「男女間の情交」とある (p.428)。
27) 引用は, 1928年第3版の影印：《沖積期化石》上海書店, 1986, p.202。
28) 夏丏尊 (1885-1946)：浙江省虞県白馬湖生まれ。翻訳家, 散文家。1903年から日本に留学。宏文学院, 東京高等工業学校で学び1905年に帰国。翻訳には《近代的恋愛観》(1928) の他,《近代日本小説集》(1923),《国木田独歩集》(1931) など多数ある。
29) 引用は, 工藤2010, pp.230-231。
30) 茅盾〈煙雲〉《文学》第7巻第5号, 1936.11, p.776。"他想道：「難道她那時在被催眠狀態麼？不然, 豈發生了關係以後就把那人完全忘記了？」"(彼は考えた。「まさかあの時彼女は眠らされた状態だったのではないだろうか。そうでなければ, 関係を持った後, すぐにあいつをすっかり忘れてしまうだろうか。」)。
31) 周建人〈恋愛的意義与価値〉《婦女雑誌》第8巻第2号, 1922.2, p.2。(原文：戀愛本來是神聖的事, 但從來有許多人, 却誤將他當做穢褻的, 或神秘的事看；他們所以作這樣想的緣故, 只因爲不知道戀愛意義與價值)
32) AとBは学友でもあり, Bは「愛情のない旧式の結婚」をしている既婚者である。
33) 王毅生〈三角形的恋愛問題 —請読者解決—〉《婦女評論》第94期, 1923.6.6。(原文：佢們這種三角形的痛苦, 將來不知演出什麼慘劇來)
34)〈記者附記〉《婦女評論》第94期, 1923.6.6。(原文：此類『三角戀愛』問題, 實際上儘多, 文藝上也多至不可列擧)
35) 祖堂〈三角恋愛解決法2〉《婦女雑誌》第11巻第2号, 1925.2, p.395。(原文：所以『實行自由戀愛』, 是解決三角戀愛的唯一的, 完美的法則)
36) 一塞〈三角恋愛解決法3〉《婦女雑誌》第11巻第2号, 1925.2, p.396。(原文：所以我的主張是：ABC三人應共同過兩性的共同生活)
37) 黄中著《三角恋愛》の広告は,《申報》18554号 (1924.10.22), 18555号 (1924.10.23), 18557号 (1924.10.25), 18566号 (1924.11.3), 18570号 (1924.11.7), 18571号 (1924.11.8) と連日掲載された。但し《民国時期総書目 (1911-1949) 文学理論・文学世界・中国文学》(下) に拠ると, 黄中著《三角恋愛》は, "上海金屋書店1929年1月初版"とあり, 筆者が確認できたのも上海図書館所蔵の上海金屋書店出版 (1929.1.1) のものである。
38) 原文：作者仗著狂放的天才, 纏綿的文筆, 描寫精神的戀愛和失戀的痛苦。甜蜜

處極迴腸溢氣之能，悲騷處有婉轉哀鳴之苦。這原是作者自寫悲哀，比較旁的著作深刻得多。(《申報》18554 号，18555 号，18557 号，18570 号)。

39)《申報》18626 号，1925.1.3，p.10。(原文：以後無論何家影片公司及舞臺等我意槪不准用三角戀愛四字以爲劇名及影片名否則以侵害著作權論幸注意焉) 尚，広告の最後には著者名を"黃中即黃花奴"(「黃中即ち黃花奴」)と記されている。

40)《申報》18996 号，1926.1.16.，p.3。(原文：戲内包含有三角戀愛問題　多妻主義問題　誤解自由戀愛問題　愛看本社有價值的實事戲的諸君　請早來)

41)《申報》が停刊となる 1949 年までに"三角関係"が使用されたのは延べ 91 箇所であったが，恋愛関係を表すものは用例 30)，31)を含む 7 箇所のみであった。

42) 原著『満蒙を新らしく見よ』も「第一節　日露戦争までの三角関係」となっている (p.19)。

43) 吉田富夫訳「張資平氏の「小説学」」『魯迅全集』第 6 巻，1985，pp.58-59。

44) 引用は，〈黑恋〉《張資平小説精品》2000，p.349。《黑恋》(全 17 章)の第 1 章から第 5 章までは〈青春〉と題し，《創造月刊》第 1 巻第 8 期(1928.1)に発表され，1929 年に《青春》として上海現代書局から出版された。《青春》は《黑恋》に改題され，1932 年に上海現代書局から出版された(松岡 2001b 参照)。

45) 引用は，〈子夜〉《茅盾全集》1984，p.212。

46) 邦訳は，竹内好訳『夜明け前 ―子夜―』(1963，p.146)を参考にした拙訳である。

47) 張競 1995a，p.98。

48) 童養媳とは，息子の嫁にするために幼い時からもらったり買ったりして育てた女の子をいう。

49) 張資平〈序〉《飛絮》創造社出版部，1926。(底本：暑期中讀日本朝日新聞所載『歸ル日』，覺得牠這篇描寫得很好。…且讀至下面，描寫遠不及前半部了，因之大失所望，但讀了好些譯稿覺得把牠燒毀有點可惜。於是把這譯稿改作了一下，成了飛絮這篇畸形的作品。…總之這篇飛絮不能說是純粹的創作。說是摹倣「歸ル日」而成作品也可，說是由「歸ル日」得了點暗示寫成的也可。…)

50) 張競 2004 は，《飛絮》の約 3 分の 2 に当たる部分は「帰る日」の模倣ないし，明らかな借用が散見されるが後半の 3 分の 1 は粉本と無関係だと分析する (p.37-38)。

51) 出所：張競 2004 の 35 頁に記された「図 1『帰る日』の人間関係」及び「図 2『風に飛ぶ柳のわた』の人間関係」に基づき，筆者が一部修正，加筆により作成。

52) 周振韶 1931，pp.55-59 参照。

53) 王平陵〈恋愛問題的討論〉《婦女雜誌》第 8 巻第 9 号，1922.9，p.120。(原文：以前的婦誌太置重愛倫凱的戀愛觀，許多婦女問題的作家，祇曉得從日本人的書中，『燒直』幾篇關於討論戀愛的文字，…)

54) 章錫琛〈恋愛問題的討論〉《婦女雜誌》第 8 巻第 9 号，1922.9，pp.121-122。(原

文：“love"這一個字在中國不但向來沒有這概念，而且也沒有這名詞。近來雖然勉強把他譯也『戀愛』，但概念還是沒有，所以許多人祇是把他和『姦淫』作同一解釋；這便是一般人反對談戀愛的最大的原因。…我想用戀愛來解決婦人問題的出發點。——這主張，在我的朋友中，祇有建人兄最和我同意）

55)〈選者的話〉《婦女雜誌》第 11 卷第 2 号，1925.2, p.399。(原文：但我們祇要知道，(一) 三角戀愛，祇是偶有的戀愛方式，不是一般的戀愛方式；(二) 所謂戀愛，祇是眞正的人格抱合的戀愛，不是完全獸慾的戀愛；(三) 戀愛者須有尊重對手的意志，不該有佔有對手的野心；便可不成爲問題．而且在現行法律上，有配偶者的重婚或和姦，須由配偶的他方親告始得爲罪．如果三方都願意承認，法律也沒有違反．至於道德方面，則就現代的性道德上說，凡是個人間的私事，並不及害惡於社會者，都可任個人的自由，不能稱爲不道德．這樣的關係，於社會沒有害惡可指，所以在避免悲慘的結局上，也不妨任其自由了）

第 7 章
近代訳語の変容
— 〈同性恋〉の成立をめぐって —

はじめに

　所謂同性愛は，特に男性の場合に，日中両国で古くからみられた現象で，それを表象する言葉もあった。『日国』には，【男色（だんしょく）】は「男性の同性愛」を意味するとして，《漢書》の〈佞幸伝〉がひかれ，【男色（なんしょく）】も同様の意味として，『続古事記談』(1219) や『男色大鑑』(1687) がひかれている。日本では，「平安後期以後、流行し、仏家や武家社会では容認されていた傾向がある。江戸時代には町人社会にも見られ、…男色を素材とする文学も続出し」ていた。[1)]

　一方《漢語大詞典》も，【男色】の意味を"謂男子以美色受寵"（男性が美貌により寵愛を受けることを言う）とし，早期の用例として《漢書》の〈佞幸伝〉がひかれている。劉達臨 2003 には，古くは《商書》に男色の対象を表す言葉もみえ，漢代の《戦国策》には男色が一部の国君の特別な嗜好になっていたとも指摘される。[2)] 中国の儒教思想は，むしろ異性愛に対して極めて厳格で「同性愛は儒教思想の規範が強い階層の人々の中でも家父長制をゆるがせない範囲であれば容認されていた」[3)] ようである。

　本章では，先ず日本語において近代訳語としての「同性愛」が，そのほかの訳語を凌駕して定着した様相及びその要因を明らかにする。続いて「同性愛」と「同性恋愛」が中国語に移入された過程を明示する。次に 1920 年代後半にみられた訳語の書き換えを検証することにより，現代中国語において"同性恋"が優勢になった経緯及びその要因を探る。

　最後に，第 1 章の 1.3.3. で課題提起した，民国期の言語接触により，現代中国語の"恋"の造語に影響を及ぼした可能性を検討したい。

7.1. 和製漢語「同性愛」の成立

7.1.1. 性科学の移入と「同性恋愛」の訳出

　古川 1995 は 19 世紀末から 20 世紀初めにかけて考案された数種の訳語を「同種交接・同性的色情・同種性欲・同性性欲・同性欲」などの「同性（間）色情・情欲・性欲」のグループと「同性の愛・同性の恋・同性恋愛・同性愛」などの「同性（の）愛・恋」のグループに 2 分類したうえで，前者と後者は「恋」と love の訳語「恋愛」にみる霊肉二元論として展開していくとし，「1910 年頃から女学生の同性愛がクローズアップされると、男色は影が薄くなり、同性愛といえば女性とりわけ女学生のものとされるようになった」と，女学生による同性愛関係の社会問題化と「同性愛」の定着の関連性を指摘する[4]。また古川 1994 は男子の同性愛が肉的であるのに対して女性の同性愛は精神的であり，その結果精神的な側面に重きをおいた「愛」という言葉が採用されたとする[5][6]。これに対し，肥留間 2003 は，女学生と女教師の相思相愛の記事（「女学生（十）」『東京朝日新聞』1913.3.14）などから，当時の女性同性愛は必ずしも精神的なものばかりではなく，精神的であったゆえに「同性の愛」「同性恋愛」という用語が使用されたとする説は説得力に欠けると指摘する[7]。

　また黒岩 2008 は，古川 1995 の 2 分類を受け，〈性欲〉系の語彙と〈愛〉系の語彙に分類できるとし，「〈性欲〉系の語彙のほうが、Homosexualität が原義に近いことは言うまでもないのだが、しだいに〈愛〉系である「同性愛」が他の語を凌駕するようになった。その背景には、1911 年 7 月 26 日に新潟で発生した女子学生同士の心中事件をきっかけに女性同性愛についての議論が噴出したことがある[8]」と指摘する。但し後述するように，19 世紀末から 20 世紀初頭に性科学の研究書が翻訳された際には，「同性恋愛」の方が多くあてられており，〈性欲〉系や〈愛〉系といった 2 分類での説明でよいのか疑問が生じる。

　西洋において「性」に関する科学的学問分野が登場したのは，18 世紀半ばから 19 世紀後半で，その 1 つにはドイツ人医師 R. F. von Krafft-Ebing (1840-1902) 著 の *Psychopathia Sexualis* (1886) がある[9]。Krafft-Ebing の

Psychopathia Sexualis II を日本に最初に紹介したのは，1888年9月にドイツ留学から帰国した森鷗外であり[10]，「ルーソーガ少時ノ病ヲ診ス」(1889) や「外情の事を録す」(1889) などの論文を通して，性的精神的異常傾向の概念が，そして，性倒錯者という像が，漠然とではあるが受容され始めた[11]。1889年の『裁判医学会雑誌』に発表された「外情の事を録す」で，鷗外（筆名，台麓学人）は，性倒錯を「情錯 Conträre Sexualempfindung」，女性同性愛を「擦淫 Tribadismus」「レスボス Lewbos 淫」，男性同性愛を「男色 Urning」「男風 Päderast」というように，原語に併記する表記方法により新しい性科学を紹介していた[12]。

1) 情の變ハ窮りなし精神病を論ずるものハ必ず<u>情錯 Conträre Sexualempfindung</u> といふ篇を置きてこれを包括す女の女と交ハれるこれを<u>擦淫 Tribadismus</u> といふ又の名ハ<u>レスボス Lewbos 淫</u>。多くこれを娼婦、女囚の間に見る

　　　　　（台麓学人「外情の事を録す」『裁判医学会雑誌』第2号，1889.5, p.7）

　今も巴里、龍動、伯林、維也納にハ後庭を賣て業をなすものあり即所謂かげまなり<u>男色 Urning</u> なり其情錯ハ或ハ先天性に或ハ後天性なるの別あれど要するに傅粉薫香、媚を男子に求むるものなり徃てこれを買ふものハ則ち<u>男風 Päderast</u> なり

　　　　　（同上，台麓学人「外情の事を録す」, pp.9-10）

　Psychopathia Sexualis II の日本での本格的な紹介，その邦訳（「色情狂篇」）が始まったのは1891年4月の『裁判医学会雑誌』からであった[13]。「色情狂篇」は1895年3月の『法医学雑誌』（『裁判医学雑誌』が改名した継続誌）まで掲載された。雑誌連載のものは，ほとんど改編を経ずに『色情狂篇』（春陽堂）として1894年5月に出版された[14]。このなかで，「ウルニング」つまり男性同性愛について，1894年の「色情狂篇」には「同姓恋愛」（ママ）と表記され（用例2-1)），出版の際には「同性恋愛」に修正されている（用例2-2)）[15]。

2-1) 國家及び社會は此同姓戀愛（ママ）を許すのみならず、眞に同姓（ママ）を以て一夫婦を組織するを許さざる可らずと、故に「ウルリックス」は如斯き奇異にして異常なる生殖感動を生理的なものとなし、之を病的に算入せさりしを以て此言あるに至りたるものならん

(土筆子述「色情狂篇（続）」『法医学会雑誌』第 107 号，1894.4, p.34)

2-2) 國家及び社會は此同性戀愛を許すのみならず、眞に同性を以て一夫婦を組織するを許さざる可らずと、故にウルリツクスは如斯き奇異にして異常なる生殖感動を生理的の者となし之を病的に算入せざりしを以て此言あるに至りたる者ならん

(法医学会訳述『色情狂篇』1894，pp.142-143)

但し 1900 年 3 月から 2 年間，ベルリン大学付属東洋語学校の招聘で，ベルリンに滞在した巌谷小波 (1870-1933) が，ベルリンに同性交接会があることを知り，「同性交接會とは何ぞ？原名は學術的人道協會と云へるなれど、その主として研究する所は、男子と男子との交接（男色）、女子と女子との交接（日本にはその事ありて、未だその名無きが如し)[16]」と記すように，20 世紀初頭に「同性恋愛」という訳語が普及していたわけではなかった。

Krafft-Ebing の *Psychopathia Sexualis* が『変態性欲心理』[17]（黒澤良臣訳）として全訳されたのは，1913 年であった。底本の homosexuelle Liebe は「同性的戀愛」と訳され，巻末の「索引」には「同性戀愛（Homosexuelle Liebe, 女子の—の成立)」と表記されている。

3) Eine Veranlagung in Form der Bisexualität oder der mangelhaften Fundirung einer der Entwicklung der normalen Sexualität dienenden Einrichtung oder der conträren Sexualiät vorausgesetzt, lassen sich folgende Entstehungsmöglichkeiten für homosexuelle Liebe anführen：[18]

兩性色情或は尋常なる色情の發達の基礎の不十分、或は顛倒的色情の形式に於ける素質を前提とするを得ば、同性的戀愛の成立に關して、次の事項は可能となるべし。　(黒澤良臣訳『変態性欲心理』1913, p.308)

(索引) 同性戀愛（Homosexuelle Liebe, 女子の—の成立) ············
三〇八　　　　　　　　　　　　　　　(同上，『変態性欲心理』, p.477)

この『変態性欲心理』の巻末には，「同性色情（Homosexualität)」「顛倒的色情（Conträre Sexualempfindung)」とあり，「同性恋愛」は先ず，Homosexuelle Liebe の訳語にあてられたことが分かる。[19]

訳語としての「同性恋愛」は 1914 年の『青鞜』(4 月号) に掲載された，「女

性間の同性恋愛—エリス—」（野母訳）にもみられる。この翻訳は，平塚らいてうが，青鞜社の社員・野母に H. Ellis（1859-1939）の Sexual Inversion in Women（*Studies in the psychology of sex II*）を抄訳させたものである[20]。訳文では，Homosexuality や Sexual inversion が「同性恋愛」と訳出されている。この本文の冒頭には平塚らいてうによる，野母の抄訳に至る経緯が寄せられている。そのなかでらいてうは，「女學校の寄宿舎などで同性戀愛といふやうなことが行はれてゐるやうなことを屢々耳にはいたしますけれど」と記しており，1914年当時，らいてうにとって「同性恋愛」は理解語彙であったようである[21]。

4) <u>Homosexuality</u> has been observed in women from very early times, and in very wide-spread regions. Refraining from any attempt to trace its history, and coming down to Europe in the eighteenth century, we find a case of <u>sexual inversion</u> in a woman, which seems to be recorded in greater detail than any case in a man had yet been recorded.[22]

昔から、至る處於て、女性の間に<u>同性戀愛</u>が存在したことは事實である。それを遠く歴史に遡つて追索するのは暫くおいて、今降つて十八世紀の歐州を見れば、吾人は測らずも婦人間の<u>同性戀愛</u>の一例を見出すのである。そして其記録は、男子のそれに比して、遙かに詳細を極めてゐる。

（野母訳「女性間の同性恋愛」『青鞜』第4巻第4号，1914.4, p.2）

翌月には，青山菊栄により E. Carpenter の *The Intermediate Sex*（1912）が，「中性論」と題して翻訳された[23]。第2項の「中性（The Intermediate sex）」では，the special affectional temperament of the 'Intermediate' が「中性タイプにしてもなほその特異な愛着の（卽同性恋愛）傾向」と訳され，「同性恋愛」がカッコの中に説明書きされている[24]。

5) It is also worth noticing that it is now acknowledged that even in the most healthy cases the special affectional temperament of the 'Intermediate' is, as a rule, ineradicable ;[25]

亦最も健全な中性タイプにしてもなほその特異な愛着の（卽同性戀

愛）傾向の到底改め難い事まで今日は認められて來たのも注目すべき
點である。　　　（青山菊栄訳「中性論」『番紅花』5月号, 1914.5, pp.11-12）

この『番紅花』（5月号）の巻末に付された，同人（神近市子）「編輯室にて」には，青山菊栄が「中性論」を翻訳した経緯が明かされている。「何時か青山さんとお逢ひした時に同性戀愛のお話が出た。その時にカアペンターの説によると同性戀愛は異性間のそれよりはもつと精神的なもので…、大變面白い見解がある」とのことだったので，後日，青山菊栄に「中性論」の翻訳を依頼したと記されている。この記述からは青山が訳語「同性恋愛」を精神的な意味として捉えていたことが窺える。

また，1911年の『新公論』に組まれた特集「性欲論」のなかで，内田魯庵（1868-1929）が，「伯林には同性戀愛を研究する會」があると紹介するなど，「同性恋愛」の汎用も窺える。但し特集「性欲論」の魯庵に続く論文には「同性性交」「性欲顛倒者」「女性同志の恋」「顛倒性欲」などといった言葉もみえ1910年代初め，訳語はまだ一様ではなかった。

6-1)　伯林には同性戀愛を研究する會があつて、其會員の一人なる或る博士は昆蟲や男色を研究してゐるといふ奇談がある。
　　　（内田魯庵「性欲研究の必要を論ず」『新公論』第26年第9号, 1911.9, p.2）

6-2)　女の同性性交は西洋にも昔からあつた現象である。例の希臘の女詩人のサッフォーなどが矢張り此種の性欲顛倒者で其の名を採つて女の同性性交をサフイズムと謂ふやうになつた。（又レズビアン、ラヴとも謂ふ）。
　　　　　　　（桑谷定逸「戰慄す可き女性間の顛倒性欲」, 同上『新公論』, p.35）

6-3)　例の少女情死事件以後「女同志の戀」について著しく社會の耳目を曳くに至つた。この防禦策につき今や女子教育家は非常に苦慮して居るが、夫れから見れば、近時男性顛倒性欲の現象は衰退したと云ふ者がある。僕は必ずしもそうでないとおもふ。
　　　　　　　（河岡潮風「男性間の顛倒性欲を排す」, 同上『新公論』, p.43）

7.1.2. 訳語の混用

先行研究では *Psychopathia Sexualis II* との出会いが，森鷗外に「キタ・

セクスアリス」といった小説も含めた，性研究に向かわせたと指摘される[28]。但し 1909 年の「ヰタ・セクスアリス[29]」でも，男性同性愛は「男色」や Urning が用いられていた。ところが，1911 年 5 月の『昴』に発表された「青年」においては，次の用例 7) のようにフランス語 homosexuel の対訳として「同性の愛」があてられている[30]。

7) 　純一の笑ふ顔を見る度に、なんと云ふ可哀い目附きをする男だらうと、大村は思ふ。それと同時に、此時ふと<u>同性の愛</u>といふことが頭に浮んだ。人の心には底の知れない暗黒の境がある。不斷一段自分より上のものにばかり交るのを喜んでゐる自分が、ふいと此青年に逢つてから、餘所の交を疎んじて、こゝへばかり來る。不斷講釋めいた談話を尤も嫌つて、さう云ふ談話の聞き手を求めることは屑としない自分が、此青年の爲めには饒舌して忌むことを知らない。自分は <u>homo sexuel</u> ではない積りだが、尋常の人間にも、心のどこかにそんな萠芽が潛んでいるのではあるまいかといふことが、一寸頭に浮んだ。

（鷗外「青年 二十一」『昴』第 3 年第 5 号，1911.5，p.6）

鷗外は，1894 年の『色情狂篇』で「同性恋愛」が訳出されたことは，当然知り得ていたと思われる。そのうえで，homosexuel の対訳として「同性恋愛」ではなく「同性の愛」をあてたと考えられる。「愛」は時代経過により意味の変遷もみられ，意味範囲も広い漢語である。鷗外が 1890 年の『舞姫』で「エリスが愛」と使ったのも，明治に入ってからの新しい用法であった[31]。

「青年」が発表されてから 2 か月後，1911 年の 7 月 26 日に，2 人の女学生の投身心中事件が起き，『読売新聞』(1911.7.31 付) や『婦女新聞』(1911.8.11 付) で「同性の愛」と題した記事が紙面を賑わすようになる。『読売新聞』は，俗に言われる「オメ」[32]が「同性の愛」と記され，「近時各女学校にて盛んに行われ」ていると伝えている (用例 8))[33]。また『婦女新聞』は，女学生の心中事件に触れたうえで，「女子教育上余程警戒せねばならぬこと」として，記事の末尾に「同性の愛の研究に参考となるべき事」を読者に募集している。

8) 　兩人の關係は俗に謂ふ「オメ」の關係にて近時各女學校にて盛に行はるゝ一種厭ふべき<u>同性の愛</u>なり（「恐るべき同性の愛　曾根岡村二令嬢の

第7章　近代訳語の変容　203

　　　投身　女子教育界の一大問題」『読売新聞』1911.7.31，朝刊3面）
9)　（冒頭）此程曾根工學博士令孃と岡村專賣局主事令孃とが新潟縣親不知の海に投じて情死したとの新聞紙の記事を見て女同士がさういふ愛に陷るといふ事が實際あり得るものか俗にいふオメの關係などいふことが事實に存在するものか若しあるものとすれば女子教育上餘程警戒せねばならぬ事になる之は眞面目に研究せねばならぬと思ひ諸方面の人々に就て聞き得たる所次の如し
　　　同性の愛の研究に參考となるべき事實御存じの方は僅の事にても宜しく何卒御通信下され度願上候
　　　　　　　　　　　　　　（「同性の愛の研究」『婦女新聞』1911.8.11付，p.4）

同じく『婦女新聞』の1911年9月8日付の某高等女学校長による「同性の愛に就て」においては，「題目」及び冒頭で「同性の愛」を用いながらも，本文の中程では，「某專修科生二名亦同性愛に陷り」と「同性の愛」を一語化したとも思われる，「同性愛」を使用している。

10)　頃日同性の愛と題して研究せらるゝ事項に付、拙老の意見を御参考に供せんとす。此の如き問題は、理屈よりも寧ろ實際に就て攷究せざるべからず。…全體同性の戀愛も之を等閑に附せば異性の戀愛を誘引する恐れあり、加之同性亦弊害を生ず、拙老が經驗によれば、大阪に於ける紡績工女女は下女同士の情死あり、女子高等師範學校の某專修科生二名亦同性愛に陷り、卒業の際互に離別する事を悲みたる結果、その請求通り二人同一校の聘用に赴任せしめたる事あり、
　　　　　　　　　（無氏名：山人「同性の愛に就て」『婦女新聞』1911.9.8付，p.3）

「同性愛」が新聞の題目，及び本文に使用されているのが，2か月後の『読売新聞』(1911.11.5付) である。用例11) の「研究すべき同性愛」は，H. C. Andersen (1805-1875) や O. Wilde (1854-1900) などが所謂同性愛者であったことなどを紹介し，「男性と男性の愛，女性と女性の愛」を「同性愛」という一語で説明している。著者の中原青蕪については詳細不明であるが，記事の内容からは西洋の文献の翻訳を通して訳出された可能性が高い。[35]

11)　同性愛、この現象に就ては近來獨逸ではオイレンブルヒ事件の突發した以來非常に興味を持たれて研究されてゐる事象である。同性愛

之を分ては男性と男性の愛、女性と女性との愛の二つになる。
(中原青蕪「研究すべき同性愛」『読売新聞』1911.11.5 付，付録1)

また，1913年の雑誌『太陽』の「時評」欄に掲載された「同性愛の事実頻々」は，新潟で起きた女子同性愛の事件を「女子の間に同性愛の流行甚しきこと曝露されたる」とし，この方面の専門家が研鑽を努めることを望むと結んでいる。

12) 相愛の女子相攜へて越後の海岸に投じてより女子の間に同性愛の流行甚しきこと曝露されたるが一時下火に見えたる男子相互間の同性愛も近頃に至りて再び復活し來れりとの噂を聞く、… 其研究は生理學的、心理學的知識に待つ所多し、隨つて此方面の専門家も亦大に研鑽努むる所あらんを望む。
(「同性愛の事実頻々」『太陽』第 19 巻第 8 号，1913.6.1，pp.31-32)

以上のように，19世紀末から1910年代の翻訳で「同性恋愛」が訳語として汎用される一方で，1910年代前半の新聞や雑誌では「同性の愛」や「同性愛」という言葉も汎用されていたことになる。また「同性の愛」は次の用例 13) にみるように，西洋の性欲研究が紹介された「性」研究の専門書『男女の性欲研究』にも使われていた。著者は後に月刊誌『変態性欲』を刊行した田中祐吉である。田中は社会の裏面に行われる所謂同性愛も，Krafft-Ebing ら西洋の研究者による同性愛研究も「同性の愛」という言葉で表している。

13) 異性相牽引し相愛慕するは人性の自然であるが、然るに時として男子にして男子を愛し女子にして女子を慕ふが如き異常の現象がある、同性の愛とは、即ち之を指すので、世人の豫想以外に汎く社會の裏面に行はれゐる一種の陋風である。
(田中祐吉「同性の愛」『男女の性欲研究』1912, p.85)

クラフトエビングは最初は同性の愛を以て神経病性及び精神病性状態の現象と看做してゐたが、其後此説を一變して、一種の異常 Anomalie と認め、疾病若くば變性状態に属すべきものに非ることを論ずるに至つた、
(同上，田中祐吉「同性の愛」，p.89)

但し1910年代には，「同性の恋」(島中雄三「同性の恋と其実例」『婦女新聞』

1911.8.18)や「同性的恋」（紅葉粋人「二七　女学生間に流行する同性恋」『男女恋の秘訣』（東雲閣，1916）などもみられた。[38]

7.1.3.「同性愛」への収斂

　1910年代後半になると，性の専門書においても「同性愛」が汎用されるようになる。1915年の性科学者・羽太鋭治と澤田順次郎による『変態性欲論』の「第3章 同性間性欲の概論」には，ドイツ語 Homosexualität の訳語[39]として「顚倒欲，同性間性欲」があてられ，更に「単に同性愛ともいふ」と記されている。これは，専門分野においても「同性愛」が汎用されるようになったと言えそうである。[40]

14)　これは謂はゆる同性間における顚倒性欲、乃はち同性間性欲（Homosexualität. 單に<u>同性愛</u>ともいふ）にして、平たく云へば、男性にして他の男性を戀ひ、女性にして他の女性を慕ふ類のものこれなり。

（羽太鋭治・澤田順次郎『変態性欲論』1915，p.42）

　また，1917年に出版された雀部顕宜の『女性の心理』の「序」には，「本書はなるべく多くの婦人のかたの間にも讀者を得たく，…出來る限り平素な通俗的なものに編述することゝした」と記述され，本文では女性間，男性間[41][42]の同性愛として「同性愛」が用いられている（用例15））。更に，1919年2月に出版された医学博士・榊保三郎の『性欲研究と精神分析学』には，「同性愛」が詳しく論じられている（用例16））。

15)　然らば何故に世間では、女性間の<u>同性愛</u>に就て語る所少く、實際の事實より過少視されたのであらうかと言ふに、雜と四つばかり其の理由を擧げることが出来る。第一に、<u>同性愛</u>は男性間では普通のことのやうに思はれ、　　　　（雀部顕宜『女性の心理』1917，pp.190-191）

16)　殊に<u>同性愛</u>の如きは、男女の諸學校、寄宿舎、僧侶學校、就中女學校に甚だ多きを以て其の監督者は大に此點に向つて注意を拂はざるべからず。次に先づ<u>同性愛</u>より述べん。

（榊保三郎『性欲研究と精神分析学』1919，p.167）

　このように，1915年以降は，性研究の専門書においても「同性愛」が汎用されたのである。では，翻訳で訳出された「同性恋愛」は，どうなったの

であろうか。用例5）で示した，青山（旧姓）菊栄訳の「中性論」（1914）が堺利彦・山川菊栄訳『女性中心と同性愛』に所収された際には，題目も「同性愛」と改題され，「同性恋愛」や「同性の愛」と訳出されていた幾つかの箇所は，「同性愛」に改められている。

17-1)　以上の簡単なスケッチに依て世界に於ける同性戀愛の立ち場は十分明白になつた事と思ふ、

(青山菊栄抄訳「中性論」『番紅花』6月号，1914.6, p.136)

以上の簡単なスケッチに依て、世界に於ける同性愛の立ち場は十分明白になつた事と思ふ。

(山川菊栄訳「同性愛」『女性中心と同性愛』1919, p.202)

17-2)　さういふ無節制や肉慾が同性の愛の動機であり目的であると思惟して、　　　　(同上，青山菊栄抄訳「中性論」, p.137)

さういふ無節制や肉慾が同性愛の動機であり目的であると思惟して、

(同上，山川菊栄訳「同性愛」, pp.203-204)

書き換えは，1920年代以降の田中香涯の論文や著書にもみられる。用例13）で示したように，田中は1912年の『男女の性欲研究』では，「同性の愛」を使用していたが，1922年に創刊した月刊誌『変態性欲』では，専ら「同性愛」を用い，同年に出版した『人間の性的暗黒面』では，「同性愛」をHomosexualitätの訳語とみなしていることが分かる。

18-1)　同性愛には先天性と後天性との二種がある。先天性のものは生來同性に愛着心を有するもので，此種の性慾異常を除けば身心の通常なるもの多く，必ずしも疾病或は變質状態に基因するものと認められない。

(田中香涯「変態性欲要説」『変態性欲』創刊号，1922.1, p.51)

18-2)　男子が女子を戀ひ、女子が男子を愛するは、自然であるが、之に反して同性に向つて專ら愛情を傾け、異性を嫌忌する一種病的の人間がある、此の如きものは屡々身心の健全なる人に於ても認めらるゝことで、唯だ性慾のみが變化してゐるのである、醫學上では同性愛Homosexualitätを稱して性慾顛倒Konräre Sexual-Empfindungといひ、性慾倒錯の一種としてある、

(田中香涯『人間の性的暗黒面』1922, p.40)

　以上のように，「同性愛」は1920年代初めには，訳語が収斂されたと言えそうである。それは，1921年に出版された『風俗問題』での論述や1922年出版の『ポケット顧問 や.此は便利だ』の収録からも窺える。更に，1925年の『広辞林』に，「男子が男子に対し又は女子が女子に対する恋愛」の意味として，1927年の『双解独和大辞典』が，Homosexualitätの訳語として「同性愛」をあてていることからも裏付けられる。

　この「同性愛」という言葉は，森鷗外が「青年」(1911)で「同性の愛」という言葉を使用した後，1910年代前半に一語化され，専門用語の分野においても汎用されたものと推測される。

　ここで，鷗外がなぜ「愛」をあてたのかを考えてみたい。「青年」には，「恋愛」という言葉も使われていた。例えば，「坂井夫人は決して決して己の恋愛の対象ではないのである」「母の型の女を対象にしては恋愛の満足は出来ないでせうし」というように，「青年」のなかで鷗外は「恋愛」の意味を，専ら男女の関係を表すことばとして捉えている。また，「青年」が発表される前年，『二六新聞』に連載された「心頭語」では，「恋愛という語は元来西洋語の翻訳によって生じた新しい語であり，これを狭義に解釈すれば主として結婚以前の男女の相愛関係を言うのであり」と語っている。つまり，鷗外にとって「恋愛」とは，男女の相愛を表す言葉であり，homosexuelの訳語としては適切ではなかったのであろう。その結果，「愛」という言葉を選んだのではないだろうか。蒲生1982は鷗外の「舞姫」と「青年」に使用された語彙を詳細に考察したうえで，鷗外の言葉の使い方について「時流に逆行せぬぎりぎりのところで『旧来の語格』，国語の『正則』を守る立場に立」ち，「鷗外の目から見て（それは多くの場合、世人一般とは合わなかったが）、今の世にも『用ゐるに堪へたる』『古き好き詞』（文字遣いを含めて）を『撈り出し揀り』出して，現代に蘇生せしめようと努めてもいる」と評している。

　ところで，一語化された「同性愛」が汎用された要因には，漢語「愛」のもつ造語力も考えられる。

　表1は，「□□＋愛」構成の三字語が使用されている文献を『日国語大辞典　第二版』と近代デジタルライブラリーから抽出し，年代順にまとめたも

のである。[51]

表1 江戸末期から昭和初期の文献にみられる「□□＋愛」の構成語

年　代	「□□＋愛」構成の語，及びその使用がみられる文献
江戸期末 　　－明治期 （　－1911）	夫婦愛（『人情本・春情花の朧夜』1860頃） 人類愛（坂本清作編『人類愛』関東水平社甦生会本部，1900） 無我愛（加藤弘之『学説乞丐袋』弘道館，1911）
大正期 （1912-1924）	祖国愛（文部省訳『独逸国民に告ぐ』帝国教育会，1917） 異性愛（澤田順次郎『神秘なる同性愛』天下堂，1920） 同性愛（澤田順次郎『神秘なる同性愛』天下堂，1920） 同胞愛（新居格『左傾思潮』文泉堂書店，1921） 人間愛（米田庄太郎『恋愛と人間愛』弘文堂書店，1923） 隣人愛（生田長江訳『ツァラトゥストラ』新潮社，1924） 母性愛（鳥山朝夢訳『女子春秋』朝香屋書店，1924）
昭和初期 （1925-1940）	自己愛（長与善郎『竹沢先生と云ふ人』岩波書店，1925） 自然愛（斎藤清衛『国文学の序説：四大国文学者の批判』1925） 同士愛（細田民樹『真理の春』中央公論社，1930） 師弟愛（本地正輝『先生！（師弟愛物語集）』三洋社，1930） 郷土愛（田沢義鋪『青年団の使命』日本青年館，1930） 父子愛（菊池寛「話の屑籠」1932） 父性愛（岡本かの子『仏教読本』大東出版社，1934）

　表1からは，日本語の「愛」には造語力があり，1920年代から1930年代にかけて，同性愛のみならず，異性愛や人間愛，母性愛など「□□＋愛」構成の言葉が数多く創出されていたことが分かる。

　その一方で，「恋」の「□□＋恋」の構成語について，『日国語大辞典　第二版』（電子版）には『平家物語』（13C前）や『徒然草』（1331頃）にみられた「想夫恋（サウフレン）」があげられている。「想夫恋」は中国の〈楽府詩集〉にみられた"相府蓮"や"想夫憐"が「男を恋慕する女心の曲と解され」た[52]ようである。「恋（レン）」の2字語の造語をみると，明治期以降，本書の第3章で考察した「失恋」のほかに，『日国語大辞典　第二版』（電子版）では，「破恋（ハレン）」（『春潮』田山花袋，1903），「得恋（トクレン）」（『桐畑』里見弴，1920），「邪恋（ジャレン）・秘恋（ヒレン）」（『古典と現代文学』山本健吾，1955）が確認できるだけである。

「同性の愛」を1語の名詞とした「同性愛」が汎用された背景には，愛の持つ意味的要素に加え，漢語としての造語力に因るところがあったと言って良いだろう．

7.2. 「同性愛」と「同性恋愛」の中国語への移入

7.2.1. "同性愛"と"同性恋愛"の混用

中国において本格的な性科学の研究がなされたのは，1940年代に入ってからだと指摘される[53]．しかし1920年代前半には日本語からの重訳や日本語文献の翻訳がみられ，その際に訳語として「同性愛」や「同性恋愛」が移入されていた[54]．

先ず1920年6月6日付の《申報》（16987号）には，社会経済叢書第一期と題して，11月に陳望道訳の《女性中心与同性愛》が出版されると予告され，その書名に"同性愛"がみえた．前述の通り1919年に日本では堺利彦・山川菊栄訳『女性中心と同性愛』が出版されており，その重訳と思われる[55]．

1920年8月の《婦女雑誌》には，正声によりE. Carpenterの *The Intermediate Sex* の最初の2章（〈緒言〉〈中性〉）が翻訳され，訳語として"同性恋愛"があてられている[56]．この *The Intermediate Sex* は，本章の用例5) に示したように1914年に青山菊栄訳「中性論」と題して翻訳されている．用例5) で青山がカッコに付した「同性恋愛」は，正声訳においても"同性恋愛"がカッコ内に付されており，青山菊栄訳を参照したものと思われる[57]．

19) It is also worth noticing that it is now acknowledged that even in the most healthy cases the special affectional temperament of the 'Intermediate' is, as a rule, ineradicable[58]；

而且最健全的中性模型有如那終始不變的特異戀愛（即同性戀愛）的傾向，今日已認爲最可注目的一點．

（正声訳〈中性論〉《婦女雑誌》第6巻第8号 1920.8, pp.7-8)

1922年の《婦女雑誌》には田中香涯原著，幼雄訳〈男性的女子和女性的男子〉が掲載され，"同性的愛"と訳されている[59]．現在のところ，田中香涯の原著は確認できていないが，1912年の『男女の性欲研究』にも「同性の愛」

が使用されており，幼雄訳の底本も「同性の愛」と記されていたと推測される。

20) 又俄國彼得大帝的皇女，愛利沙倍太女皇，是經過七年戰爭，英名桌著的君主，人所共知；她也愛着男裝；喜歡同性的愛；但在異性間，也極淫亂。(幼雄訳〈男性的女子和女性的男子〉《婦女雑誌》第8巻第2号 1922.2, pp.61-62)

(またロシアのピョートル大帝の皇女・エリザベータは，七年戦争を経て，名声際立つ君主であり，よく知られている。彼女は男装の着用を愛し，同性の愛を好んだものの，異性間においても極めて淫乱であった)

1923年以降も《婦女雑誌》には所謂同性愛に関する論文が度々掲載され，その際には"同性恋愛"や"同性愛"が用いられている。用例21) は，女学校に流行る所謂女性の「同性愛」について論じられたもので，"同性愛"が用いられている。日本では，1910年代初め頃，同性愛が女学校で流行っていたが，中国においても日本よりやや遅れ表面化したようである。[60]

21) 去年下學期，有某地女子師範學校發生風潮，我們此間會接到一種傳單，係該地人士攻訐校長的話；其中有一條，是說該校學生同性愛習慣的流行，以爲這是校長管理不善所致。

(晏始〈男女的隔離与同性愛〉《婦女雑誌》第9巻第5号 1923.5, p.14)

(昨年度の後期，某地の女子師範学校で発生した風潮があり，我々はこの時宣伝ビラを受け取った。現地の人が校長の過失を暴いて責めるという話である。その1つは，その学校の学生に同性愛の習慣が流行ったのは，校長の管理が行きとどいていないからだそうだ)

晏始についても前出の正声や幼雄と同様，未詳であるが，1922年1月の《婦女雑誌》に〈日本老婦人之赴美〉(「日本老婦人のアメリカ行き」)という随筆が掲載されており，日本の事情に通じていたと思われる。[61]

1927年には，樊仲雲[62]訳《恋愛論》に"同性愛"の使用がみられる。《恋愛論》の第7章〈中性〉[63]は，青山菊栄訳「中性論」(本章の用例5))と同様，E. Carpenterの The Intermediate Sex の第2節の翻訳である。底本にある homogenic nature が"同性愛"と訳されている。樊仲雲訳の〈中性〉には"同性愛"と訳された箇所が多く，青山訳が参照された可能性が高い。[64]

22) These are types which, on account of their salience, everyone will recognize more or less. Naturally, when they occur they excite a good deal of attention, and it is not an uncommon impression that most persons of the <u>homogenic nature</u> belong to either one or other of these classes.[65]

像這類的人物，因爲特別顯著，所以誰都能够辨別出來。他們的出現，常自然的能够引起人的注意，普通都以爲這類人物，大概都具有<u>同性愛</u>的傾向。　　　　　　（樊仲雲訳〈中性〉《恋愛論》1927，p.140)

（このようなタイプの人は顕著である為誰もが見分けることができる。彼らはいつも自然に人の注意を引くので，普通にこのような人は大抵同性愛の傾向を持つと思われている）

1920年代後半には，張資平の翻案小説や茅盾の小説にも"同性愛"の使用が確認できる。前章でも触れた張資平の翻案恋愛小説《飛絮》(1926)には，底本に描写されたヒロインが叔母と同じ布団に入った際に感じた感情が描写され，それが"同性愛"と表現されている。[66]

23) 雲姨母祗說山里天氣涼，湊近些睡暖和些，但我覺得雲姨母的親近我帶有點兒<u>同性愛</u>的分子。　　　　　（張資平《飛絮》1926，p.52)

（雲叔母は山の気候は涼しいから少し近寄って寝ると暖かくなると言ったが，私には叔母の接近が同性愛の感情をもたらすと思えた）

茅盾の小説〈幻滅〉(1927)のなかでも，女性同士の関係を描写する際に，"同性愛"が使用されている。ここでいう彼女たちとは主人公・章と，友人・王女史を指し，彼女たちが姉妹のように親しくしているのを見て，趙女史が"同性愛"だと揶揄している。[67]

24) 他倆旣是這等親熱，且又同居，因此趙女士常說他們是<u>同性愛</u>.（ママ）
　　　　　　　　　（茅盾〈幻滅〉《小説月報》第18巻第10号，1927.10，p.29)

（彼女たち2人がこのように仲がよく，更に一緒に住んでいるので，趙女史は，彼女たちが同性愛だといつも言っている）

以上のような用例からは，1920年代には日本語から移入された"同性愛"や"同性的愛""同性恋愛"が混用されていたことが分かる。

7.2.2. "同性恋愛"の汎用

1920年以降,所謂同性愛を表す言葉が混用されるなか,《申報》には,"同性愛"や"同性恋愛",そして"同性恋"が使用されている記事を確認することができる。

次の図1は,《申報》(1872-1949)に使用された"同性恋愛、同性愛、同性恋"の使用数比である。1920年代後半から1930年代前半を中心に"同性恋愛"がやや優勢的に使用されていたことが分かる。

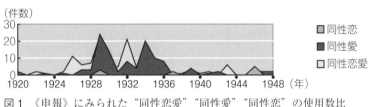

図1 《申報》にみられた"同性恋愛""同性愛""同性恋"の使用数比

例えば,1923年2月20日付の《申報》(図版7)には,雑誌《半月》の第2巻第11号の刊行広告が掲載され,収録予定の顧明道の〈同性的愛〉について,"明道的同性的愛是記兩個少年男子的同性戀愛很有意味"(明道の「同性の愛」は2人の少年の同性愛を記したもので味わいがある)と説明されている。[68][69]

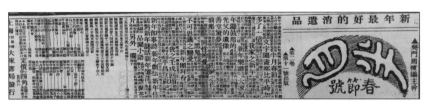

図版7 《申報》広告:顧明道〈同性的愛〉

また,1923年2月20日付の《申報》(図版8)には,出版予告の広告として,《同性恋愛論》が,「この書は日本の性欲叢書から選ばれた。男女の新しい性欲問題,例えば性交衛生,変態性欲に対する問題を詳しく論じている。各節では言葉が伸び伸びとしていて価値のある作品である」と紹介されている。[70]

同書は日本文献の翻訳だと思われる[71]。

このように，1920年代前半の《申報》の広告には"同性恋愛"の使用がみられ，以降同紙では"同性恋愛"が優勢的に使用されていたようである。

1920年代後半になると，《申報》以外の資料からも，"同性恋愛"優勢の状況がみ

図版8 《申報》広告：《同性恋愛論》

えてくる。1926年4月に北京大学の教授であった張競生による《性史》の第1集が出版された[72][73]。その後出版された第2集には〈我之同性恋愛〉（私の同性恋愛）と題した浮海客（既婚男性）の「体験談」と小江平による「助言」が掲載され，両者とも"同性恋愛"を使用している[74]。

25-1) 我在小學校時代，同學中年齡小的不過十一二歲，年齡大的却有十八九歲，性的智識，大概很模糊影響的；可是很自然的發生了許多<u>同性戀愛</u>的事實。

（浮海客〈我之同性恋愛〉《性史》第2集，1926，p.52）

（私が小学校の頃，同級生の年齢は小さいほうは11，2歳，大きいほうは既に18，9歳になっていましたから，性の知識についてはいくらか影響を受けていました。多くの同性愛の事実が自然に発生していました）

25-2) <u>同性戀愛</u>發生的原因，既由於身體中含有異性成分的發展的而來，故凡其性質而有幾分類似異性的，必易起<u>同性戀愛</u>的病症。

（小江平〈我之同性恋愛〉同上《性史》1926，p.57）

（同性愛が発生する原因は，身体に含まれる異性成分の発展に依るものである。故に，その性質がいくらか異性に類似したものがあるならば，同性愛の病症を引き起こしやすい）

また前章で触れた黄中著の《三角恋愛》のなかでも，"同性恋愛"が使われている。

26) 隔座的幾個酒客，都愕然回顧。

『我不喜歡同性戀愛。「拾正道弗由」，我想，一定什麽沒有趣味。』

(黃中《三角戀愛》1929，p.31)

(隣の席の何人かの客は皆驚いて振り返った。

「私は同性愛が好きじゃない。「正道を拾うことにいわれなし」。きっと何にも面白くないと思う」)

このような"同性戀愛"の優勢は，1920年代から1940年代の辞典にも反映された。日本語の英和辞典類を参照したとされる《綜合英漢大辭典》(1928)には【Tribadism】の訳語として"婦人之同性愛"と表記されたものの，1930年の国語辞典《王雲五大辭典》，1933年の《新術語辞典　続編》[75]や《辞海》，1948年の《新知識辞典》[76]には，【同性戀愛】が収録されている。

27）【Tribadism】婦人之同性愛，婦女間之非自然的性慾.

(《綜合英漢大辭典》1928)

（婦人の同性愛。婦女間の非自然的な性欲）

28）【同性戀愛】女與女或男與男間發生的戀愛。　(《王雲五大辭典》1930)

（女性と女性或いは男性と男性の間に発生する恋愛）

29）【同性戀愛】(Homosexual love) 男子與男子或女子與女子所發生的一種變態的性愛。　(《現代語辞典》1933)

（男性と男性或いは女性と女性に発生する一種の変態性愛）

30）【同性戀愛】(Homosexuality) 這是一種變態性慾，對於同性（如男人對男人或女人對女人）發動性慾，而對異性反不感興味。

(《新術語辞典　続編》1933)

（これは一種の変態性欲。同性に対して（例えば男性が男性に対して，女性が女性に対して）性欲を発するが，異性に対して興味を感じないこと）

31）【同性戀愛】(Homosexuality) 變態的性慾之一. 對於同性間發生性慾的戀愛與嫉妬，成爲女性男或男性女之現象者是.

(《辞海》1936)

（変態性欲の１つ。同性間に発生した恋愛と嫉妬に関して，女のような男或いは男のような女の現象の者がこれになる）

32）【同性戀愛】(Homosexuality) 同性與同性間所發生的一種變態性愛。

如男子愛男子，女子愛女子等。同性戀愛在青年時代尙未
與異性接觸以前最易發生。　（《新知識辭典》1948 増訂 1 版）
(同性と同性の間に発生した一種の変態性愛。例えば男性が男
性を愛し，女性が女性を愛することなど。同性の恋愛は青年
期において，異性と接触する前に最も発生しやすい)

　1930 年代，1940 年代の辞典には，【同性恋愛】の意味として，「変態性欲」
や「変態性愛」という文言が付けられている。但し《現漢》1973 試用本か
ら 1983 第 2 版までにおいては，次のように，「一種の心理変態」とされ，時
代の経過により，その解釈の捉え方に変化がみえる。

33)　【同性恋愛】男子和男子或女子和女子之間発生的恋愛関係，是一種心
　　　理変態。　　　　　　　　（《現漢》1973 試用本-1983 第 2 版）
(男性と男性或いは女性と女性との間に発生する恋愛関係であ
り，一種の心理変態である)

　ところで，《現漢》の 1996 年の第 3 版以降は，【同性恋】が収録されるよ
うになる。次節では，どのような経緯により【同性恋】の収録に至ったのか
を明らかにする。

7.3.　潘光旦の文献にみる書き換え

7.3.1.　1920 年代前半の"同性愛"と"同性恋愛"

　先ず本節では，"同性恋"が現代中国語として定着するようになった糸口
を後に社会学者となった潘光旦の論文から探ってみたい。1924 年 11 月の[77]
《婦女雑誌》に，潘光旦の論文〈馮小青考〉が掲載された。潘光旦は馮小青
(1595-1612) の詩を取りあげ，馮小青にみられた"影恋"(自己愛)を精神分[78]
析の視点から論じた。この論文のなかで，潘光旦は"同性愛"や"同性恋愛"
を使用している。前節で論じた通り，1920 年代初めの《婦女雑誌》に掲載
された翻訳や随筆などには"同性恋愛"や"同性愛"がみられ，潘光旦もこ
れらを参照したのであろう。

34-1)　精神分析論者謂有自愛的性心理的人，其有變動時，大率趨向同性
　　　愛一途，小青與楊夫人相與之日，其影戀的程度比較尚淺，其受環

境之影響亦較易，而其戀愛生活乃漸有同性的趨向，讀其致楊夫人
書，撫今干感舊。

    （潘光旦〈馮小青考〉《婦女雜誌》第 10 巻第 11 号，1924.11，p.1714）
（精神分析論者は，自愛の性心理を持った人に変動が生じた時に殆んど同
性愛になると主張している。小青が楊夫人と付き合った日は，其の自己愛
の程度は比較的まだ浅かった。その環境から受けた影響も比較的穏やか
だった。だが，その恋愛の生活は次第に同性の趨向を帯びていった。楊夫
人に宛てた手紙を読むと昔が偲ばれる）

34-2) 昔女子之願影自憐以至於積重難返者大率因深居簡出而絶少閨中膩
   友之故；其行動略較自由，交遊略較廣闊者，又多流入<u>同性戀愛</u>一
   途。是以女學與而影戀之機絶，男女同校之法行而<u>同性戀愛</u>之風衰；

                （同上〈馮小青考〉，p.1717）
（昔，女性の自己陶酔が長年の習慣で急には改められなかったのは，だい
たい家の中ばかりに引っ込んでめったに外出せず，女性の親友が極めて少
なかったゆえである。しかしその行動が比較的自由で，交際も比較的広く
闊達であった人は，その多くは堕落して同性愛になった。したがって女学
が盛んになることにより自己愛が絶え，男女同学の法の施行により同性愛
の風潮が衰えることになる）

 潘光旦が〈馮小青考〉のなかで，女学が盛んになることにより自己愛が絶
え，男女同学の法の施行により同性愛の風潮が衰えると論じるように，1922
年の学制により制度上は男女同等の教育を受けられるようになったことは，
女学生間の同性愛にも影響を及ぼしたと推察する。

7.3.2. 1920 年代後半の"同性恋"

 《婦女雜誌》に掲載された〈馮小青考〉は大幅に加筆され，3 年後の 1927
年 7 月に《小青之分析》として新月書店から出版された。驚くことに，〈馮
小青考〉に用いられていた"同性愛"や"同性恋愛"はほとんど"同性恋"
に書き換えられている[79]。更に《小青之分析》には，"異性恋"（異性愛）や"自
我恋"（自我愛）という"恋"による構成語もみられた。

35) 夫<u>異性戀</u>之生活至複雜也；唯其複雜，故順應之之方，亦較順應<u>自我</u>

戀與同性戀等生活爲繁劇；惟其繁劇，精神畧脆弱者在平時已有不能應付之勢，況當凄風苦雨之候乎？　（潘光旦《小青之分析》1927, p.31)[80]
（そもそも異性愛の生活はとても複雑だ。複雑だからこそ，これに順応する方法も自我愛と同性愛などの生活に順応するより繁雑で厳しい。繁雑で厳しいからこそ，精神がむしろ脆弱な者は，通常対処できない状態にある。まして，大変厳しくて困難な状況に置かれた時は言うまでもない）

更に《小青之分析》は，1929年8月に《馮小青——一件影恋之研究》と改題され，訂正再版されたが，同箇所はやはり"同性恋"となっている。[81]

実は，《小青之分析》が出版された翌年の1928年に"同性恋"を使用している小説もあった。それは沈従文[82]の小説〈阿麗思中国遊記〉(「アリス中国遊記」）である。この小説は「不思議の国のアリス」をモチーフにしたもので，マヒワとヒバリの関係が比喩的に"同性恋"と表されている。

36）　然而當眞他們是一對同性戀的，大致是有同樣聰明伶俐而又同樣小身個兒，所以就很互相愛慕要好起來了。

　　　　　　　　（沈従文〈阿麗思中国遊記〉《新月》第1巻第3号，1928.5, p.35）
（しかし同様に聡明で利口で，更に同様に体も小さかったので，互いに慕い合うようになった）

この〈阿麗思中国遊記〉は月刊誌《新月》[83]に掲載され，2か月後に同名で新月書店から出版されている。潘光旦と沈従文が共に《新月》の同人であり，《小青之分析》と《阿麗思中国遊記》が共に新月書店から出版されていることからは，両者の"同性恋"の使用には関連性があったと思われる。

潘光旦はその後の出版物のなかでも，"同性恋"を訳語としてあてている。1946年にH. Ellisの*Psychology of Sex* (1933)の訳注《性心理学》が出版された。[84]同書では，底本のhomosexualityは"同性恋"と，更にheterosexualityは"異性恋"と訳されている。

37）　When the sexual impulse is directed towards persons of the same sex we are in the presence of an aberration variously known as "sexual inversion," "contrary sexual feeling," "uranism," or more generally, "homosexuality," as opposed to normal heterosexuality.[85]
假如一個人的性衝動的對象是一個同性而不是異性的人，就這另成一

種性歧變的現象，有人叫做『性的逆轉』（"sexual inversion"），或『反性感』（"contrary sexual feeling"）或『優浪現象』（"uranism"），比較最普通的名詞是『同性戀』（homosexuality），所以別於常態的異性戀（heterosexuality）。　　　　（潘光旦訳注《性心理学》1946，p.218）
（もし，人の性の衝動の対象が同性で，異性でなかったなら，これは一種の性の異常な現象で，「性の倒錯」（sexual inversion），或いは「反性感」（contrary sexual feeling），或いは「優浪現象」（uranism）とも言われるが，一般名詞は「同性恋」（homosexuality）であり，最もよくある「異性恋」（heterosexuality）とは別である）

以上のように，潘光旦は1924年の《婦女雑誌》では"同性愛"と"同性恋愛"を使用しながら，1927年の《小青之分析》，1929年の《馮小青 ──一件影恋之研究》で"同性恋"に書き換え，1946年の訳注《性心理学》でも"同性恋"をあてていたことになる。

前述の通り，1920年代末以降の辞典類には"同性恋愛"が収録され，《申報》においても"同性恋愛"が優勢であった。この状況において，潘光旦が1927年に"同性恋"に書き換えたのは意図的だったと推測される。潘光旦は，日本語の「□□＋愛」構造に対し，"□□＋恋"構造の言葉を造語することにより，性科学用語のような専門語として，一般用語との区別を試みたのではないだろうか。それは《性心理学》において，"異性恋"や"自我恋"，"自動恋"という訳語を造語している点からも頷ける。

"同性恋"が一般用語とは別に扱われた可能性を1920年代末から1940年代の《申報》の使用例からも確認してみたい。

7.4. "同性恋"への収斂

7.4.1. 1920-1940年代の《申報》

1920年代から1940年代の《申報》では"同性恋愛"が優勢であったが，性科学に関連する文献の広告には"同性恋"の使用がみられた。1929年6月24，25日付《申報》には，ソビエトの中学生の実生活の記録を記した《蘇俄中学日記》（北新所局）の出版広告が掲載された（図版9）。同書の内容が，

第 7 章　近代訳語の変容　219

図版 9 《申報》広告：
《蘇俄中学生日記》

図版 10 《申報》広告：
《女の一生》

図版 11 《申報》広告：
《性心理学》

"如何主人翁的性的苦悩，對同性戀者的自殺，男女學生的糾紛"（例えば主人公の性の苦悩，同性愛者による自殺，学生男女の紛糾）などであるとし，所謂同性愛者は "同性戀者" と記されている。

また，1937年5月22日付の《申報》（図版10）には，生理学，医学に基づいて女医・桂質良により書かれた《女の一生》（正中書局）の出版広告が掲載された。その内容は，"生産、孕、不孕、通經、嬰兒衛生、兒童怪癖、青春與月經、手淫、同性戀、婚姻、結婚、…"（出産，妊娠，不妊，通経，嬰児の衛生，児童の奇癖，青春と月経，手淫，同性愛，婚姻，結婚，…）など全16章であるとし，"同性恋" もそのうちの1つの章とされている。

更に図版11のように，1946年11月13日付《申報》には，H. Ellis 原著，潘光旦訳注の《性心理学》の広告が掲載され，潘光旦が20年来 Ellis に私淑した成果に基づいて，心を込めて訳注されたことが記されている。全8章のうちには，"同性恋" の章も立てられ，"關與同性戀的資料較多，譯者特輯爲「中國文獻中同性戀擧例」一文，附錄編末"（同性愛に関する資料が比較的多く，訳者は特に「中国文献における同性愛事例」を編み，附録として巻末に収めている）とある。

12月26日付の《申報》には，《性心理学》の梗概が記された〈読「性心理学」〉（『性心理学』を読んで）が掲載され，この記事においても「　」付き

で"同性恋"が使用されている。性科学の分野では"同性恋"が専門用語のように使用されていたようである。

38) Havelock Ellis 原著　潘光旦訳註　商務印書館出版
　　…便是關於性的逆轉，也就是「同性戀」的問題。作者在五章裏詳細地加以解答，並且歸結到關於此項戾換現象的治療。
　　　　　　　　　　（孟琨〈読「性心理学」〉《申報》24737号，1946.12.26, p.10)
　　(…性に関する倒錯，すなわち「同性愛」の問題である。著者は5章のなかで詳細に解答し，またこの顛倒現象の治療をまとめて論じている)

但し"同性恋"が《申報》にみえるのは，1929年に3箇所，1937年に2箇所，1946年に5箇所（計10箇所）で，性科学に関係する書物の出版予告の広告，及び潘光旦訳の《性心理学》の出版の広告，その関連記事のみであった。

ところで，前掲の図1の《申報》にみられた"同性恋愛、同性愛、同性恋"の使用数比のグラフでも分かるように，《申報》では1930年後半以降"同性愛"と"同性恋愛"の使用件数は激減していた。[87] その背景には国内紛争や日中戦争の開始などの社会情勢の影響があったのではないかと推測される。

では，現代中国語で使用される"同性恋"は，どのような経緯を経て定着したのであろうか。次項では，共和国成立以降の同性愛に関する言葉の使用状況を，1946年に発刊された中国共産党中央委員会の機関紙《人民日報》で確認したい。

7.4.2.　1950-1980年代の《人民日報》

《人民日報》では，1951年と1957年にアメリカやイギリスにみられた同性愛を伝える情報として，"同性愛"と"同性恋愛"が使用された記事が各1件あったが，以降改革開放後の1980年代まで全く掲載がみられなかった。

これは共和国成立後，1950年に〈中華人民共和国婚姻法〉が施行され，一夫一婦制が徹底され，「未婚の男女間の性行為でさえ不道徳、堕落、ひいては強姦罪や反革命とされて厳しい批判と処罰の対象にな[88]」ったことと関連がありそうである。特に法律で同性愛を処罰する条文はなかったが，1979年7月6日に公布された〈中華人民共和国刑法〉の第160条にある条文"其

第 7 章　近代訳語の変容　221

他流氓活動"[89]（そのほかの不法な活動）から類推解釈され，1997 年の刑法改正によりこの類推解釈が廃止されるまで，処罰の対象になった[90]。このような社会背景を考えると，共和国成立以降は，所謂同性愛に関する報道も控えられたと考えられる。

　ところが 1980 年代に入り，海外にみられる同性愛の情報が掲載されるようになると，その際には"同性恋"が多用された。具体的には，1980 年から 1989 年の 10 年間に"同性恋愛"と"同性愛"が使われた記事件数はそれぞれ，1 件と 2 件であったのに対し，"同性恋"（含む"同性恋者"）が使われたのは，次の 4 つの用例を含む 50 件であった。特に 1985 年以降，海外からAIDS（エイズ）関連の情報が伝えられると，更に顕著となった[91]。

39)　旧金山市长选举本已在十一月举行过了，但由于有一个<u>同性恋</u>的商人斯科特赢得了百分之十的选票，使得现任女市长范因斯坦和现在督察员柯普都未能超过半数。

　　　　　　　　　（張彦〈市長選挙与美国式民主〉《人民日報》1980.3.13，第 7 版）
　　（サンフランシスコ市長選挙は 11 月に既に行われたが，同性愛者である商人・スコットが 10% の得票を勝ち取ったため，現女性市長・ファインスタインと現検査官・カップは過半数を上回ることができなかった）

40)　他们痛恨的是<u>同性恋</u>、电视上的性问题、平等权利修正案、美国教育部。　　　　　　（王飛〈美国保守主義的派別〉《人民日報》1981.2.19，第 7 版）
　　（彼らが恨むのは同性愛，テレビに流れる性問題，平等権利の修正案，アメリカ教育部である）

41)　近年来，一种使人感到恐惧、厌恶、羞耻和神秘的病——获得性免疫缺损综合症，正日益广泛和迅速地在西方国家流行开来。…患此病的人绝大多数（90%）是<u>男同性恋者</u>。

　　　　　　　　（楊貴蘭〈西方的獲得性免疫欠損綜合症〉《人民日報》1985.3.1，第 7 版）
　　（近年，人が恐れ嫌い，恥ずかしいと感じる得体の知れない病——後天的性免疫欠損綜合症が，日に日に広範囲，且つ急速に西洋各国に流行している。…この病気に罹った人は圧倒的多数（90%）が男性同性愛者である）

42)　美国全国已知有一万三千多爱滋病例，一半已死亡。虽然其中 99% 是属于<u>同性恋者</u>、注射毒品者、输血者或是女患者的子女，但也有 1%

的病人不属于上述几种人的范围。

(張充文〈愛滋病帯来的社会問題〉《人民日報》1985.9.17. 第7版)

（アメリカ全土には既に1万3千余りのエイズの例があり，半分は亡くなったと知らされている。その中の99％は同性愛者，注射による麻薬者，輸血者或いは女性患者の子供であるが，1％の病人は上述の種類以外である）

用例39）と40）は男性の同性愛に関する情報であり，用例41）と42）は，1985年以降に多く報道されたエイズに関する情報である。

7.4.3. 《魯迅全集》（1981）の注に付された"同性恋"

"同性恋"は《人民日報》だけではなく，1981年に出版された《魯迅全集》のなかにもみられた。それは第5巻に所収された〈登龍術拾遺〉(1933)[92]と，第6巻に所収された〈七論"文人相軽"―両傷〉(1935)[93]のそれぞれ本文にある"王尔徳"（O. Wilde）に付された注である。[94]

〈登龍術拾遺〉の"王尔徳"に付けられた注には，本文で魯迅が言うところの「不良青年との不純な付き合い」が，注には「不道徳な罪」として"同性恋"が括弧内に付されている。ここからは，1930年代初めに魯迅が男性の同性愛を「不純な付き合い」と捉えていたこと，更に注が付された1980年代初めにおいては，同性愛が「不道徳」と見做されていたことが窺える。

43) [7] 王尔徳（O. Wilde, 1856-1900）英国唯美派作家。著有童話《快乐王子集》、剧本《莎乐美》、《温徳米尔夫人的扇子》等。曾因不道徳罪（<u>同性恋</u>，即文中说的"濫交頑童"）入狱，后流落巴黎，穷困而死。

(〈登龍術拾遺〉《魯迅全集》第5巻, 1981, p.276)

（原注[7] ワイルド（O. Wilde 1856-1900）イギリスの唯美派の作家。著書に，童話集『幸福な王子』，劇作『サロメ』，『ウィンダミア夫人の扇』などがある。不道徳の罪（同性愛，すなわち文中にいう「不良青年との不純なつき合い」）によって入獄，のちパリに流浪して，貧困の果てに死去）[95]

また〈七論"文人相軽―両傷"〉の本文の"王尔徳"に付された注には，O. Wildeが第9代Queensberryの長男 L. A. BruceDouglas（1870-1945）と「同性愛関係にあり、道徳が退廃してい」たとするQueensberryの指摘が説明されている。[96]

44) ［7］一八九五年马奎斯指摘王尔德与其子艾尔弗雷德・道格拉斯搞同性恋，道德败坏。

〈七論"文人相輕"―両傷〉《魯迅全集》第 6 巻，1981，p.406）

（原注［7］一八九五年，［クウィーンズベリ］侯は，ワイルドがその長男アルフレッド・ダグラスと同性愛関係にあり，道徳が退廃していると指摘した[97]）

以上のように，1981 年に出版された《魯迅全集》も"同性恋愛"ではなく，"同性恋"を採用したことが分かる。

《現漢》も 1983 第 2 版まで収録していた【同性恋愛】を，1996 第 3 版以降は【同性恋】に変更している。第 3 版・第 4 版には，「同性恋愛ともいう」という一文が付けられ，1983 第 2 版までと同じように，「一種の心理変態である」と意味が付されている（用例 45)）。但し 2005 第 5 版では「性の心理障害に属す」と改められ（用例 46)），更に 2012 第 6 版，2016 第 7 版ではこの文言が削除され（用例 47)），同性愛に対する捉え方の変化が読み取れる。

45) 【同性恋】男子和男子或女子和女子之间发生的恋爱关系，是一种心理变态。也说同性恋爱。　　（《現漢》1996 第 3 版-2002 第 4 版）

（男性と男性或いは女性と女性との間に発生する恋愛関係であり，一種の心理変態である。同性恋愛ともいう）

46) 【同性恋】同性别的人之间的性爱行为，属于性心理障碍。

（《現漢》2005 第 5 版）

（同じ性別の人における性愛行為で，性の心理障害に属す）

47) 【同性恋】同性别的人之间的性爱行为。

（《現漢》2012 第 6 版-2016 第 7 版）

（同じ性別の人における性愛行為）

このように，《人民日報》や《魯迅全集》での"同性恋"の優勢は，辞典の収録にも反映された。1980 年代に"同性恋"が多用された背景には，中華人民共和国成立以降，同性愛者に対する行政処分が厳しくなり，"同性恋愛"という言葉が避けられた結果，民国期に性科学の分野で使われた"同性恋"が採用された可能性も考えられる。

次節では，現代中国語においてなぜ"同性恋"が優勢になったのか，その要因を"恋"の造語，及び"恋"の熟語による新語の視点から探ってみたい。

7.5. 中国語における"恋"の造語力

7.5.1. "同性恋"定着の言語上の要因

　本章の7.1.3.では，日本語において「同性愛」が定着した要因の1つとして，日本語の「愛」に造語力があったことをあげた。本節では，先ず中国語の"愛"の造語力について考えてみたい。

　《漢語大詞典》に収録される"□□＋愛"の構成語を確認してみると，僅かに"相連愛"と"郗鑒愛"の2語が確認できる。"相連愛"については，前漢の逸話小説集《西京雑記》がひかれ，漢代の風習として七夕に美しい糸で互いを結び，愛情を表したことを意味するとある。また"郗鑒愛"については，《晋書》の〈郗鑒伝〉に，晋の郗鑒が永嘉の喪乱時に甥たちに深い情愛を示したことから後に，叔父の情愛を"郗鑒愛"と喩えられ，唐の李端の詩〈酬丘拱外甥覧余旧文見寄〉に"舅乏郗鑒愛"（叔父は郗鑒愛に欠ける）などと使用されたとある。これらの用例からは，"□□＋愛"という構成語を造る点において，中国語の"愛"には，造語力があったとは言い難い。

　一方"□□＋恋"の構成語について考えると，第1章の1.3.1.で触れたように，中国語の"恋"の3字語は詩などに多く用いられていた。例えば"骨肉恋"は，白居易の〈寄江南兄弟〉（江南の兄弟に寄す）にみられた。その意味は"分散骨肉戀　趨馳名利牽"（分散して骨肉恋い，趨馳して名利に牽かる），つまり親兄弟を恋しく思う意味で動詞として使用され，意味範囲の広いものであったが，"恋"に造語力があったと言えそうである。

　次に，民国期以降の文献にみられる"□□＋恋"の構成語を確認しておきたい。次頁の表2は民国期以降の文献にみられた"□□＋恋"の構成語をまとめたものである。表中の①②③は，7.3.で考察した潘光旦の文献である。④⑥は，《現漢》（1989補編，1996第3版-2016第7版）で，⑤⑦は，次項で検証する改革開放後に出版された新語辞典の一部である。このような"恋"の構成語からは，"恋"に造語力があることが分かる。更に，これらの"恋"には，「こい」の意味が含まれている。これは，民国期に「こい」を含意した恋愛用語が日本語から移入されたことにより，中国語の"恋"の造語に影響を及ぼし，更に改革開放後の新語の造語に繋がった可能性が高いと言えそうである。

第 7 章　近代訳語の変容　225

表 2　民国期以降の文献にみられる "□□＋恋" の構成語

出版年	"□□＋恋" 構成の語	文献・辞典名
1927	同性恋　異性恋　自我恋	①　潘光旦《小青之分析》(新月書店)
1929	同性恋　異性恋　自我恋	②　潘光旦《馮小青 ——一件影恋之研究》(新月書店)
1946	同性恋　異性恋　自動恋	③　潘光旦《性心理学》(商務印書館)
1989	婚外恋	④　《現漢》1989 補編
1993	同性恋　黄昏恋　婚外恋	⑤　王均熙編《漢語新詞詞典》(漢語大詞典出版社)
1996-2012	同性恋　黄昏恋　婚外恋	⑥　《現漢》1996 第 3 版-2016 第 7 版
2006	双性恋　忘年恋	⑦　王均熙編《新世紀　漢語新詞詞典》(漢語大詞典出版社)

7.5.2.　新語としての "恋" の熟語

　1978 年の改革開放政策以降，中国では海外資本の導入など市場経済への移行が行われ，新語も次々と創出された。但し 1980 年代前半までは新語に対する関心は低かった。1984 年 1 月の月刊誌《辞書研究》(第 1 期) に，呂叔湘 (1904-1998) の〈大家来関心新詞新義〉が掲載されると[98]，同誌には毎号数語の新語分析が掲載され，1980 年代後半からは新語辞典が多数出版されるようになった[99]。それらの辞典を調べてみると，所謂恋愛を意味する "恋" の熟語が多く収録されている。

　例えば，1987 年から 2006 年までに北京，上海及び，済南や広州で出版された 7 種の新語辞典には[100] "恋" の熟語の 2 字語が 14 語，3 字語が 5 語，4 字語が 1 語の合計 20 語が収録されている[101]。20 語を品詞別にみると[102]，

　　動詞：暗恋　避恋　単恋　晩恋　網恋　早恋　擇恋　追恋
　　名詞：函恋　婚恋　恋齢　恋侶　恋情　恋途
　　　　　黄昏恋　婚外恋　双性恋　同性恋　忘年恋
　　　　　書包族恋

となり，名詞が多く造語されていることが特徴的である。またこれらの 20 語を構成する"恋"は，本書で言うところの「こい」を含意するものであり，3 字語，4 字語の接辞として使用されていることからも，"恋"の造語力が窺える。

これらの 20 語のうち，下線を付けた 10 語は，表 3 に示した通り，《現漢》の 1989 補編或いは 1996 第 3 版以降，2016 第 7 版にも収録されており，現代中国語の新語と言える。[103]

表 3　10 語の《現漢》での収録状況 [104]

	1989 補編	1996 第 3 版	2002 第 4 版	2005 第 5 版 - 2016 第 7 版
恋情	◯	◯	◯	◯
婚外恋	◯	◯	◯	◯
単恋	◯			◯
婚恋		◯	◯	◯
黄昏恋		◯	◯	◯
同性恋		◯	◯	◯
暗恋				◯
晩恋				◯
網恋				◯
早恋				◯

最後に，恋愛用語を構成する"恋"の意味を民国期の国語辞典と 1965 年以降の《現漢》で確認したい。1915 年の《辞源》に収録された【恋】と【情】の意味は，第 1 章の 1.3.1. に示した通りで，この意味は，民国期の国語辞典においても同様であった（用例 48)-51)）。例えば 1945 年の《国語辞典》の【情】には，❹"男女相愛"（男女が愛し合う）の意味がみえるが，【恋】には，❶"眷念不捨"（恋しくて離れがたい）とだけある。ところが，《現漢》1973 試用本の【恋】の項には，❶"恋愛"とあり，「こい」が含意されている（用例 52)）。

48) 【恋】［動］繋念。
　　【情】［名］❶性之作用，如喜，怒，哀，懼，愛，惡，欲等。❷事實。
　　　　　　❸私意。❹趣味。❺男女的愛。　　《王雲五大辞典》1930）

49) 【恋】捨不得。
　　【情】❶感情。❷情理。❸情形。❹男女之愛情。❺情誼。
　　　　　　　　　　　　　　　　　　　　　　　　《標準語大辞典》1935）

50) 【恋】思慕也.
　　【情】❶心理上之動作發於自然者。❷實也，誠也. ❸私意也. ❹男女之愛曰情；如結婚曰定情，所歡曰情人. ❺情趣也.
　　　　　　　　　　　　　　　　　　　　　　　　《辞海》1936）

51) 【恋】❶眷念不捨。❷姓。
　　【情】❶謂因外界事物刺激所起之作用。❷實際、誠。❸私意，如情面。❹男女相愛。❺趣味。❻謂相待之意，如言情不可却。❼志趣。
　　　　　　　　　　　　　　　　　　　　　　　　《国語辞典》1945）

52) 【恋】❶恋愛 ❷想念不忘；不忍分离 ❸姓[105)]
　　【情】❶感情 ❷情面 ❸愛情 ❹情欲；性欲 ❺情景；情況 ❻情理；道理
　　　　　　　　　　　　　　　　　　　　　　《現漢》1973試用本-2016第7版）

　これは本書で考察してきたように，民国期を中心に「こい」を含意した「恋愛，初恋，失恋，恋人」といった「恋」の熟語が中国語に移入され，その意味・用法が中国語に浸透した結果であると推察する。

　改革開放後に"同性恋"が多用されたのは，民国期の"同性恋"の採用だと考えられるが，本項で考察したように，改革開放後には，「こい」を含意した"恋"の熟語が新語として，多数造語されており，「同性恋」も新語として認識されたとも言える。

<h2 style="text-align:center">おわりに</h2>

　本章では，現代中国語において"同性恋"が普及している現象を近代訳語の通時的な変容と捉え，その経緯と要因を探った。

　日本では19世紀末から20世紀初頭の性科学研究書の移入に際し，Homosexuelle Liebe や Homosexuality から訳出されたのは「同性恋愛」であった。但し 1911 年の「青年」で森鷗外により「同性の愛」が使用されて以降，新聞記事や雑誌，さらに性科学の研究書においては「同性の愛」「同性愛」のほうが普及し，1920 年代初めには「同性愛」に収斂された。その理由は「愛」のもつ意味，及び造語力にあると推察した。

　中国語へは，1920 年以降日本文献の翻訳や留学生による創作などを介し，「同性愛」や「同性恋愛」が移入されたが，民国期の小説や《申報》においては"同性恋愛"の使用が優勢であった。潘光旦も 1920 年代前半の論文では，"同性愛"や"同性恋愛"を使用していた。ところが 1927 年にこの論文に加筆した《小青之分析》では，この 2 語を"同性恋"に書き換え，1946 年に出版された潘光旦訳注の《性心理学》においても，"同性恋"をあてた。これは潘光旦が，日本語の「同性愛」に対し，中国語において造語力をもつ"恋"を接辞とした"同性恋"を創出したものと推察する。それは 1946 年の《性心理学》において，"異性恋、自我恋、自動恋"という訳語を造語している点からも頷ける。性科学用語の専門語として，一般用語との区別を試みた可能性も考えられる。

　民国期までは容認されていた同性愛だが，共和国成立以降は行政処分の対象となった。改革開放政策後の 1980 年以降，《人民日報》に海外の同性愛情報やエイズ関連情報が掲載されるようになると，多用されたのは，《現漢》1983 第 2 版まで収録されていた"同性恋愛"ではなく，"同性恋"であった。

　1984 年に呂叔湘が〈大家来関心新詞新義〉を提唱して以降，新語辞典が次々と出版された。そのなかには「こい」を含意した"恋"の熟語も多数収録され，1993 年に出版された新語辞典《漢語新詞詞典》(王均熙編)には"同性恋"も収録されている。

　中国語の古典において，「こい」の意味は専ら"情"が担っていたのに対し，1980 年代以降に「こい」を含意した"恋"の熟語が多く創出されたのは，20 世紀初頭に概念語として「恋愛」が移入され，民国期に「初恋，失恋，恋人」といった熟語が日本語から移入され，その意味・用法が中国語に浸透した結果であると結論づける。

第 7 章　近代訳語の変容　229

注

1) 『日国』第 2 巻，p.1997。
2) 劉達臨 2003，pp.717-718。《商書》は《書経》のうち，商代のことを記したもの。
3) 白水 2002，p.68。
4) 古川 1995，p.207。
5) 尚，古川 1995 は，1922 年の「変態性欲要説」(田中香涯) での「同性愛」の訳出をあげるものの，「同性の愛というふたつの言葉の組み合わせではなく、ひとつの言葉としての同性愛が誰によって考察されたのかは、いまだ解明されていない (p.206)」としている。
6) 古川 1994，p.44。
7) 肥留間 2003，p.19。
8) 黒岩 2008，p.70。
9) 斎藤光 2000，p.1 参照。OED も homosexual や homosexuality の早期の使用例として，1892 年の *Psychopathia Sexualis III* の英語訳版（C. G. Chaddock 訳）をひいている。
10) 森鷗外は 1884 年から 4 年間ドイツに留学し，1887 年にベルリンで *Psychopathia Sexualis* を購入していた（斎藤光 2006a，p.3 参照）。
11) 斎藤光 2006a，p.4 参照。尚，斎藤光 2006b は，*Psychopathia Sexualis II* との出会いが，『ヰタスクスアリス』といった小説も含めた，性研究へと鷗外を強く向かわせたことは間違いないと指摘する (p.412)。
12) Conträre Sexualempfindung はベルリン大学教授 Karl Friedlichi Westphal が 1869 年に命名したもので，Urning はドイツ人法律家 Karl Heinrich Ulrichs による新語（1864 年）とされる（古川 1995，黒岩 2008 参照）。
13) 斎藤光 1999，p.73 参照。
14) 斎藤光 2006a は，原著第 4 版には，症例は 105 例載せられているが，邦訳されたのは 64 例で，訳出率は 61％だと指摘する (p.5)。
15) 古川 1995 には，1891 年の『裁判医学雑誌』に掲載された「色情狂篇」には「同性なる情欲」という表現があった (p.203)，斎藤光 2000 には「同性的情欲」「異常感動」という，やや意訳的な訳語を与えている (p.4) とあり，「同性恋愛」という訳語についての指摘はみられない。
16) 巖谷小波『洋行土産』下巻，1903，p.67。
17) 斎藤光 2006a は，同書の底本は 12 版（1903），13 版（1907），14 版の何れの訳とする (p.6)。本稿では 1903 年出版の 12 版を参照した。尚，『変態性欲心理』の訳者については同書の巻頭「例言」に拠る。
18) Krafft-Ebing, *Psychopathia Sexualis*, Stuttgart：Verlag von Ferdinand Enke, 1903, p.282.

19)「同性」という言葉は，元来は「同じ性質」の意味であったが，明治初期に Sex の訳語に「性」が当てられた後，「同性」に「男女の性が同じであること」の意味としても使用されるようになったと推察する（『日国』第2巻，p.1754 参照）。
20) 野母とは，1913 年から『青鞜』に参加し，大正・昭和時代の女性活動家・坂本真琴（1889-1954）である（『日本女性史大辞典』2008，p.392 参照）。
21) 但し与謝野晶子が 1917 年に自らの同性愛を語った「同性の愛」（『女の世界』第3巻第5号，1917.5，pp.56-58）においては，使用語彙を「同性の愛」としている。
22) Havelock Ellis, Sexual Inversion in Women *Studies in the Psychology of Sex II*, Philadelphia：F.A. Davis Company, 1901, p.118.
23)「中性論」は 1914 年の『番紅花』5月号から7月号に，「1 緒言，2 中性（The Intermediate Sex），3 同性の愛，4 愛情の教育，5 社会に於ける中性者の位置」という構成で掲載された。尚，『番紅花』(1914.3-1914.8) は『青踏』の同人であった紅吉（尾竹一枝）が『青踏』退societyの後に創刊した雑誌で，執筆協力者には森鷗外や武者小路実篤，田村俊子，与謝野晶子らがいて，中心となった執筆者には神近市子，青山菊栄，松井須磨子らがいた（赤枝 2011，pp.77-78 参照）。
24) 次号の6月号に掲載された「3 同性の愛」の本文の中にも，「同性恋愛」が多用されている。
25) E. Carpenter, *The Intermediate Sex*, London George：Allen Co. Ltd., 1912, p.23.
26) 同人「編輯室にて」『番紅花』5月号，1914.5，pp.155-158。文末に「（市）」とあり，執筆者は神近市子である。
27) 同人「編輯室にて」『番紅花』5月号，1914.5，pp.157-158。
28) 斎藤光 2006b，p.412 参照。
29) 森林太郎「ヰタ・セクスアリス」は『昴』第7号（1909.7，pp.1-94）に掲載された。
30) 黒岩 2008 は「青年」での「同性の愛」は「肉体的な〈性欲〉ではなく，精神的な〈愛〉」としている。
31)『日国』（第1巻）は「愛」の意味を8つ掲げ，8番目の意味として「男女が互いにいとおしいと思い合うこと。異性を慕わしく思うこと。恋愛。ラブ。また一般に，相手の人格を認識し理解して，いつくしみ慕う感情をいう（p.3）」とし，早期の用例として 1890 年の『舞姫』の意味で用法をひいている。
32)「おめ」の意味については，1919 年の『現代新語辞典』（耕文堂）には，「女学生間にありて，上級の女生が下級の美少女を恋情的に愛するをいふ（p.30）」とある。
33) 建部・鷲尾 1921 は，女性同士の情死はこの事件の前にもみられ，同性者の関係は叔母姪，姉妹，友人等で，職業には雛妓，下女，郵便局事務員，娼妓，女工等で，女工の数が最も多いと指摘する（p.205）。また平石 2012 も 10 代の女学

生同士の擬似恋愛は 1900 年代初めにおいてそれほど珍しいことではなかったと指摘している（p.282）。

34）「同性の愛に就て」の冒頭に「記者曰く、無氏名山人とは記者の知れる某地方の高等女學校長にして老成の教育家なり」と説明されている。

35）ほぼ同時期に，西洋の詩人や作家を紹介した，中原青蕪「海外思潮」（『文章世界』第 4 巻第 11 号，1909，pp.102-103）や青蕪「文壇うめ草」（『太陽』第 16 巻第 12 号，1910，pp.213-214）などがあり，中原青蕪は西洋事情に詳しかったと思われる。

36）『太陽』は 1895 年 1 月から 1928 年 2 月まで発刊された総合雑誌で，毎年巻をあらためて 34 年間にわたり，34 巻 2 号で廃刊する（『日本近代文学大事典』第 5 巻，1977，p.244 参照）。

37）田中祐吉（1874-1944）は，1922 年に雑誌『変態性欲』（1922.5. 創刊，1925.6. 休刊）を主幹した田中香涯の本名である。

38）「同性の恋」という言葉の早期の使用は，1907 年の秋田雨雀「同性の恋」（『早稲田文学』第 19 号）にみられ，また，1913 年の田村とし子の小説「同性の恋」（『中央公論』1 月号）には，女性の同性愛が「同性の恋」で表されていた。

39）澤田順次郎（1863-1944）は明治・大正期の博物学啓蒙家，通俗性科学者。明治期には博物学関係の本を，大正期以降は「性欲学」に関する書物を多数出版した（『新訂増補人物レファレンス事典』2000，p.950 参照）。

40）但し同章の「第 3 節 歴史に現はれたる同性間性欲」では，「同性恋愛」という言葉も使用されており，訳語にユレがみられた。羽太鋭治，澤田順次郎は共に性科学者で，羽太は『性と人生』，澤田は『性』『性の科学』の雑誌をそれぞれ 1920 年に創刊している。また澤田は同年に『神秘なる同性愛』（天下堂）も出版している。

41）雀部顕宜「序」『女性の心理』1917，pp.2-3。

42）「序」には，著者が 1913 年に奈良高等師範学校の教授であった際，文部省の委嘱により同校で開催された夏期講習会での講義の原稿を訂正したものであることも記されている。

43）建部・鷲尾 1921 の第 5 編「同性愛の歴史観と其意義」（pp.192-207）には，「第一章 同性愛発生の動機」「第二章 史実に現れた同性愛」「第三章 現代同性愛の一考察」の章立てに沿って，それぞれ同性愛が論じられている。

44）その意味は，「男子でありながら男子を、女子でありながら女子を、戀愛の相手とするをいふ。變態性慾の一種。古くは男子の間に多く行はれたが、今はかへつて女子の間に多く行はれるといふ」とされる（『ポケット顧問 や．此は便利だ』1922，p.369）。

45）管見の限りでは，1910 年代までの独和・英和辞典類に訳語として「同性愛」の

46) 森林太郎「青年」『鷗外全集　著作編』第4巻, 1946, p.92。
47) 同上「青年」『鷗外全集』, p.123。
48) 引用（口語訳）は「恋愛」（小堀訳1980, p.297）に拠る。
49) 但し蒲生1982には「舞姫」「青年」に使用された「愛」については言及されていない。
50) 蒲生1982, p.217。
51) 『日本国語大辞典　第二版』は電子版を使用した（2014.5.15検索）。尚『日本国語大辞典　第二版』と近代デジタルライブラリーの両方に収録がある場合は, 出版年の早い方の文献名を掲載した。
52) 『日国』第2巻, p.1094。
53) 施曄2008, p.9。
54) 1920年以前にも, 小酒井光次原著・孟明訳〈女性与科学〉（《青年雑誌》第1巻第4号, 1915.12）や〈青年与性欲〉（《青年雑誌》第1巻第5号, 1916.1）など, 性科学に関する論文も翻訳されたが, 所謂同性愛に言及するものではなかった。
55) 但し陳望道の経歴・翻訳履歴, 及び《民国時期総書目（1911-1949）文学理論・文学世界・中国文学》で, 《女性中心与同性愛》の出版情報は確認できず, 実際に出版されたかどうかは未詳である。
56) 訳者の正声については詳細不明であるが, 2か月前の《婦女雑誌》（第6巻第6号）にも, 正声訳"新社会的結婚和家庭"（久布白直勝原著）が掲載されており, 日本語に長けていたと思われる。
57) そのほかの箇所においても, 青山が「同性恋愛」と訳した箇所は, 正声訳においても"同性恋愛"と訳されている。
58) E. Carpenter, II The Intermediate Sex, *The Intermediate Sex*, London：George Allen Co. Ltd. 1912, p.23.
59) 冒頭に「日本中田香涯原著」とある。幼雄についても詳細不明であるが, 1920年から1925年までの《婦女雑誌》には, 幼雄訳の日本文献は27編ある（村田編2005, p.26）。
60) 中国における女性の同性愛について, 小野1978は, 第一次世界大戦中, 中国の民族工業（紡績, 製糸, マッチなど）がめざましい発展を遂げるなか, 広東の女工たちに同性愛がみられたと指摘している（pp.163-166）。
61) 晏始〈日本老婦人之赴美〉（《婦女雑誌》第8巻第1号, 1922.1, pp.60-61）には, 東京キリスト教婦人矯風会を組織し, 1893年には日本キリスト教婦人矯風会会頭となった矢嶋楫子（1833-1925）が89歳にして渡米したと紹介されている。
62) 樊仲雲（1901-1989）は1929年に設立された著作家協会の発起人の一人である。
63) 《恋愛論》の底本は, E. Carpenter の *Love's Coming-of-Age*（1911）であるが,

樊仲雲は，第7章に，底本にはない E. Carpenter の *The Intermediate Sex*（1912）の第2節 The Intermediate Sex の翻訳を挿入している（《恋愛論》, p.146 注1 参照）．

64) 但し用例22) の同箇所は，用例5) の青山菊栄訳「中性論」では，「同性偏愛」と訳されている．

65) E. Carpenter, II The Intermediate Sex, *The Intermediate Sex*, London : George Allen Co. Ltd. 1912, p.31.

66) 但し底本である「帰る日」に「同性愛」という言葉は特に使用されていない．尚，張資平は自伝《我的生涯》（上海現代書局，1932）のなかでも，自らの成長期の体験を"同性愛"と表している．

67) 茅盾が日本に亡命中（1928.7-1930.4）に執筆した長編小説《虹》（1930）のなかでも"同性愛"の使用が確認できる．

68)《半月》（1921.9-1925.11）：鴛鴦胡蝶派の周痩鵑主編の半月刊（毎月1日と16日発行）の文芸誌．主な執筆者には，周痩鵑のほか，包天笑，張舎我，沈禹鐘などがいた（斎藤敏康 2001, p.188 参照）．

69)《半月》第2巻第11号は，1923年2月16日付で発行され，顧明道の〈同性的愛〉は，1頁から10頁に収録されている．

70) 原文：此書擇自日本性慾叢書　詳論男女新性慾問題對於性交衛生變態性慾各節暢快言之有價値之作．

71) 但し《民国時期総書目（1911-1949）文学理論・文学世界・中国文学》には掲載されておらず，実際の出版の有無，及び原著については未詳である．

72) 張競生（1888-1970）：1911年の辛亥革命後フランスに留学，哲学博士として帰国．1921年に北京大学学長・蔡元培から教授として招聘され，人生美学や社会美学を教え，学生たちの人気を博す（邱海涛 2000, p.208 参照）．

73)《性史》第1集は，張競生が北京大学在職中に性に関する体験レポートを募集し，寄せられたレポート（200余編）から北京の大学生が書いた7編を選び出版したもの（楊群 1999, p.383 参照）．

74) 第2集の初版の時期は明確ではないが，第3集初版が1927年2月であるので，第1集初版の1926年4月から27年2月までの間とされる（張競生・小江平著 土屋訳 1990, p.258 参照）．また第2集は，同じ内容のものが，同じ出版社から，北京大学教授哲学博士・張競生編と北京大学教授哲学博士・小江平編の2種類が出版されている．第2集の助言者は，第1集に「初次的性交」という一文を寄せた小江平だとされる（張競生他編 土屋訳 1999, p.286 参照）．

75)《新術語辞典　続編》（1933）は，初版の《新術語辞典》（1929）の補充改訂版で，初版から第6版（1932）までは，【同性恋愛】は未収録であったが，1933年の続編で初めて収録された．

76)《新知識辞典》の〈編輯条例〉には，この辞書が収録した見出し語の基準を「一般の読者が日常生活で使用するものとした」とある。
77) 潘光旦（1899-1967）：江蘇省宝山（現上海市）生まれ。光旦は筆名。1922 年 8 月に〈馮小青考〉を脱稿，9 月に清華学校を卒業後アメリカに留学，生物学を主専攻とし，遺伝学，優生学などを学ぶ。コロンビア大学で修士の学位を取得後，1926 年に帰国。以後清華大学，中央民族学院などで教鞭を取る一方，優生学，社会思想史，性心理学などの分野で数多くの論文，著書，翻訳を手がける。文学者の聞一多らと親交があった（潘乃穆・潘乃和編 2000，pp.674-739 及び坂元 2010，p.184 参照）。
78) 潘光旦は，〈馮小青考〉で"西文稱影戀爲 Narcism"（西洋語では影恋をナルシシズムと言う）と，Narcism を"影恋"と訳している。
79) 同書には，"同性恋"が 5 箇所で使用されている（内，"同性恋者"が 1 件）。但し 1 箇所だけ"同性恋愛"の使用がみられた。
80) 引用は，潘光旦《小青之分析》（山西人民出版社，2014 影印）に拠る。
81) 訂正箇所は 4 箇所（改題，呼称の訂正など）だけであると，《馮小青 ——一件影恋之研究》の再版附言に記されている。またこの《馮小青 ——一件影恋之研究》について，劉達臨 1999 は現代の精神分析法を応用して変態的な性心理を探求した中国の最初の著作と評している（p.610）。
82) 沈従文（1902-1988）：本名は沈岳煥，筆名は休芸芸，甲辰，窄而霉斎主人など。胡適，郁達夫，徐志摩らの推薦により，《現代評論》《新月》《小説月報》などに小説を発表し，後に新月派の代表的作家と目されるようになる。
83)《新月》は，1928 年 3 月上海で創刊された月刊文芸誌（1933 年 6 月，4 巻 7 期で終刊）。同人の主要メンバーは胡適，徐志摩，聞一多，潘光旦など欧米留学帰りが多数を占めた。
84)《性心理学》の〈訳序〉（1941.12. 付）には，潘光旦が，1939.11.13 から翻訳を開始し，1941.11.27 に訳了したことが記されている。また同書の表紙の扉には，底本が 1933 年の *Psychology of Sex A Manual for Students*, William Heinemann, London：Medical Books Ltd. であると明記されている。
85) H. Ellis, *Psychology of Sex A Manual for Students*, London：William Heinemann, Medical Books Ltd., 1933, p.188.
86) 尚，広告の最後には，この書が既に各国の言語で翻訳されていること，元々は英国，日本の訳本を参酌し訳出したものであると記されている。
87) "同性愛"は 1929 年，1930 年，1934 年，1935 年に 2 桁の使用件数がみられたが，それ以外は 1 桁であった。一方"同性恋愛"も 1926 年，1929 年，1932 年に 2 桁の使用件数がみられたが，それ以外 1 桁であった。
88) 白水 2002, p.68。

89) 邦訳は，江英居『中国刑法 —原文読解と注釈—』（1985, p.195）を参照。尚，同書によれば，第 160 条は，「第二編分則　第六章　妨害社会管理秩序罪」に属する条文である。
90) 談大正 1998, pp.316-317 参照。
91) AIDS は，後天性免疫不全症候群（acquired immune deficiency syndrome）と呼ばれる疾患で，続発性免疫不全症候群の１つ。1981 年にアメリカで発見され，1985 年 4 月にジョージア州アトランタで開催された第 1 回 AIDS 研究会議で初めて医学的な知識が整理された（『日本大百科全書（第二版）』第 22 巻，1994, p.803 参照）。
92) 初出は，《自由談》1933.9.1，25 面。
93) 初出は，《文学》第 5 巻第 4 号，1935.10, pp.602-604。
94) 1957 年に出版された《魯迅全集》（人民文学出版社）所収の〈登龍術拾遺〉には，"王爾徳"に注は付されてない。
95) 片山智行訳「登龍術拾遺」『魯迅全集』第 7 巻，1986, p.310。
96) 1957 年出版《魯迅全集》所収の〈七論"文人相軽—両傷"〉では，"王爾徳"に注が付けられたが，O. Wilde が誹謗罪で訴えられ 2 年の監禁処分を受け，出獄後は外国に流寓し，1900 年にパリで死去したことが記されるに止まり，"同性恋"とは明記はされていない。尚，《魯迅全集》（人民文学出版社）は 2005 年に修訂版が出版されたが，〈登龍術拾遺〉〈七論"文人相軽—両傷"〉には，1981 年版とほぼ同様の注が付され，"同性恋"もそのまま使用されている。
97) 邦訳は，今村与志雄訳「「文人は、互いに軽視しあう」こと、その七—両方とも傷つく」（『魯迅全集』第 8 巻，1984, p.453）を参照した拙訳。
98) 〈大家来関心新詞新義〉であげられた語彙（32 語）のなかには，本書第 4 章で考察した"恋人"も含まれていた（本書の第 4 章，注 67）参照）。
99) 荒川・荒川 1988, p.4 参照。
100) 使用した 7 種の新語辞典の詳細と抽出した 20 語の意味などについては，巻末に付録 3 として付した。
101) 異なり語数が 20 語，延べ語数としては 28 語であった。
102) 下線は，表 3 に示した《現漢》に収録された語彙である。
103) 本書の「新語」とは，改革開放後の新語辞典類に収録され，《現漢》にも収録された語を言う。尚，"恋情"は，中国の古典（王粲《従軍詩》）にもみられ，中国の古典に典拠された言葉である。但しその意味は，「親族を思う」を表し，意味範囲の広い言葉であった。日本語においては，「異性を恋い慕う心」として，『万葉集』（巻第 17・3982/ 左注）に使用がみられる。民国期に本書で考察したような「恋」の熟語が中国語に移入されたことが，"恋情"の意味・用法にも影響を及ぼした可能性が考えられる。また"単恋"は，1931 年の戴望舒の詩（〈単

恋者〉）に使用がみられた。改革開放後に多用されることにより，新語として扱われるようになったと推察される。
104）表中の「○」は「見出し語として収録されている」ことを意味し，空欄は「未収録」を意味する。
105）但し❸の意味が加えられたのは，2005年の第5版以降である。

終 章

　本書は，五四新文化運動以降の日中語彙交流史研究の空白を埋めることを目的として，日本で創出された恋愛用語の中国語への受容と変容の様相，及び現代中国語への継承と影響を共時的，通時的に論じた。

　また新概念の受容と近代訳語の成立との関連性を見出すために，考察に文学的視点を加え，五四新文化運動が展開されるなか，文化的，社会的な変化と，恋愛用語の受容・変容とがどのように関わっていたのかを検証した。

　更に，中国語の古典にみられる"恋"の熟語は意味範囲が広いものであったのに対し，現代中国語にみられる"恋"の新語が，専ら「こい」を含意した熟語であることに鑑み，この"恋"の造語は民国期の日本語との言語接触に遡ることができるということを課題として提起し，この点も論述に加えた。

　第1章で概観したように，近代中国における女子高等教育は遅々としていたが，1920年以降に急速に進められ，1930年代初めまでに男女の共学がほぼ実現していた。また五四新文化運動により，1920年代は西洋文学や日本文学の翻訳，重訳，更に留学生による創作活動が盛んに行われ，中国における近代文学が一気に開花した時期でもあった。但し婚姻法においては，一夫一婦制が法制化され，重婚が禁止されたのは1930年（〈中華民国民法〉）であり，婚姻の自由や蓄妾の禁止が明文化されたのは，共和国成立後の1950年（〈中華人民共和国婚姻法〉）であった。

　本書での考察から，このような民国期の文化や社会の背景が，恋愛用語の受容と変容に大きく関わっていたことが明らかとなった。

　「恋愛」は中国の古典に典拠された言葉で，19世紀中葉の英華・華英字典にもloveの訳語にあてられたが，その意味は現代語とは相違するものであった。それが，専ら男女の情愛を表し，西洋文学に描かれるようなロマンティックな意味を帯びた言葉として中国語に逆移入されたのは，梁啓超が日本で創刊した《清議報》や《新民叢報》を介してであった。更に五四新文化

運動が展開されるなかで，"恋愛"に個人の自由意思による高尚な婚姻の意味を付加し，"高尚的恋愛"を唱えたのは胡適であった。近代化を目ざす中国において，女性の解放，女子高等教育の振興，旧態依然とした婚姻制の改善は急務であり，その手段として恋愛が捉えられたと言える。

西洋の恋愛思潮が紹介されるなか，次に近代訳語として中国語に移入されたのが第3章で考察した和語「初恋」と和製漢語「失恋」である。"初恋"は，中国の恋愛詩においてもロマンティックな恋愛表象に必要な1語となる。また"失恋"も張資平らの小説の題材とされ，『近代の恋愛観』の翻訳を通して，1920年代の中国の社会事情に沿った形で受容された。

第4章で考察した"恋人"の移入は，本書で課題提起した，「こい」を含意した「恋」の熟語の中国語移入を更に浸透させた。汪静之の恋愛詩には婚姻に繋がる恋人たちの恋愛が謳われるなど，"恋人"はロマンティック・ラブを描写するキーワードとなる。それは，"恋人"が現代中国語においてもその意味が継承され，日本語から移入された近代訳語"愛人"と古典に典拠された"情人"に派生義が発生したことからも分かる。

日中同形語でありながら，その意味解釈に相違がみられたのが，第5章で考察した Free love の訳語「自由恋愛」である。日本語では，20世紀初頭に社会主義者やアナキストが主張する概念語（1語の名詞）として扱われたのに対し，中国語に移入された"自由恋愛"の解釈は時間を要した。それは日中における社会背景の相違及び中国における社会の変化，更に中国語の言語構造上の特性が重なった結果であった。

日中における社会背景の相違により，日中異形同義語の成立となったのが，第6章で考察した「三角関係」と"三角恋愛"であった。また，社会背景の相違に言語上の特性が加わった結果成立したのが，第7章で考察した「同性愛」と"同性恋"であった。前者は，1920年代から1930年代の日本と中国においてほぼ同時期に異形体で成立したのに対し，後者の"同性恋"は，時間を経ての成立であり，民国期の言語接触による通時的な変容と言える。

本書の考察により，民国期の日中語彙交流の一側面を明らかにすることができた。また民国期における言語接触が現代中国語の造語に及ぼす影響も論

終章　239

じることができたと考える。

　最後に，日中語彙交流の典型について検討したい。本書では研究方法として荒川1997の4分類に2分類（第4章，第5章）を加えて考察を進めた。

　第2章の「恋愛」は，荒川1997の分類の①「中国製漢語の誕生とその変遷として「熱帯」」に準じるとした。「熱帯」が17世紀以降に来華宣教師の洋学書の漢訳により創出され，江戸期や明治初期の日本にもたらされた点は，「恋愛」が古典語の転用であったこと，日本への借用方法などは相違するが，中国語への逆移入時期が，「熱帯」が日清戦争後で，「恋愛」が20世紀初頭である点は類似する。

　第3章の「失恋」は，荒川1997の分類の②「和製漢語の誕生と中国語への伝播として「回帰線」」に準ずるとした。「回帰線」の創出が17世紀，18世紀である点は「失恋」と異なるが，中国語への移入時期が20世紀初頭であった点は共通する。

　第4章と第5章は，荒川1997にはみられない分類である。第4章で考察した類義語の発生は，漢字圏内における言語接触の結果，容易に起こりうる現象である。また第5章での分類は，日中同形語の意味・用法が，日中間で相違し，中国語において意味の変遷がみられたものであった。意味の変遷と収斂の過程からは，社会背景が浮き彫りにされ，言葉と社会との関わりをみることができる類型である。

　第6章の「三角関係」と"三角恋愛"は，荒川1997の分類の④「日中で訳語にちがいが生じた」に準じるとした。「貿易風」と"信風"の成立要因が，「貿易風」のもつ俗臭，学術用語としての孤立を嫌ったこと，近代訳語の多くを日本に負っていることを好ましくないとする勢力が台頭し，古典語である"信風"のほうが優勢になったという点は，「三角関係」と"三角恋愛"の成立要因とは重ならない。ただ，要因が文化・社会背景にある点は共通しており，日中異形同義語の成立要因の多様性を示している。

　第7章の「同性愛」と"同性恋"は，荒川1997の分類の③「日中で語形にユレが生じた分類として「海流」と「洋流」」に準じるとした。「海流」と"洋流"の成立要因が"海"と"洋"の造語力に因るものである点は，「同性愛」と"同性恋"の成立と共通する。但し"同性恋"の優勢が改革開放後で

あった点は，通時的な変容であり，やはり，日中異形同義語の成立には多様性がある。

　以上のように，先行研究で示された4分類とは，共通点，類似点，相違点がみえ，本書で加えた2分類からは，新たな視点を見出すことができた。

　ただ本書では，1920年代から1930年代に上海で上映された映像や香港で出版された文献を考察の資料に加えていない。また，韓国や台湾を含めた東アジアの漢字圏における恋愛用語の受容と変容の様相を明らかにする必要があろう。これらは，今後の課題としたい。

● 付録

付録1．各章における近代訳語としての恋愛用語の日中初出一覧

	日本語	中国語
第2章 恋愛	中村敬太郎訳『西国立志編』 1871	梁啓超〈慧観〉《清議報》 1900.2
第3章 初恋	嵯峨のやおむろ「初恋」 『都の花』　　1889.1	陳暇訳〈初恋〉《青年雑誌》 1916.1
第3章 失恋	小栗風葉「失恋詩人」 『文芸倶楽部』　1896.11	（無著名・無題）《申報》 1907.4.18
第4章 恋人	「（ロミオ）ト（ジュリエット） ノ話」『喜楽の友』1879.4.10	黄遠生〈遊美随紀〉《申報》 1915.11.20
第5章 自由恋愛	加藤弘之訳「米国政教」 『明六雑誌』　　1874.6	震述〈女子解放問題〉《天義》 1907.9
第6章 三角関係	森林太郎「椙原品」 『東京日日新聞』　1916.1.7	陳望道〈男女社交問題底障碍〉 《婦女評論》　　1921.9.14
第6章 三角恋愛	【無我の三角恋愛】『読売新聞』 1921.11.2	周建人〈恋愛的意義与価値〉 《婦女雑誌》　　1922.2
第7章 同性愛	（鷗外「青年　二十一」 『昴』　　　　1911.5）	【広告】《女性中心与同性愛》 《申報》　　　1920.6.6
第7章 同性恋愛	土筆子述「色情狂篇（続）」 『法医学会雑誌』　1894.4	正声訳〈中性論〉《婦女雑誌》 1920.8
第7章 同性恋	（秋田雨雀「同性の恋」 『早稲田文学』　1907.6）	潘光旦《小青之分析》 1927

付録2. 中国語の国語辞典類における恋愛用語の収録一覧

	辞源	王雲	標準	辞海	国語	拼音1	拼音2	'73現漢試用	'78現漢1版	'83現漢2版	'89現漢補編	'96現漢3版	'02現漢4版	'07現漢5版	'12現漢6版	'16現漢7版
恋愛	○	○	○		○	○	○	○	○	○	○			○		
初恋						○	○	○	○	○				○		
失恋		○	○		○	○	○		○	○				○		
恋人		○			○	○	○				○			○		
愛人					○	○	○	○	○	○				○		
自由恋愛					○											
三角恋愛		○		○							○			○		
同性恋愛		○		○				○	○							
同性恋														○		

注1) 辞源：《辞源》商務印書館，1915
　　王雲：《王雲五大辞典》商務印書館，1930
　　標準：《標準語大辞典》商務印書館，1935
　　辞海：《辞海》上海辞書出版社，1936-1937
　　国語：《国語辞典》商務印書館，1945
　　拼音1：《漢語拼音詞彙》北京文字改革出版社，1958
　　拼音2：《漢語拼音詞彙（増訂版）》北京文字改革出版社，1964
　　'73現漢試用：《現代漢語詞典》試用本 商務印書館，1973
　　'78現漢1版：《現代漢語詞典》第1版 商務印書館，1978
　　'83現漢2版：《現代漢語詞典》第2版 商務印書館，1983
　　'89現漢補編：《現代漢語詞典》補編　商務印書館，1989
　　'96現漢3版：《現代漢語詞典》第3版 商務印書館，1996
　　'02現漢4版：《現代漢語詞典》第4版 商務印書館，2002
　　'07現漢5版：《現代漢語詞典》第5版 商務印書館，2007
　　'12現漢6版：《現代漢語詞典》第6版 商務印書館，2012
　　'16現漢7版：《現代漢語詞典》第7版 商務印書館，2016
注2) 表中の「○」は「見出し語として収録されている」ことを意味し，空欄は「未収録」を意味する。
注3) "三角関係"と"同性愛"は，これらの辞典には未収録であった。

付録 3. 改革開放後に創出された"恋"の熟語（7.5.2. 関連）

[使用新語辞典]
- a.《現代漢語新詞詞典》王均熙他編，済南：齊魯書社，1987
- b.《現代漢語新詞新語新義詞典》諸丞亮他編，北京：中国工人出版社，1990
- c.《漢語新詞詞典》王均熙編，上海：漢語大詞典出版社，1993
- d.《現代漢語新詞語詞典》于根元主編，北京：中国青年出版社，1994
- e.《現代漢語新詞語詞典 1978-2000》林倫倫他編，広州：花城出版社，2000
- f.《当代漢語新詞詞典》王均熙編，上海：漢語大詞典出版社，2003
- g.《新世紀漢語新詞詞典》王均熙編，上海：漢語大詞典出版社，2006

[a. から g. に収録された"恋"の熟語とその意味]

① 【暗恋】（男女間）暗中爱恋。（男女の間で密かに恋い慕うこと）：(g.)
② 【避恋】 躲避恋爱。（恋愛を避けること）：(g.)
③ 【単恋】 单相思。（片思い）：(a.) ／
　　　　　单相思；单方面爱恋。（片思い；一方的な恋）：(c.)
④ 【函恋】 以书信方式谈恋爱。（手紙のやり取りにより恋愛すること）：(d.)
⑤ 【婚恋】 婚姻，恋爱。（婚姻と恋愛）：(b.) ／
　　　　　结婚和恋爱。（結婚と恋愛）：(c.)
⑥ 【恋齢】 恋爱的年数。（恋愛の年数）：(f.)
⑦ 【恋侶】 情侣。（恋人同士）：(f.)
⑧ 【恋情】 男女互相爱慕的感情；依恋的感情。（男女が互いに慕い合う感情。未練）：(c.)
⑨ 【恋途】 指恋爱的道路。（恋愛の道をいう）：(f.)
⑩ 【晩恋】 达到正常恋爱年龄之后再推迟若干年恋爱。（正常な恋愛年齢に達してから，若干遅らせて恋愛すること）：(a.c.) ／
　　　　　在正常恋爱年龄后再恋爱。（正常な恋愛年齢後に恋愛すること）：(b.)
⑪ 【網恋】 指网友之间通过电脑网络谈恋爱。（ネット上の友達がネットを通して恋愛することをいう）：(f.)
⑫ 【早恋】 指青少年过早地谈恋爱。（青少年が早すぎる時期に恋愛することをいう）：(e.)

⑬ 【择恋】　选择恋爱对象。(恋愛の対象を選ぶこと)：(a.b.)
⑭ 【追恋】　❶怀恋（往事）。(昔のことを懐かしく思う)
　　　　　　❷追求爱恋。(恋い慕うことを求める)：(c.)
⑮ 【黄昏恋】　指老年人的恋爱和婚姻。(老人の恋愛と婚姻をいう)：(c.) ／
　　　　　　喻指老年人的恋爱。(老人の恋愛をたとえていう)：(d.) ／
　　　　　　指独身老年人的恋爱。(独身老人の恋愛をいう)：(e.)
⑯ 【婚外恋】　指已婚者与第三者发生恋爱关系。(既婚者が第三者と恋愛関係になることをいう)：(b.) ／
　　　　　　已婚者与其他异性发生恋爱关系。(既婚者が他の異性と恋愛関係になる)：(c.) ／
　　　　　　与配偶之外的人的不合法恋情。(配偶者以外の人との不合法な恋愛)：(e.)
⑰ 【書包族恋】　指中学生的早恋。(中高生における早すぎる恋愛をいう)：(g.)
⑱ 【双性恋】　与同性和异性之间都发生的恋爱关系。(同性とも異性とも発生する恋愛関係)：(g.)
⑲ 【同性恋】　同性恋爱。(同性の恋愛)：(c.)
⑳ 【忘年恋】　年岁差别大的男女之间产生的恋情。(年齢差の大きい男女の間に発生した愛情)：(g.)

[辞典別収録語彙]
　a：③単恋，⑩晩恋，⑬択恋
　b：⑤婚恋，⑩晩恋，⑬択恋，⑯婚外恋
　c：③単恋，⑤婚恋，⑧恋情，⑩晩恋，⑭追恋，⑮黄昏恋，⑯婚外恋，⑲同性恋
　d：④函恋，⑮黄昏恋
　e：⑫早恋，⑮黄昏恋，⑯婚外恋
　f：⑥恋齢，⑦恋侶，⑨恋途，⑪網恋
　g：①暗恋，②避恋，⑰書包族恋，⑱双性恋，⑳忘年恋

●図版目録

図版1　『道訳法児馬』1833，p.342：松村明監修『近世蘭語学資料第Ⅲ期　道訳法児馬　第4巻L～N』ゆまに書房，1998 …………………………… 51
図版2　「恋十首　初恋」『堀河院百首』（筑波大学中央図書館所蔵マイクロフィルム）……………………………………………………………………… 75
図版3　広告《青年雑誌》：《申報》15451号（1916.2.20）……………………… 78
図版4　広告《遊戯世界》：《申報》17751号（1922.7.25）……………………… 79
図版5　広告《世界皇室奇談》：《申報》14919号（1914.8.22）……………… 93
図版6　広告《三角恋愛》：《申報》18566号（1924.11.3），18571号（1924.11.8）…………………………………………………………………………178
図版7　広告《半月》（第2巻第11号）：《申報》17953号（1923.2.20）…………212
図版8　広告《同性恋愛論》：《申報》17953号（1923.2.20）……………………213
図版9　広告《蘇俄中学生日記》：《申報》20206号（1929.6.24），20207号（1929.6.25）……………………………………………………………………219
図版10　広告《女之一生》：《申報》23003号（1937.5.22）……………………219
図版11　広告《性心理学》：《申報》24694号（1946.11.13）……………………219

参考文献

(1) 日本語

青木賢豪他 2002『堀河院百首和歌』明治書院
赤枝香奈子 2011『近代日本における女同士の親密な関係』角川学芸出版
阿木津英 1998「外来語を取り込む③明治時代の翻訳語　接吻、停車場、利己」『短歌研究』第 55 巻第 4 号，4 月，pp.46-47
秋山洋子・江上幸子・田畑佐和子・前山加奈子編訳 1998『中国の女性学』勁草書房
阿部洋 1990『中国の近代教育と明治日本』福村出版
荒川清秀 1986「字音形態素の意味と造語力　—同訓異字の漢字を中心に—」『愛知大学文学論叢』第 82・83 号，11 月，pp.592-569
——— 1988「複合漢語の日中比較」『日本語学』5 月，pp.56-67
——— 1997『近代日中学術用語の形成と伝播　—地理学用語を中心に』白帝社
——— 2002「日中漢語語基の比較」『国語学』第 53 巻第 1 号，1 月，pp.84-96
——— 2013「日中字音語基の造語機能の対照」野村雅昭編『現代日本漢語の探究』東京堂出版，pp.60-82
荒川清秀・荒川由紀子 1988「現代中国語の造語力　—日本語における漢語との関連で—」『愛知大学文学論叢』第 89 号，12 月，pp.350-323
有澤晶子 2011『比較文学　比較を生きた時代　日本・中国』研文出版
有田和夫 2006「飲氷室「自由書」と日本の"近代"」『白山中国学』第 12 号，3 月，pp.1-15
晏妮 2012「20 世紀初頭、上海における中国教育会の設立　—特に日本との関係を中心に—」『人間文化研究科年報』第 27 号，3 月，pp.53-64
石川禎浩・狭間直樹編 2013『近代東アジアにおける翻訳概念の展開』京都大学人文社会科学研究所
井田進也 1984「解題　民主国ノ道徳」『中江兆民全集 8』岩波書店，pp.329-362
伊藤虎丸編 1979『創造社研究』アジア出版
李漢燮 2010『近代漢語研究文献目録』東京堂出版
今井駿・久保田文次・田中正俊・野沢豊 1984『中国現代史』山川出版社
岩佐昌暲 2005『中国現代文学と九州　異国・青春・戦争』九州大学出版会
牛島徳次・香坂順一・藤堂明保編 1967『中国文化叢書 1　言語』大修館書店
内田慶市 2001『近代における東西言語文化接触の研究』関西大学出版部
——— 2010「鄺其照の玄孫からのメール」『或問』第 19 号，12 月，pp.131-146
内田慶市・沈国威編 2007『19 世紀中国語の諸相　—周縁資料（欧米・日本・琉球・朝

鮮）からのアプローチ―』雄松堂出版
梅兼次郎 1899『民法要義巻之4』明法堂
梅根悟監修 1975『世界教育史大系 4　中国教育史』講談社
于耀明 2001『周作人と日本近代文学』翰林書房
江上幸子 2014「一九二〇年代中国のセクシュアリティ論議 ―張競生、丁玲らによる異論―」『中国―社会と文化』第29号，7月，pp.66-86
遠藤智夫 2009『『英和対訳袖珍辞書』と近代語の成立 ―日中語彙交流の視点から―』港の人
閻瑜 2013「田漢の一九二〇年代の作品における女性像にみる近代日本の影響」『大妻国文』第44巻，3月，pp.91-105
王虹 2002「恋愛観と恋愛小説の翻訳 ―林紓訳と長田秋濤訳『椿姫』を例として―」『多元文化』第2号，3月，pp.79-93
王宓 1998「李達の女性解放論における山川菊栄の影響」『昭和女子大学女性文化研究紀要』第21号，1月，pp.35-52
大塚勝美 1985『中国家族法論』御茶の水書房
大東和重 2012『郁達夫と大正文学 ―〈自己表現〉から〈自己実現〉の時代へ―』東京大学出版会
奥平康弘 1998「モルモン・一夫多妻制・公権力―アメリカ的「宗教の自由」の一側面（上）」『時の法令』第1574号，7月，pp.32-45
尾坂徳司 1957『中国新文学運動史 ―政治と文学の交点・胡適から魯迅へ―』法政大学出版局
小澤三郎 1973（初版 1944）『幕末明治耶蘇教史研究』日本基督教団出版局
小田亮 1996『一語の辞典　性』三省堂
小野和子 1978『中国女性史 ―太平天国から現代まで―』平凡社
風間孝・河口和也 2010『同性愛と異性愛』岩波書店
夏暁虹 1998 藤井省三監修『纏足をほどいた女たち』朝日新聞社
加藤百合 2012『明治期露西亜文学翻訳論攷』東洋書店
樺島忠夫 1977「漢字の造語力」『言語』7月号，大修館書店，pp.31-39
蒲生芳郎 1982「森鷗外の語彙 ―『舞姫』と『青年』を中心に―」佐藤喜代治編『近代の語彙』明治書院，pp.197-219
柄谷行人 1980『日本近代文学の起源』講談社
関西中国女性史研究会編 2004『ジェンダーからみた中国の家と女』東方書店
――――――――――― 2005『中国女性史入門 ―女たちの今と昔―』人文書院
菅野聡美 2001『消費される恋愛論 ―大正知識人と性―』青弓社
――― 2005『〈変態〉の時代』講談社
木村秀次 2013『近代文明と漢語』おうふう

清地ゆき子 2017「重訳《俄国情史》をめぐって ―「自由結婚」と革命―」『或問』第 31 号，白帝社，pp.71-86
邱海涛著　納村公子訳 2000　『中国五千年性の文化史』集英社
工藤貴正 2010『中国語圏における厨川白村現象 ―隆盛・衰退・回帰と継続―』思文閣出版
倉田百三 1926『一夫一婦制か自由恋愛か』岩波書店
黒岩裕市 2008「"homosexuel"の導入とその変容 ―森鷗外『青年』―」『論叢クィア』Vol.1，pp.57-75
黒古一夫監修 2006『日本近・現代文学の中国語訳語総覧』勉誠出版
光華女子大学日本文学科編 1996『恋のかたち ―日本文学の恋愛像―』和泉書院
香坂順一 1974『中国語学の基礎知識』光生館
小堀桂一郎訳 1980「解説」『森鷗外の『智恵袋』』講談社
小堀桂一郎 2010『日本人の「自由」の歴史 ―「大宝律令」から「明六雑誌」まで―』文藝春秋
崔淑芬 2007『中国女子教育史 ―古代から一九四八年まで―』中国書店
――― 2008「近代中国における教会女子学校」『筑紫女学園大学・筑紫女学園大学短期大学部紀要』第 3 号，pp.75-85
齋藤毅 1977『明治のことば ―東からに西への架け橋―』講談社
斎藤敏康 2001「雑誌『半月』における施蟄存」『立命館経済学』第 50 巻第 5 号，12 月，pp.187-199
斎藤光 1999「Psychopathia Sexualis の初邦訳について ―邦訳の原典は原著第何版か？ An Original Text of Shikijokyohen（色情狂篇）（1894）」『京都精華大学紀要』第 17 号，pp.72-91
――― 2000「性科学・性教育編　解説」斎藤光編『編集復刻版　性と生殖の人権問題資料集成』第 27 巻，不二出版，巻末 pp.1-8
――― 2002「解説　学術的と壊乱的の間 ―『変態性慾』と田中香涯―」復刻版『変態性慾』別冊，不二出版，pp.5-26
――― 2006a「『変態性欲心理』解説」斎藤光編『近代日本のセクシュアリティ 2〈性〉をめぐる言説の変遷 ―変態性欲と近代社会 1―』ゆまに書房，巻末 pp.1-10
――― 2006b「『アンソロジー　明治期の性言説をめぐって』解説」斎藤光編『近代日本のセクシュアリティ 6〈性〉をめぐる言説の変遷 ―アンソロジー明治期の性言説をめぐって―』ゆまに書房，巻末 pp.409-420
佐伯順子 1998『「色」と「愛」の比較文化史』岩波書店
――― 2000『恋愛の起源 ―明治の愛を読み解く―』日本経済新聞社
――― 2015『男の絆の比較文化史 ―桜と少年―』岩波書店
坂元ひろ子 2004『中国民族主義の神話 ―人種・身体・ジェンダー―』岩波書店

―――――― 編 2010『世界大戦と国民形成 ―五四新文化運動―』岩波書店
寒河江實 2006「明治の語彙「恋愛」について」『桜文論叢』第 66 号，2 月，pp.1-22
佐藤喜代治 1982「和製漢語の歴史」森岡健二他編『講座日本語学 4　語彙史』明治書院，pp.70-89
―――――― 1998「和製漢語の歴史」『漢語漢字の研究』明治書院，pp.169-186
佐藤喜代治編 1983『語誌Ⅰ-Ⅲ』明治書院
佐藤忠男・刈間文俊 1985『上海キネマポート』凱風社
佐藤亨 1992『近代語の成立』桜楓社
―――― 1999『国語語彙の史的研究』おうふう
―――― 2013『現代に生きる日本語漢語の成立と展開 ―共有と創生―』明治書院
さねとうけいしゅう 1970『増補　中国人日本留学史』くろしお出版
實藤惠秀監修 1980『中国訳日本書総合目録』中文大学出版社
塩山正純 2013『初期中国語訳聖書の系譜に関する研究』白帝社
島田虔次編訳 2004　丁文江・趙豊田編『梁啓超年譜長編』第 1 巻，岩波書店
清水賢一郎 1994『明治日本および中華民国におけるイプセン受容 ―恋愛・貨幣・国民国家のドラマ―』東京大学博士論文
謝冕著　岩佐昌暲編訳 2012『中国現代詩の歩み』中国書店
周一川 2000『中国人女性の日本留学史研究』国書刊行会
朱京偉 1995「『明治のことば辞典』と現代中国語における日本語からの借用語」『明海日本語』第 1 号，3 月，pp.51-63
―――― 2003『近代日中新語の創出と交流 ―人文科学と自然科学の専門語を中心に―』白帝社
―――― 2011a「在華宣教師の洋学資料に見える三字語 ―蘭学資料との対照を兼ねて―」『国立国語研究所論集』1，5 月，pp.93-112
―――― 2011b「蘭学資料の四字漢語についての考察 ―語構成のパターンと語基の性質を中心に―」『国立国語研究所論集』2，11 月，pp.165-184
―――― 2013「中国語に借用された明治期の漢語 ―清末の 4 新聞を資料とした場合―」野村雅昭編『現代日本漢語の探究』東京堂出版，pp.317-346
―――― 2017「宣教師資料と蘭学資料の調査範囲について」『2017 国際シンポジウム「近代期東アジアにおける言語接触と交流伝播」』（第 16 回漢字文化圏近代語研究会予稿集），pp.3-4
朱鳳 2009『モリソンの「華英・英華字典」と東西文化交流』白帝社
舒志田 1999「日中同形異義漢字の研究 ―「愛人」の意味変化をめぐって―」『文献探究』第 37 号，3 月，pp.1-14
白水紀子 1995「《婦女雑誌》における新性道徳論 ―エレン・ケイを中心に―」『横浜国立大学人文紀要．第二類，語学・文学』第 42 号，10 月，pp.1-19

―――― 2001『中国女性の 20 世紀 ―近代家父長制研究―』明石書店
―――― 2002「中国のセクシュアル・マイノリティー」『東アジア比較文化研究』第 3 号，6 月，pp.58-75
―――― 2007「中国同性愛小説の作家とその周辺」『南腔北調論集 ―中国文化の伝統と現代―』東方書店，pp.539-563
城山拓也 2014『中国モダニズム文学の世界 ―一九二〇、三〇年代上海のリアリティ―』勉誠出版
沈国威 1994（改訂 2008）『近代日中語彙交流史 ―新漢語の生成と受容―』笠間書院
―――― 1996「近代における漢字学術用語の形成と交流 ―医学用語編―(1)」『文林』第 30 号，3 月，pp.59-94
―――― 1997「近代汉字学术用语的生成与交流 ―医学用语篇―(2)」『文林』第 31 号，3 月，pp.1-18
―――― 1998「新漢語研究に関する思考」『文林』第 32 号，3 月，pp.37-61
―――― 2006「《辞源》与現代漢語新詞」『或問』第 12 号，12 月，pp.35-58
―――― 2014「近代の新語訳語と中国語の二字語化 ―日本語の影響作用を中心として―」沈国威・内田慶市編 2014『環流する東アジアの近代新語訳語』ユニウス，pp.303-318
―――― 2016「近代漢字訳語の研究について：中国語からの視点」沈国威・内田慶市編『東アジア言語接触の研究』関西大学出版部，pp.19-51
沈国威編 1995『『新爾雅』とその語彙 ―研究・索引・影印本付―』白帝社
―――――― 2008『漢字文化圏諸言語の近代語彙の形成 ―創出と共有―』関西大学出版部
沈国威編 2011『近代英華華英辞典解題』関西大学出版部
進藤咲子 1981『明治時代語の研究 ―語彙と文章―』明治書院
末次玲子 1999「中国女性史上の民国前期 ―政治と女性の関係を中心に―」『中国女性史研究』第 9 号，11 月，pp.1-7
―――― 2009『二〇世紀中国女性史』青木書店
杉本史子 1999「近代中国における女子教育問題 ―北京女子師範大学事件が示すもの―」『立命館文学』第 560 号，6 月，pp.88-119
鈴木修次 1981『日本漢語と中国 ―漢字文化圏の近代化―』中央公論社
―――― 1983「厳復の訳語と日本の「新漢語」」『国語学』132 号，3 月，pp.40-50
鈴木敏雄 1998「「擬四愁詩」としての魯迅の、「我的失恋」詩」『兵庫教育大学研究紀要』第 2 分冊言語系，Vol.18，1 月，pp.11-19
鈴木範久 2006『聖書の日本語 ―翻訳の歴史―』岩波書店
スーザン・マン著　秋山洋子・板橋暁子・大橋史恵訳 2015『性からよむ中国史 ―男女隔離・纏足・同性愛―』平凡社

孫建軍 2015『近代日本語の起源 ―幕末明治初期につくられた新漢語―』早稲田大学出版部
孫倩 2013「早稲田大学における清国人留学生」『ソシオサイエンス』Vol.19，3月，pp.109-125
高田昭二 1990『中国近代文学論争』風間書房
高野繁男・王宝平 2002「日中現代漢語の層別 ―日中同形語にみる―」神奈川大学人文学研究所編『日中文化論集 ―多様な角度からのアプローチ―』勁草書房，pp.118-139
高橋邦太郎 1928「椿姫の邦訳本」『受書趣味』第18号，pp.22-24
高橋保 1996「五四新文化運動期の中国における婚姻制度と女性の地位」『国際文化研究所紀要』第2号，8月，pp.25-48
高橋みつる 2006「郁達夫と孫荃・王映霞 ―家・家族・愛の視点から―（上）」『愛知教育大学研究報告 人文・社会科学編』第55号，3月，pp.1-8
────── 2007「郁達夫と孫荃・王映霞 ―家・家族・愛の視点から―（中）」『愛知教育大学研究報告 人文・社会科学編』第56号，3月，pp.1-7
建部遯吾・鷲尾浩 1921『風俗問題』冬夏社
樽本照雄 2009「曾孟樸の初期の翻訳（上）」『清末小説』第32号，12月，pp.1-47
千葉謙悟 2010『中国語における東西言語文化交流 ―近代翻訳語の創造と伝播―』三省堂
中華全国婦女連合会編 中国女性史研究会編訳 1995『中国女性運動史 1919-49』論創社
中国女性史研究会編 2004『中国女性の100年 ―史料にみる歩み―』青木書店
張競 1993『恋の中国文明史』筑摩書房
── 1995a「大正文学の陰影 ―張資平の恋愛小説と田山花袋―」『比較文学研究』第66号，2月，pp.87-107
── 1995b『近代中国と「恋愛」の発見』岩波書店
── 1997「海を越えた詩心 ―与謝野晶子と近代中国の「小詩」―」『季刊アステイオン』秋，pp.198-214
── 2004「池田小菊『帰る日』と翻案小説『風に飛ぶ柳のわた』―張資平の大正文学の受容をめぐって―」『明治大学教養論文集』通巻386号，9月，pp.25-43
── 2008『「情」の文化史 ―中国人のメンタリティ―』角川学芸出版
張競生・小江平著 土屋英明訳 1990『性史』東方書店
張競生他編・助言 土屋英明訳・解説 1999『性史 第一集・第二集』イースト・プレス
陳原著 松岡栄志・白井啓介他訳 1981『ことばと社会生活』凱風社
陳力衛 2001『和製漢語の成立とその展開』汲古書院

―――2005a「和製漢語の形成」『国文学　解釈と鑑賞』第70巻第1号，1月，pp.38-46
―――2005b「「雪中梅」の中国語訳について ―明治新漢語伝播の媒介としての役割―」『文学研究』4月，pp.16-29
―――2006「『和製漢語辞典』の構想」倉島節尚編『日本語辞書学の構築』おうふう
―――2011「「民主」と「共和」―近代日中概念の形成とその相互影響―」『成城大学経済研究』第194号，11月，pp.9-35
―――2012a「英華辞典と英和辞典との相互影響 ―20世紀以降の英和辞書による中国語への語彙浸透を中心に―」『JunCture』第3巻，pp78-98
―――2013「近代日本漢語の形成と中国語 ―漢訳『万国公法』から和訳『国際法』へ―」野村雅昭編『現代日本漢語の探究』東京堂出版，pp.290-316
―――2016「『四庫全書』などの全文データから明らかになること」『日本語学』9月，pp.10-22
陳立新編 2009『梁啓超とジャーナリズム』芙蓉書房出版
肥留間由紀子 2003「近代日本における女性同性愛の「発見」」『解放社会学研究』第17号，2003，pp9-23
鳥内あゆみ 2010「森鷗外『ル・パルナス・アンビユラン』研究 ―ドラナチユウルの造形を中心に―」『富大比較文学』第3号，12月，pp.65-77
中下正治 1996『新聞にみる日中関係史 ―中国の日本人経営紙―』研文出版
永嶋大典 1996『新版　蘭和・英和辞書発達史』ゆまに書房
中村義弘 1983『近代中国における女性解放の思想と行動』北九州中国書店
南雲智 1979「雑誌『婦女評論』について ―附目録―」『中国文学論叢』第7号，3月，pp.301-370
西川眞子 2000「民国初期家庭像をめぐる知識青年の言説 ―『新青年』『申報』を中心に―」『東洋史研究』第59巻第3号，12月，pp.63-95
西槇偉 1993「1920年代中国における恋愛観の受容と日本 ―『婦女雑誌』を中心に―」『比較文学研究』通号64号，12月，pp.71-90
野村浩一 1990『近代中国の思想世界 ―『新青年』の群像―』岩波書店
野村雅昭 1988「二字漢語の構造」『日本語学』第7巻第5号，pp.44-55
狭間直樹 1976『中国社会主義の黎明』岩波書店
羽田朝子 2005「『婦女雑誌』の研究史をふりかえって ―『婦女雑誌』にみる近代中国女性」の意義―」『人間文化研究年報』第21号，3月，pp.202-213
原島正 1997「明治のキリスト教 ―LOVEの訳語をめぐって―」『日本思想史学』第29号，9月，pp.62-84
半沢洋子 1983「恋人（愛人　情人　色）」佐藤喜代治編『語誌Ⅱ　けいざい～つぼ』（講座日本語の語彙10）明治書院，pp.41-47
日高昭二 2011「通俗小説の修辞学 ―久米正雄の『蛍草』精読―」『人文研究』第175

号，12月，pp1-47
飛田良文 2002『明治生まれの日本語』淡交社
平石典子 2012『煩悶青年と女学生の文学誌 ―「西洋」を読み替えて―』新曜社
平野義太郎 1966「中国革命報「天義」の日本における発刊 ―日中の初期社会主義者の交流―」『中国初期社会主義文献集②天義（影印）』大安，巻末 pp.1-24
広田栄太郎 1969『近代訳語考』東京堂出版
藤木宏幸 1997「解説」『イプセン傑作集』第 6 巻，日本図書センター，pp.1-9
藤田昌志 2011『明治・大正の日中文化論』三重大学出版会
藤村作 1922「同性愛の文学」『上方文学と江戸文学』至文堂，pp.189-222
古川誠 1994「セクシュアリティの変容：近代日本の同性愛をめぐる 3 つのコード」『日米女性ジャーナル』No.17，12月，pp.29-55
―――― 1995「同性「愛」考」『IMAGO』第 6 巻第 12 号，11月，pp.201-207
堀啓子 2011「小栗風葉作『脚本　奇縁』と原作者 Charlotte M. Brame」『比較文学』第 53 号，3月，pp.90-104
ホンセア（洪世峨）2013「厨川白村『近代の恋愛観』への考察 ―大正期恋愛ブームの意義を問う―」『専修国文』第 29 号，1月，pp.1-18
前川直哉 2010「大正期における男性「同性愛」概念の受容過程 ―雑誌『変態性欲』の読者投稿から―」『解放社会学研究』第 24 号，pp.14-34
前山加奈子 1999「母性は劣位か ―1930、40 年代における潘光旦の女性論―」中国女性史研究会『論集　中国女性史』吉川弘文館，pp.150-167
―――― 2008「Y.D とは誰か ―日本の女性問題を紹介・評論した呉覚農について―」『中国女性史研究』第 17 号，2月，pp.9-66
―――― 2011「1920 年代初頭における日本と中国の女性定期刊行物 ―呉覚農が紹介・論争した女性運動論からみる―」『駿河台大学論叢』第 42 号，pp.1-34
前山加奈子・王宓 1999「日中両国間の女性論の伝播と受容 ―《婦女評論》における堺利彦―」『中国女性史研究』第 9 号，11月，pp.9-66
正宗敦夫編 1931『万葉集総索引　単語編』白水社
増田渉 1979『西学東漸と中国事情』岩波書店
松岡純子 1992「張資平『約檀河之水（The Water of Yoldan River）』論」『九州中国学会報』第 30 号，2月，pp.101-124
―――― 1993「張資平の五高時代について ―張資平と日本（一）―」『熊本大学教養部紀要（外国語・外国文学編）』第 28 号，1月，pp.227-238
―――― 1996「張資平とその初期作品について」『熊本の文学　第三』審美社，pp.265-284
―――― 2001a「『張資平研究資料』-［1］年譜」『長崎県立大学論集』第 34 巻第 4 号，3月，pp.175-206

─── 2001b「『張資平研究資料』-[2] 文献目録」『長崎県立大学論集』第35巻第2号, 9月, pp.35-60
松下貞三 1982『漢語「愛」とその複合語・思想からみた国語史』あぽろん社
松永昌三 1993「訳語「恋愛」について」『中江兆民評伝』岩波書店, pp.165-168
箕輪理美 2009「再建期アメリカにおけるフリー・ラヴと女性参政権運動 ―ヴィクトリア・ウッドハルと全国女性参政権協会―」『アメリカ史研究』第32号, pp.3-19
宮田和子 2010『英華辞典の総合的研究 ―19世紀を中心として―』白帝社
宮地敦子 1977「「愛す」続考」『国文学論叢』第22号, 3月, pp.27-41
宮地孝次郎 1960『新比較婚姻法Ⅰ　東洋』勁草書房
村田雄二郎編 2005『『婦女雑誌』からみる近代中国女性』研文出版
村田雄二郎・C.ラマール編 2005『漢字圏の近代 ―ことばと国家―』東京大学出版会
森岡健二編 1991『改訂近代語の成立 ―明治期語彙編―』明治書院
森岡健二 2004『日本語と漢字』明治書院
森岡優紀 2012『中国近代小説の成立と写実』京都大学学術出版会
森雅子 2002「新詩の開拓者としての周作人」『颶風』第36号, 9月, pp.61-90
矢沢利彦 1972『中国とキリスト教』近藤出版社
柳父章 1976『翻訳とはなにか　日本語と翻訳文化』法政大学出版局
─── 1982『翻訳語成立事情』岩波書店
山泉進 1990「誰れが"レッド・エマ"をみたか ―エマ・ゴールドマン日本評判記―」『初期社会主義研究』第4号, 12月, pp.97-118
─── 1991「「大逆事件」研究 ―Emma Goldmanと日本の初期社会主義者―」『明治大学人文科学研究所紀要』第30号, pp.155-186
─── 2005「初期社会主義とFree Love ―石川三四郎の「自由恋愛私見」をめぐって―」『初期社会主義研究』第18号, 11月, pp.87-108
山田孝雄 1940（訂正版 1958）『国語の中に於ける漢語の研究』宝文館
山室信一・中野目徹校注 1999『明六雑誌（上）』岩波書店
由井志津子 1989「雑誌『詩』の試み」『お茶ノ水女子大学中国文学会報』第8号, 4月, pp.75-91
湯沢康彦 2005『明治の結婚　明治の離婚 ―家庭内ジェンダーの原点―』角川学芸出版
楊義・張中良・中井政喜著　森川（麦生）登美江・星野幸代・中井政喜訳 2009『二十世紀中国文学図志』学術出版会
吉川榮一 2003「何震と幸徳秋水」『文学部論叢』第79号, 3月, pp.9-27
吉武好孝 1959『明治・大正の翻訳史』研究社出版
吉田富夫 1996『中国現代文学史』朋友書店
吉野作造 1909「清国在勤ノ教師」『国家学会雑誌』第23巻第5号, 5月, pp.123-148
李瑾 2004「周作人と「貞操論」」『中京学院大学経営学会研究紀要』第11巻第2号,

3月，pp.51-65
李道　呼和塔拉訳 2010「留日法科学徒黄遠生」『中央大学史紀要』第 15 号，3月，pp.75-89
劉岸偉 1991『東洋人の悲哀 —周作人と日本—』河出書房新社
劉軍 2004「《新青年》時代の周作人と日本 —「貞操論」を中心に—」『人文学研究所報』第 37 号，3月，pp.33-52
劉達臨著　鈴木博訳 2003『中国性愛文化』青土社
劉凡夫 1993「中国語辞書『辞源』初版に収録された日本語語彙の性格」『国語学研究』第 32 号，3月，pp.1-10
ロバート・オールドリッチ編　田中英史・田口孝夫訳 2009『同性愛の歴史』東洋書林
和田博文・徐静波・西村将洋・宮内淳子・和田桂子 2014『上海の日本人社会とメディア 1870-1945』岩波書店

(2) 中国・台湾
阿英編 1961《晩清文学叢鈔 俄羅斯文学訳文巻》上巻，北京中華書局
常暁宏 2014《魯迅作品中的日語借詞》南開大学出版社
陳国恩・庄桂成・雍青 2009《俄蘇文学在中国的伝播与接受》中国社会科学出版
陳建民 1997〈配偶義的"愛人"小考〉《詞庫建設通訊》総第 13 期，8月，p.6
陳力衛 2012b〈「帝国主義」考源〉《東亜観念史集刊》第 3 期，12 月，pp.363-382
藩伯群 2011〈周痩鵑論（代前言）〉《周痩鵑文集 1》文匯出版社，pp.1-36
潘乃穆・潘乃和編 2000《潘光旦文集》第 11 巻，北京大学出版社
方剛 1995《同性恋在中国》吉林人民出版社
復旦大学語言研究室編 1979《陳望道文集》第 1 巻，上海人民出版社
郭元覚輯校 1932《国民親属継承》上海法学編訳社
韓一宇 2008《清末民初漢訳法国文学研究（1897-1916）》中国社会科学出版社
闞文文 2013《晩清報刊上的翻訳小説》齊魯書社
李継鋒他 2009《袁振英伝》中共党史出版社
劉達臨 1999《性与中国文化》人民出版社
李銀河 2009《同性恋亜文化》内蒙古大学出版社
李運博 2006《日中近代詞彙的交流 —梁啓超的作用与影響（日文版）—》南開大学出版社
呂順長 2001《清末浙江与日本》上海古籍出版社
馬西尼著　黄河清訳 1997《現代漢語詞彙的形成 —十九世紀漢語外来詞研究—》漢語大詞典出版社
彭小妍 2001《海上説情慾　従張資平到劉吶鷗》中央研究院中国文哲研究所籌備處
人民出版社編 1953（1950 初版）《中華人民共和国婚姻法》人民出版社

沈国威 2012〈「野蛮」考源〉《東亜観念史集刊》第 3 期，12 月，pp.383-403
施晔 2008《中国古代文学中的同性恋書写研究》上海人民出版社
史有為 2013《漢語外来詞　増訂本》商務印書館
談大正 1998《性文化与法》上海人民出版社
王碩鵬編 2012《新詞語新概念》山東画報出版社
王暁秋 2000《近代日中文化交流史》中華書局
謝徳銑 1991《周建人評伝》重慶出版社
熊輝 2010《五四訳詩与早期中国新詩》人民出版社
楊群 1999《張競生伝》花城出版社
葉永勝 2010〈陳独秀文学革命的実行者：陳嘏及其文学翻訳〉《安慶師範学院学報（社会科学版）》第 29 巻第 5 期，5 月，pp.66-80
袁湧進編 1936《現代中国作家筆名録》北平中華図書館：『現代中国作家筆名録（影印）』大安，1968
周振韶 1931〈女学生愛読的書籍的研究〉《婦女雑誌》第 17 巻第 2 号，2 月，pp.55-59
朱京偉 2006〈社会主義用語の形成に見られる特徴 ―語構成と語誌記述の視点から―〉《日本学研究》12 月，pp.360-373
――― 2007〈梁啓超与日語借詞〉《日本学研究》10 月，pp.119-132

参照辞典（事典）・用語集

(1) 日本語

稲村三伯編『波留麻和解』1796：松村明監修『近世蘭語学資料第Ⅰ期　波留麻和解』第 4 巻，ゆまに書房，1997（影印）
藤林普山『訳鍵』1810（筑波大学中央図書館所蔵）
本木正栄他編『諳厄利亜興学小筌』1811：『諳厄利亜興学小筌』大修館書店，1982（影印）（筑波大学中央図書館所蔵）
本木正栄他編『諳厄利亜語林大成』1814：『諳厄利亜語林大成』大修館書店，1982（影印）（筑波大学中央図書館所蔵）
H. Doeffho 編『道訳法児馬』1816（京都大学附属図書館所蔵）
H. Doeffho・吉雄権之助編『道訳法児馬』1816（九州大学附属図書館所蔵）
H. Doeffho 編『道訳法児馬』1833：松村明監修『近世蘭語学資料第Ⅲ期　道訳法児馬』第 4 巻，ゆまに書房，1998（東京大学総合図書館所蔵）
H. Doeffho・桂川甫周編『和蘭字彙』1855（筑波大学中央図書館所蔵）
堀達之助編『英和対訳袖珍辞書』1862（筑波大学中央図書館所蔵）

堀達之助・堀亀之助編『英和対訳袖珍辞書　改正増補』1867（筑波大学中央図書館所蔵）
J. C. Hepburn『和英語林集成』1867 初版，1872 再版，1886 第 3 版：飛田良行・李漢燮『和英語林集成：初版・再版・三版対照総索引』港の人，2000-2001
堀達之助・堀亀之助編『英和対訳袖珍辞書　改正増補』蔵田屋清右衛門，1869（筑波大学中央図書館所蔵）
Nugent 編：好樹堂訳『仏和辞典』好樹堂，1871
荒井郁之助『英和対訳辞書』書肆小林新兵衛，1872
柴田昌吉・子安峻『附音挿図　英和字彙』日就社，1873
中村敬宇校正・津田仙・柳澤信大他訳『英華和訳字典』山内輹出版，1879-1881
羅布存徳原著・井上哲次郎訂増『訂増英華字典』藤本氏蔵版，1883（筑波大学中央図書館所蔵）
市川義夫纂訳・嶋田三郎校訂『英和和英字彙大全』製紙分社，1885
金子直行纂訳『独和辞書』伊藤誠之堂，1885
野村泰亨・伊藤大八・初見八郎・小出拙蔵・田中健士纂訳『仏和辞林』仏学塾，1887
島田豊纂訳『附音挿図　和訳英字彙』大倉書店，1888
大槻文彦『言海』吉川半七，1889-1891
棚橋一郎編『新訳無双英和辞書』細川蔵，1890 初版，1891 第 2 版
島田豊編『双解英和大辞典』共益商社，1892 初版，1904 増訂
山田武太郎（山田美妙）編『日本大辞書』明法堂，1892-1893
岩崎行親他『英和新辞林』三省堂書店，1894 初版，1897 第 17 版
島田豊他編『A new English-Japanese dictionary』大倉書店，1897
野村泰亨・森則義『仏和辞典』大倉書店，1898
和田垣謙三『A new English-Japanese dictionary』大倉書店，1901
上田萬年『The newest English-Japanese dictionary』富山房，1904
山口造酒・入江祝衛共編『註解英和新辞典』賞文館，1907
松井知時・上田駿一郎『新和仏辞典』大倉書店，1907
金沢庄三郎編『辞林』三省堂書店，1907
井上十吉編『新訳和英辞典』三省堂書店，1909
神田乃武共編『模範英和辞典』三省堂書店，1911 初版・1915 第 14 版
入江祝衛編『詳解英和辞典』博育堂，1912
増田藤之助『新撰英和辞典』丸善，1913
下中芳岳『ポケット顧問 や，此は便利だ』平凡社，1914 初版，1922 増補改訂
井上十吉編『井上英和大辞典』至誠堂書店，1915
野村泰亨『新仏和辞典』大倉書店，1915
登張信一郎『新訳独和辞典』大倉書店，1915：1916 第 4 版

斎藤秀三郎『熟語本位英和中辞典』日英社，1915 初版，1917 改訂版
上田萬年・松井簡治『大日本国語辞典』冨山房，1915-1919
藤井信吉編『藤井　新独和辞書』金港堂書籍，1917
井上十吉編『井上和英大辞典』至誠堂書店，1921
小林花眠編『新しき用語の泉』1923：松井栄一他，大空社，1994 復刻版
金沢庄三郎編『広辞林』三省堂書店，1925
片山正雄『双解独和大辞典』南江堂書店，1927
丸山順太郎編『和仏辞典』白水社，1927
岡倉由三郎主幹『新英和大辞典』研究社，1927
下中弥三郎『ポケット顧問 や．此は便利だ』平凡社，1930
市河三喜他『大英和辞典』冨山房，1931
武信由太郎主幹『新和英大辞典』研究社，1931
大槻文彦『大言海』冨山房，1932-1937
新村出編『辞苑』博文館，1935
斎藤秀三郎『熟語本位　英和中辞典』岩波書店，1936
新村出編『言苑』博文館，1938
木村謹治・相良守峯共編『独和辞典』博友社，1940
南親会編『蘭和大辞典』1943：『蘭和大辞典』第一書房，1986（復刻）
岩崎民平他主幹『Kenkyusha's new English-Japanese dictionary』研究社辞書部，1953
小田切進編『日本近代文学大事典』講談社，1977
A. S. Hornby『オックスフォード　ホーンビー英英中辞典』オックスフォード大学出版局，1978
日本歴史学会編『明治維新人名辞典』吉川弘文館，1981
樺島忠夫・飛田良文・米川明彦編『明治大正　新語俗語辞典』東京堂出版，1984
丸山昇・伊藤虎丸・新村徹編『中国現代文学事典』東京堂出版，1985
惣郷正明・飛田良文編『明治のことば辞典』東京堂出版，1986
『日本大百科全書（第二版）』小学館，1994
山田辰雄編『近代中国人名辞典』霞山会，1995
日外アソシエーツ編『新訂増補人物レファレンス事典　明治・大正・昭和（戦前）編』紀伊国屋書店，2000
日本国語大辞典第二版編集委員会他編『日本国語大辞典　第二版』小学館，2000-2002
古城建志編『日本語ノルウェー語辞典』大学書林，2002
国立国語研究所編『分類語彙表　増補改訂版』大日本図書，2004
小学館国語辞典編集部『精選版　日本国語大辞典』小学館，2006

佐藤亨『現代に生きる幕末・明治初期漢語辞典』明治書院，2007
金子幸子他編『日本女性史大辞典』吉川弘文館，2008
相原茂編『中日辞典　第三版』講談社，2010
愛知大学中日大辞典編纂所『中日大辞典　第三版』大修館書店，2010

(2) 中国語

鄺其照《字典集成》Hongkong：Chinese Printing and Publishing Company, 1875（東京大学総合図書館所蔵）
鄺其照《華英字典集成》Shanghai：Wah Cheung, Kelly & Walsh, 1887（東京大学東洋文化研究所所蔵）
鄺其照《商務書館華英音韻字典集成》Shanghai：Printed at the Commercial Press, 1902（東京大学東洋文化研究所所蔵）
汪栄宝・葉瀾《新爾雅》1903：沈国威編著『『新爾雅』とその語彙 ―研究・索引・影印本付―』白帝社，1995（影印）
顔恵慶等編輯《英華大辞典》商務印書館，1908
陸爾奎他編《辞源》商務印書館，1915
翁良他《英華合解辞彙》商務印書館，1915 初版・1922 第 16 版・1940 第 17 版
李玉汶《華英新辞典》商務印書館，1918
黄士復・江鉄主編《綜合英漢大辞典》商務印書館，1928 初版
柯柏年・呉念慈・王慎名合編《新術語辞典》南強書局，1929
王雲五《王雲五大辞典》商務印書館，1930
方毅・傅運森主編《辞源　続編》商務印書館，1931
李鼎声編《現代語辞典》光明所局，1933
柯柏年・呉念慈・王慎名合編《新術語辞典 正編・続編・補遺・合訂本》南強書局，1933
全国国語教育促進会審詞委員会編《標準語大辞典》商務印書館，1935
汪倜然主編《綜合英漢新辞典》世界書局，1935
舒新城主編《辞海》上海辞書出版社，1936-1937
黄士復・江鉄主編《綜合英漢大辞典　合訂本》商務印書館，1937
王雲五《王雲五新詞典》商務印書館，1943
教育部国語推進委員会中国大辞典編纂処編《国語辞典》商務印書館，1945
黄士復・江鉄主編《増訂綜合英漢大辞典》商務印書館，1948
顧志堅・簡明主編《新知識辞典》北新書局，(1934 初版) 1948 増訂 1 版
中国文字改革委員会詞彙小組編《漢語拼音詞彙》北京文字改革出版社，1958
中国文字改革委員会詞彙小組編《漢語拼音詞彙（増訂版）》北京文字改革出版社，1964
中国社会科学院語言研究所詞典編輯室《現代漢語詞典》商務印書館，1973 試用本・

1978第1版・1983第2版・1989補編・1996第3版・2002第4版・2005第5版・2012第6版・2016第7版
張玉書等編《佩文韻府》上海書店，1983
劉正埮・高名凱他編《漢語外来詞詞典》上海辞書出版社，1984
羅竹風主編《漢語大詞典》漢語大詞典出版社，1986-1993
中国社会科学院語言研究所詞典編輯室編《倒序現代漢語詞典》商務印書館，1987
李盛平主編《中国近現代人名大辞典》中国国際広播出版社，1989
中国大百科全書出版社編輯部編《中国大百科全書　新聞出版》中国大百科全書出版社，1990
北京図書館編《民国時期総書目（1911-1949）文学理論・文学世界・中国文学》上・下，書目文献出版社，1992
陳玉堂編《中国近現代人物名号大辞典》浙江古籍出版社，1993
周定一主編《紅楼夢語言詞典》商務印書館，1995
呉景栄・程鎮球主編《新時代漢英大詞典》商務印書館，2000
黄河清他編《近現代漢語新詞詞源詞典》漢語大詞典出版社，2001
黄河清他編《近現代辞源》上海辞書出版社，2010
宋子然主編《100年漢語新詞新語大辞典（1912年-2011年）》上海辞書出版社，2014

(3) 欧文
R. Morrison, *A Dictionary of the Chinese Language*, Macao：Printed at the Honorable East India Company's Press, 1815-1823（東洋文庫所蔵）
　　第1部：字典（1815，1822，1823），第2部：五車韻府（1819-1820），第3部：英華 *A Dictionary of the Chinese Language*（1822）
W. H. Medhurst, *Chinese and English Dictionary; Containing All the Words in the Chinese Imperial Dictionary, Arranged According to the Radicals*, Batavia：Parapattan, 1842-1843（東洋文庫所蔵）
W. H. Medhurst, *English and Chinese Dictionary, in Two Volumes*, Shanghai：Mission Press, 1847-1848（東洋文庫所蔵）
W. Lobscheid《英華字典》Hongkong：Daily Press, 1866-1869（筑波大学中央図書館所蔵）
W. Lobscheid《漢英字典》Hongkong：Noronha & Sons, 1871：那須雅之監修『近代英華・華英辞書集成』大空社，1999（影印）
H. A. Giles, *A Chinese-English dictionary*, London：B. Quaritch, 1892（筑波大学中央図書館所蔵）
Deutsches Woerterbuch von Moriz Heyne, Leipzig：S. Hirzel, 1895
W. Lobscheid原著　F. Kingsell増訂《新増華英字典》Yokohama：Kingsell & Co.,

1897 那須雅之監修『近代英華・華英辞書集成』大空社，1998（影印）
The Oxford English dictionary, prepared by J. A. Simpson and E. S. C. Weiner Oxford：Clarendon Press, 1989
F. W. Baller, *An analytical Chinese-English Dictionary*, Shanghai：China Inland Mission, 1900

用例出典

(1) 日本語
豊後守大伴大夫『万葉集』巻第5・819：井村哲夫『萬葉集全注』巻第5，有斐閣，1984
物部道足『万葉集』巻第20・4366：木下正俊『萬葉集全注』巻第20，有斐閣，1988
「恋十首　初恋」『堀河院百首』：青木賢豪他『堀河院百首和歌』明治書院，2002
井原西鶴「色に見籠は山吹の盛」『男色大鑑』1687：新編西鶴全集編集委員会『新編西鶴全集』第2巻・本文篇，勉誠出版，2002
近松門左衛門「浦島年代記」『近松浄瑠璃集』1722：饗庭篁村校訂『校訂近松時代浄瑠璃集』博文館，1896
中村敬太郎訳『西国立志編』第2編，木平謙一郎，1871：近代デジタルライブラリー
加藤弘之訳「米国政教　第4章」『明六雑誌』第13号，1874.6
（無著名）「（ロミオ）ト（ジュリエット）ノ話」『喜楽の友』1879.4.10/1879.5.14：川戸道昭・榊原貴教編『明治翻訳文学全集《新聞雑誌編》シェイクスピア集I』大空社，1996（影印）
中村正直訳「第11編　婚姻ノ伴侶」『西洋品行論』珊瑚閣，1880
高須治助訳述『露国奇聞花心蝶思録』法木書屋，1883
藤田茂吉訳「落花の夕暮（ロミオ、ジユリエット）」『郵便報知新聞』1885.4.7/1885.4.8
河島敬蔵訳『露妙樹利戯曲　春情浮世之夢』耕文舎，1886
高須治助訳述『露国情史　スミスマリー之伝』高崎書房，1886
坪内雄蔵『一読三歎　当世書生気質』晩青堂，1886
福沢諭吉「離婚の弊害」『時事新報』1886.7.28
中江篤介節訳「民主国ノ道徳」『欧米政典集誌』第20号，1887.4
二葉亭四迷訳「めぐりあい（第二）」『都の花』1888.1
巖本善治「理想之佳人（第三）」『女学雑誌』第106号，1888.4
巖本善治「演芸矯風会」『女学雑誌』第118号，1888.7

尾崎紅葉「二人比丘尼色懺悔」『新著百種・第1号』1889
幸田露伴『風流佛』吉岡書籍店，1889
北村透谷『楚囚之詩』第7，1889
嵯峨のやおむろ「初恋」『都の花』第2巻第6号，1889.1
酡撫柳仙史訳述「欧州情話　花蝶物語（第9回）」『やまと錦』第5号，1889.4：川戸道昭・榊原貴教編『明治翻訳文学全集《新聞雑誌編》21　バーネット集』大空社，2000（影印）
撫象子（巌本善治）「谷間の姫百合　第四巻（大尾）」『女学雑誌』第234号，1890.10
徳富蘇峰「非戀愛　青年男女の恋愛について論を立つ」『国民之友』第125号，1891.7
撫象子（巌本善治）「非恋愛を非とす」『女学雑誌』第276号，1891.8
北村透谷「厭世詩家と女性（上）」『女学雑誌』第303号，1892.2
無名氏（島崎藤村）訳「夏草（一回）」『女学雑誌』第324号，1892.7
塩井正男訳『湖上乃美人』開新堂，1894
法医学会訳述『色情狂篇』春陽堂，1894
緑堂野史訳「わかきエルテルがわづらひ」『志がらみ草紙』第54号，1894.3
土筆子述「色情狂篇（続）」『法医学会雑誌』第107号，1894.4
福沢諭吉「一夫一婦偕老同穴」『時事新報』1896.4.30
小栗風葉「失恋詩人」『文芸倶楽部』第2巻13号，1896.11
泉鏡花「恋愛詩人」『太陽』第3巻2号，1897.1
国木田独歩「死」『国民之友』第370号，1898.6
中村福助翻案「梅模様形見小袖」『文芸倶楽部』第5巻第6号，1899.4
与謝野晶子『小天地』金尾文淵堂書店，1900：『与謝野晶子全集』第1巻歌集1，講談社，1979
「失恋を吹聴する者」佐藤儀助編『三十棒』新声社，1900
久松義典『近世社会主義評論』文学同志会，1900
国木田独歩「初恋」『武蔵野』民友社，1901
かげろふ訳「独詩評釈　涙の慰籍」『こゝろの華』第4巻第8号，1901.8
上村左川訳「おもかげ」『文芸倶楽部』第7巻第13号，1901.10
巖谷小波『洋行土産』下巻，博文館，1903
厨川白村訳「夢なりしか」『帝国文学』第9巻第9号，1903.9
枯川生（堺利彦）「自由恋愛論（上）『万朝報』」第3601号，1903.9.20
木下尚江「火の柱」『毎日新聞』1904.1.4
大町桂月「失恋」『家庭と学生』日高有隣堂，1905
夏目漱石「吾輩は猫である」『ホトトギス』第8巻第5号，1905.2
小嶹三郎「第二章恋愛篇　第八節自由恋愛の思想」『結婚哲学』明昇堂，1906
与謝野晶子「新詩社詠草」『明星』1906.1：『与謝野晶子全集』第1巻歌集1，講談社，

1979
大町桂月「序」「第二　失恋」『青年と煩悶』参文舎，1907
与謝野晶子「春雪集」『帝国文学』1907.1：『与謝野晶子全集』第1巻歌集1，講談社，1979
千葉掬香訳「ヘダ・ガブラア」『こゝろの華』第11巻第8号，1907.8
森林太郎「ヰタ・セクスアリス」『昴』第7号，1909.7
石川啄木『一握の砂』東雲堂書店，1910
森鷗外「ル・パルナス・アンビユラン」『中央公論』第25年第6号，1910.6
森鷗外「青年」『昴』第3年第5号，1911.5
（無記名）「同性の愛の研究」『婦女新聞』1911.8.11
無氏名山人「同性の愛に就て」『婦女新聞』1911.9.8
内田魯庵「性欲研究の必要を論ず」『新公論』第26年第9号，1911.9
田中祐吉「同性の愛」『男女の性欲研究』雅俗文庫，1912
（無記名）「同性愛の事実頻々」『太陽』第19巻第8号，1913.6.1
伊藤野枝訳「結婚と恋愛」『婦人解放の悲劇』東雲堂書店，1914
生田春月訳『はつ恋』新潮社，1914
青山菊栄訳「中性論」『番紅花』5月号，1914.5
同人（神近市子）「編輯室にて」『番紅花』5月号，1914.5
羽太鋭治・澤田順次郎『変態性欲論』春陽堂，1915
与謝野晶子「貞操は道徳以上に尊貴である」『人及び女として』天弦堂書房，1916
森林太郎「椙原品」『東京日日新聞』1916.1.7
武者小路実篤『ある青年の夢』洛陽堂，1917
雀部顕宜『女性の心理』北文社，1917
生田春月訳『初恋』新潮社，1918
島村民蔵「緒言」坪内士行訳『イプセン傑作集　ヘッダ・カブラー』早稲田大学出版部，1918
久米正雄「大凶日記」『新潮』第28巻第5号，1918.5
山川菊栄訳「同性愛」堺利彦・山川菊栄訳『女性中心と同性愛』アルス，1919
榊保三郎『性欲研究と精神分析学』実業之日本社，1919
本間久雄「性的道徳の新傾向」『現代之婦人問題』天佑社，1919
厨川白村『象牙の塔を出て』福永書店，1920：近代デジタルライブラリー
本間久雄「恋愛悲劇　男女の三角関係物語　＝西洋近代文学に現れたる＝」『婦人公論』第5巻第9号，1920.9
菊池寛「真珠夫人」『東京日日新聞』1920.11.18
谷崎精二『恋愛模索者』新潮社，1921
羽太鋭治「近代思想家の観たる性欲と恋愛」『恋及性の新研究』博文館，1921

本間久雄『エレン・ケイ思想の真髄』大同館書店，1921
山川菊栄「労農露西亜に於ける婦人の解放」『社会主義研究』2月号，1921.2
本間久雄「恋愛悲劇　男女の三角関係物語 —日本の劇文学に現れたる—」『婦人公論』第6巻第5号，1921.5
厨川白村「近代の恋愛観」『東京朝日新聞』1921.10.13
厨川白村『近代の恋愛観』改造社，1922
田中祐吉『人間の性的暗黒面』大阪屋号書店，1922
賀川豊彦「失恋に就て」『星より星への通路』改造社，1922
田中香涯「変態性欲要説」『変態性欲』創刊号，1922.1
大杉栄「お化けを見た話 ＝自叙伝の一節＝」『改造』1922.9
厨川白村「恋愛と自由 —恋愛論の続稿—」『婦人公論』第7年第9号，1922.9
香川水明「三角恋愛の哀しき破局」『婦人公論』第9巻第4号，1924.4
木下尚江「福沢諭吉と北村透谷 —思想史上の二大恩人—」『明治文学研究』第1号，1934：木下尚江『木下尚江全集』第20巻，教文館，2001
須田禎一訳『郭沫若詩集』未来社，1952
竹内好訳『小学教師』筑摩書房，1952
高木正一注『白居易　下』第13巻，岩波書店，1958
竹内好訳『夜明け前 —子夜—』平凡社，1963
増田渉訳「小説と政治との関係について」増田渉編『中国現代文学選集1　清末・五四前夜集』平凡社，1963
増田渉・服部昌之訳「文学改良芻議」増田渉編『中国現代文学選集3　五・四文学革命集』平凡社，1963
中島健蔵「解題」『国木田独歩集』筑摩書房，1964
伊藤漱平訳『紅楼夢（上）』平凡社，1969
西順蔵訳「敬んで姉妹に告げる」西順蔵・島田虔次訳編『清末民国初政治評論集』平凡社，1971
角田敏郎「（正宗白鳥）現代の新体詩人　注釈4 失恋詩煩悶歌」『日本近代文学大系　近代詩歌論集』第59巻，角川書店，1973
竹中伸訳「馬さん父子」『老舎小説全集3』学習研究社，1982
今村与志雄訳「「文人は，互いに軽視しあう」こと，その七─両方とも傷つく」『魯迅全集』第8巻，学習研究社，1984
井村哲夫『萬葉集全注』巻第5，有斐閣，1984
飯倉照平訳「野草」『魯迅全集』第3巻，学習研究社，1984
中川俊訳「即座日記」『魯迅全集』第4巻，学習研究社，1984
吉田富夫訳「張資平氏の「小説学」」『魯迅全集』第6巻，学習研究社，1985
岡田英樹訳「編集を終えて」『魯迅全集』第9巻，学習研究社，1985

江英居『中国刑法―原文読解と注釈』公論社，1985
片山智行訳「登龍術拾遺」「翻訳について（下）」『魯迅全集』第7巻，学習研究社，1986
佐藤保訳『中国の古典　宋代詞集』第33巻，学習研究社，1986
北岡正子訳「摩羅詩力説」『魯迅全集』第1巻，学習研究社，1986
中村融訳『春の水』岩波文庫，1986
木下正俊『萬葉集全注』巻第20，有斐閣，1988
秋吉久紀夫訳編『戴望舒詩集』土曜美術社出版，1996

『読売新聞』：
「違約の返報」1887.10.15／「白粉公使に失恋の賦を贈る」1899.8.5／「失恋文士」1900.9.1／白鳥「現代の新体詩人」1903.8.16／「昨日の新聞雑誌」1906.6.9／在伯林 KN生「スザニスト」1908.11.15／「恐るべき同性の愛　曾根岡村二令嬢の投身　女子教育界の一大問題」1911.7.31／中原青蕪「研究すべき同性愛」1911.11.5／与謝野晶子「断章五編」1915.6.20／「大杉栄氏刺さる」1916.11.10／宮田修「自由恋愛の破綻」1916.11.10／

電子版：近代デジタルライブラリー（http://dl.ndl.go.jp/）
　　　　『日本国語大辞典　第二版』（https://auth.japanknowledge.com/auth/login/login/jk_personal/）

(2) 中国語
劉斧〈小蓮記〉《青瑣高議》：〈青瑣高議後集巻三・小蓮記〉陳新編輯《全宋筆記》第2編2，大象出版社，2006
王廷相《雅述》上篇：王孝魚点校《王廷相集 三》中華書局，1989
曹雪芹《紅楼夢》第21回：《紅楼夢》人民文学出版社，1959
無垢道人《八仙全伝》第52回：《八仙全伝》三秦出版社，1988
柳永〈雨霖鈴〉：葉慕蘭《柳永詞研究》文史哲学出版社，1983
戢翼翬《俄国情史》開明書店，1903
魯迅〈後記〉《一個青年的夢》商務印書館，1922：《魯迅全集》第10巻，人民文学出版社，1981
汪静之〈一対恋人〉〈恋愛的甜蜜〉〈白雲〉《蕙的風》亜東図書館，1922：《蕙的風》上海書店，1984（影印）
胡適〈胡序〉汪静之《蕙的風》亜東図書館，1922：《蕙的風》1984（影印）
張資平《沖積期化石》泰東書局，（1922初版・1926改訂初版）1928第3版：《沖積期化石》上海書店，1986（影印）
任白濤訳《恋愛論》上海学術研究会叢書部，1923
馮雪峰〈拾首春的歌〉八《春的歌集》1923：応修人他《春的歌集》上海書店，1983（影

印）

若迦（藩漠華）〈三月二十七朝〉〈三月五夜〉《春的歌集》1923：応修人他《春的歌集》1983（影印）

任白濤訳〈巻頭語〉《恋愛論》1923：《恋愛論》啓智書局，第9版，1934

朱自清〈緑〉《我們的七月》亜東図書館，1924：O. M. 編《我們的七月》上海書店，1982（影印）

張資平〈晒禾灘畔的月夜〉〈雪的除夕〉〈性的屈服者〉《雪的除夕》中華学芸社，1925

槐壽（周作人）〈娛園〉《雨天的書》北新書局，1925

浮海客〈我之同性恋愛〉張競生編《性史》第2集，北京優種社出版，1926

小江平〈我之同性恋愛〉張競生編《性史》第2集，北京優種社出版，1926

張資平《飛絮》創造社出版部，1926

任白濤《恋愛論》啓智書局，1926

潘光旦〈小青之分析〉新月書店，1927：《小青之分析》山西人民出版社，2014（影印）

張資平《最後的幸福》創造社出版部，1927

張資平〈公債委員〉《不平衡的偶力》商務印書館，1927

蒋光赤〈弟兄夜話〉《鴉緑江上》亜東図書館，1927

樊仲雲《恋愛論》開明書店，1927

夏丏尊訳《近代的恋愛観》開明書店，1928

黄中《三角恋愛》上海金屋書店，1929

葉聖陶《倪煥之》開明書店，1929：《倪煥之》人民文学出版社，1953

潘光旦《馮小青 ——一件影恋之研究—》新月書店，1929

張資平《紅霧》上海楽華図書公司，1930

郭沫若《創造十年》現代書局，1932

張資平《黒恋》上海現代書局，1932：〈黒恋〉《張資平小説精品》上海文聯出版社，2000

茅盾《子夜》開明書店，1933：〈子夜〉《茅盾全集》人民文学出版社，1984

潘光旦《性心理学》商務印書館，1946

周瘦鵑〈筆墨生涯五十年〉《文彙報》1963.4.24：《周瘦鵑文集4》文匯出版社，2011

朱自清〈導言〉《中国新文学大系　詩集》第8集，香港文学研究社，1968

魯迅〈按語〉（1935.2.15 脱）：《魯迅全集》第7巻，人民文学出版社，1981

魯迅〈登龍術拾遺〉《魯迅全集》第5巻，人民文学出版社，1981

魯迅〈七論"文人相軽—両傷"〉《魯迅全集》第6巻，人民文学出版社，1981

施蟄存〈序〉《戴望舒訳詩集》湖南人民出版社，1983

梁仁編《戴望舒詩　全編》浙江文藝出版社，1989

楽斉主編《張資平小説精品》上海文聯出版社，2000

孫志軍選編《張資平作品精選》長江文芸出版社，2003

電子版:《中華伝世蔵書》北京卓群数碼, 2002

〈中国語新聞・雑誌〉(創刊年順)
《申報》(1872.4.30-1949.5.27):《申報》上海書店, 1983
　　亜東破仏訳〈棲霞女侠小伝〉12155 号, 1907.2.24
　　(無記名・無題) 12208 号, 1907.4.18
　　(無記名)〈徳国大学之牢獄〉14113 号, 1912.6.7
　　立三〈最文明之拆婚字據〉14266 号, 1912.11.8
　　小柳(無題):14271 号, 1912.11.13
　　倪叔〈西班牙首相被刺〉14322 号, 1913.1.6
　　遠生〈遊美随紀(五)〉15366 号, 1915.11.20
　　陳禹鐘〈繡虎記〉17348 号, 1921.6.10
　　士驥〈易卜生劇的梗概(続)〉19764 号, 1928.3.26
　　(無記名)〈日本干渉東省成功〉19882 号, 1928.7.23
　　簫崇素〈日本小説的 Model〉20274 号, 1929.8.31
　　方魚〈東省刮目論〉20568 号, 1930.7.3
　　陳〈中蘇復交与国際情勢〉21441 号, 1932.12.14
　　魯迅〈関与翻訳〉21704 号, 1933.9.14
　　孟琨〈読「性心理学」〉24737 号, 1946.12.26
《清議報》(1898.12-1901.12):《清議報》中華書局, 1991
　　任公(梁啓超)〈飲冰室自由書　慧観〉1900.2.1
《新民叢報》(1902.12-1907.11):《新民叢報》大通書局, 1968
　　(無著名)〈十九世紀二大文豪〉第 28 号, 1902.3.37
《新小説》(1902- ?)
　　法国 某著 無歆羨斎訳〈法律小説　宜春苑〉第 10 号, 1904.8
《浙江潮》(1903.2-1903):《浙江潮》中国国民党中央委員会党史史料編纂委員会, 1968
　　儂更有情〈愛之花〉第 6 期, 1903.10
　　儂更有情〈情葬　恋愛奇談〉第 8 期, 1903.11.25
　　儂更有情〈片紙五千金　恋愛奇談〉第 8 期, 1903.11.25
《東方雑誌》(1904.3-1948.12)
　　張資平〈梅嶺之春〉第 21 巻第 20 号, 1924.10
《天義》(1907.6-1908.3):《天義》(影印) 大安, 1966
　　震述〈女子解放問題〉第 7 巻, 1907.9
　　独応〈防淫奇策〉第 11・12 巻合冊, 1907.11
　　志達〈女子問題研究〉第 16-19 巻合冊, 1908.3

《河南》(1907.12.20-1909.12.20)
　　魯迅〈摩羅詩力説〉第2期, 1908.2／第3期, 1908.3
《小説月報》(1910.7-1931.12)
　　周瘦鵑〈法蘭西情劇　愛之花〉第2年第9期, 1911.11
　　茅盾〈幻滅〉第18巻第9号, 1927.9／第18巻第10号, 1927.10
　　茅盾〈動揺〉第19巻第1号, 1928.1
　　老舎〈二馬〉第20巻9号, 1929.9
　　戴望舒〈八重子〉第21巻第6号, 1930.6
　　戴望舒〈単恋者〉第22巻第2号, 1931.2
　　戴望舒〈三頂礼〉〈我的恋人〉第22巻第10号, 1931.10
《婦女雜誌》(1915.1-1931.12):《婦女雜誌》(復刻版) 綫裝書局, 2006
　　正声訳〈中性論〉第6巻第8号, 1920.8
　　瑟廬（章錫琛）〈近代思想家的性欲観与恋愛〉第6巻第10号, 1920.10
　　瑟廬（章錫琛）〈愛倫凱女士与其思想〉第7巻第2号, 1921.2
　　幼雄訳〈男性的女子和女性的男子〉第8巻第2号, 1922.2
　　周建人〈恋愛的意義与価値〉第8巻第2号, 1922.2
　　Y.D.訳〈近代的恋愛観〉第8巻第2号, 1922.2
　　味辛〈女性与自殺〉第8巻第2号, 1922.2
　　Y.D.訳〈告失恋的人們〉第8巻第5号, 1922.5
　　王平陵〈恋愛問題的討論〉第8巻第9号, 1922.9
　　章錫琛〈恋愛問題的討論〉第8巻第9号, 1922.9
　　Y.D.〈自由恋愛与恋愛自由続編 ―再答鳳子女士―〉第9巻第2号, 1923.2
　　章錫琛〈読鳳子女士和Y.D.先生的討論〉第9巻第2号, 1923.2
　　Y.D.訳〈恋愛与自由〉第9巻第2号, 1923.2
　　晏始〈男女的隔離与同性愛〉第9巻第5号, 1923.5
　　朱武〈一個失恋的兵士的来信〉第9巻第10号, 1923.10
　　章錫琛〈一個失恋的兵士的来信〉第9巻第10号, 1923.10
　　潘光旦〈馮小青考〉第10巻第11号, 1924.11
　　周建人〈性道徳之科学的標準〉第11巻第1号, 1925.1
　　章錫琛〈新性道徳是什麼〉第11巻第1号, 1925.1
　　曹雪松〈三角恋愛解決法1〉第11巻第2号, 1925.2
　　祖堂〈三角恋愛解決法2〉第11巻第2号, 1925.2
　　一塞〈三角恋愛解決法3〉第11巻第2号, 1925.2
　　選者〈選者的話〉第11巻第2号, 1925.2
《青年雜誌》《新青年》(1915.9.15-1926.7.25)
　　独秀訳〈婦人観〉第1巻第1号, 1915.9

陳嘏訳〈春潮〉第1巻第1号，1915.9
　　　薛琪瑛女士訳〈意中人〉第1巻第3号，1915.11
　　　陳嘏訳〈初恋〉第1巻第5号，1916.1
　　　震瀛訳〈結婚与恋愛〉第3号第5号，1917.5
　　　独秀（無題）第3巻第6号，1917.8
　　　劉延陵〈自由恋愛〉第4巻第1号，1918.1
　　　周作人訳〈貞操論〉第4巻第5号，1918.5
　　　胡適〈貞操問題〉第5巻第1号，1918.7
　　　周作人〈日本近三十年小説之発達〉第5巻第1号，1918.7
　　　藍志先〈二、藍志先答胡适書（一）貞操問題〉第6巻第4号，1919.4
　　　周作人〈周作人答藍志先書〉第6巻第4号，1919.4
　　　陳独秀〈自殺論〉第7巻第2号，1920.1
　　　李達訳〈労農俄国底婦女解放〉第9巻第3号，1921.7
《覚悟》（1917-1928？）
　　　佛突訳〈性的道徳底新趨向（三）〉1920.8.2
　　　曉風（陳望道）〈看了『恋愛模索者』〉1921.7.7
《学芸》（1917.4-1934.4）
　　　張資平〈約檀河之水〉第2巻8号，1920.11
　　　郭沫若〈湘累〉第2巻10号，1921.4
《婦女評論》（1921.8.3-1923.5.15）
　　　陳望道〈男女社問題底障碍〉第7期，1921.9.14
　　　王毅生〈三角形的恋愛問題 ―請読者解決―〉第94期，1923.6.6
　　　〈記者付記〉第94期，1923.6.6
《晨報副鐫》（1921.10.12-1928.6.5）
　　　作人（周作人）〈自己的園地　十九　情詩〉1922.10.12
　　　梁啓超〈屈原研究〉1922.11.20
　　　槐寿（周作人）〈她們〉1923.4.9
《詩》（1922.1-1923.5）
　　　汪静之〈祈祷〉第1巻第1号，1922.1
　　　劉延陵〈現代的恋歌〉第1巻第5号，1922.10
《創造季刊》（1922.3.15-1924.2.28）：伊藤虎丸編『創造社資料』第4巻，1979
　　　田漢〈咖啡店之一夜〉第1巻第1期，1922.3
　　　張資平〈後記〉黄鷹初〈恋愛初期之失敗〉第1巻第2期，1922.8
《創造週報》（1923.5.13-1924.5.19）：伊藤虎丸編『創造社資料』第4巻，1979
　　　郁達夫〈THE YELLOW BOOK 及其他〉第20号，1923.9.23

《中国青年》（1923.10.20-1927.10）：
　　小立〈恋愛問題〉第 57 期，1924.12.13
《語絲》（1924.11.17-1927.10）
　　魯迅〈我的失恋—擬古的新打油詩〉第 4 期第 8 版，1924.12
《現代評論》（1924.12-1928.12）
　　百年（陳大齋）〈一夫多妻的新護符〉第 1 巻第 14 期，1925.3.14
　　張資平〈二人〉第 2 巻第 35 期，1925.8.8
《莽原》（1925.4.4-1925.11.27）
　　章錫琛〈駁陳百年教授　一夫多妻的新護符〉第 4 期，1925.5.15
　　魯迅〈編完写起〉第 4 期，1925.5.15
《創造月刊》（1926.3.16-1929.1.10）：伊藤虎丸編『創造社資料』第 4 巻，1979
　　張資平〈苔莉〉第 1 巻第 6 期，1927.2
《新月》（1928.3-1933.6）
　　沈従文〈阿麗思中国遊記〉第 1 巻第 3 号，1928.5
《北新》（1928.8-1930.12）
　　豈明（周作人）訳〈Vita Sexualis〉第 2 巻 14 期，1928.6.1
《萌芽月刊》（1930.1-1930.6）
　　魯迅〈我和《語絲》的始終〉第 1 巻第 2 期，1930.2
　　黄棘（魯迅）〈張資平氏的《小説学》〉第 1 巻第 4 期，1930.4
《文学》（1933.7-1937.11）
　　茅盾〈煙雲〉第 7 巻第 5 号，1936.11

その他の新聞・雑誌：
　　LS（魯迅）訳〈一個青年的夢〉《国民公報》1919.8.28／1919.8.30／1919.10.2
　　沢東（毛沢東）〈「社会万悪」与趙女士〉《大公報》1919.11.21
　　聞一多〈寄懐実秋〉《清華周刊》第 260 期，1922.11.25：《紅燭》泰東図書局，1923
　　魯迅〈出了象牙之塔〉《京報副刊》1924：《魯迅全集》第 13 巻，魯迅全集出版社，1938
　　魯迅〈馬上日記〉《世界日報副刊》第 1 巻第 8 期，1926.7：《魯迅散文集》大方出版社，1970
《人民日報》：電子版（中央文献出版社）（東洋文化研究所所蔵）
　　〈簡复〉1949.3.18／〈今年上半年各地執行婚姻法情况〉1952.8.28／張彦〈市長選挙与美国式民主〉1980.3.13／王飛〈美国保守主義的派別〉1981.2.19／楊貴蘭〈西方的獲得性免疫欠損綜合症〉1985.3.1／張充文〈愛滋病帯来的社会問題〉1985.9.17

《政府公報》：(筑波大学中央図書館所蔵マイクロフィルム)
〈襃揚条例〉(第662号, 1914.3.11) ／〈修正 襃揚条例〉(第664号, 1917.11.30) ／〈修正襃揚条例施行細則〉第2条 (1917.12.13)

(3) 欧文

W. Shakespeare, *The Works of William Shakespeare* edited by W. G. Clark and W. A. Wright, Vol. VII., London : Macmillan and Co., 1865

W. Shakespeare, *The Works of William Shakespeare*. The text revised by the rev. Alexander Dyce. Vol. VI., London : Chapman and Hall, 1866

J. P. Thompson, §4. Religion, kein Deckmantel für Laster oder Hochverrath *Kirche und Staat in den Vereinigten Staaten von Amerika*, Berlin : Leonhard Simion, 1873

I. Turgénieff, *Spring Floods* translated by Sophie Michell Butts, New York : Thomas Y. Crowell & Co., 1874

S. Smiles, *Self-Help*, London : J. Murray, 1876

H. Ibsen *Henrik Ibsens sämtliche Werke in deutscher Sprache*, durchgesehen und eingeleitet von Georg Brandes, Julius Elias, Paul Schlenther, Berlin : S. Fischer, 1903

H. Ibsen, *Rosmersholm; The lady form the sea; Hedda Gabler*; edited by William Acher, Authorised English edition, London : Walter Scott Publishing, 1905

E. Goldman, Marriage and love, *Anarchism and other essays*, New York : Mother earth publishing association, 1910

E. Carpenter, *Love's Coming-of-Age*, New York & London : Mitchell, Kennerley, 1911

E. Carpenter, *The Intermediate Sex*, London : George Allen Co. Ltd., 1912

I. Turgénieff, First Love, *The torrents of spring, etc.* translated by Constance Garnett, London : Heinemann, 1914

H. Ellis, *Psychology of Sex A Manual for Students*, London : William Heinemann, Medical Books Ltd., 1933

I. Turgénieff, *Erste Liebe*, Aus dem Russischen übertragen von Arthur Luther und Wilhelm Lange, Leipzig : Reclam, 1971

初出一覧

　本書は，次の既発表論文及び 2015 年 11 月に筑波大学大学院に提出した博士論文『日中語彙交流における近代訳語の受容と変容 —民国期の恋愛用語を中心に—』を整理し，修正・補筆を施したものである。

第 2 章　・〈近代訳詞「恋愛」的成立及其意義的普及〉《東亜観念史集刊》第 6 期，2014.6，pp.255-300

　　　　・「近代訳語「恋愛」の成立とその意味の普及」『東アジア言語接触の研究』関西大学出版部，2016，pp.139-171

第 3 章　・「〈恋〉の熟語の中国語への移入についての一考察 —〈初恋〉を中心に—」『還流する東アジアの近代新語訳語』ユニウス，2014，pp.115-137

　　　　・「恋愛用語「失恋」の成立と中国語への伝播についての一考察」『中国文化 —研究と教育—』第 67 号，2009.6，pp.31-38

第 4 章　・「和語「恋人」の中国語での受容について」『中国文化 —研究と教育—』第 69 号，2011.6，pp.49-56

第 5 章　・「張資平作品における「自由恋愛」—1910 年代末から 1920 年代の知識人による言説を踏まえて—」『比較文学』第 54 巻，2012.3，pp.94-108

　　　　・〈訳語"自由恋愛"の中国語での借用とその意味の変遷〉《日語学習与研究》第 6 期（総 163 号），2012.12，pp.40-50

第 6 章　・「恋愛用語「三角関係」と"三角恋愛"の成立と定着 —1920 年代の日中語彙交流の視点から—」『日本語の研究』第 6 巻第 2 号，2010.4，pp.46-61

第 7 章　・「形態素"恋"の造語力についての一考察 —近代日中語彙交流の視点から—」国際日本研究フォーラム，北京：北京師範大学，2012.12.15（口頭発表）

　　　　・「「同性愛」と"同性恋"の成立と定着 —近代の日中語彙交流を視点に—」『筑波大学地域研究』第 34 号，2013.3，pp.225-241

あとがき

　私が日中語彙交流の研究を始めたのは，宇都宮大学大学院国際文化研究科に社会人入学した2000年4月からです。主指導の故加藤二郎先生には，研究のイロハから教えていただきました。社会人気分が抜けきれない私の研究姿勢を厳しく諭され，研究が暗礁に乗り上げた際には，休学して北京で資料調査するように勧めてくださいました。修士論文提出の半年ほど前にご病気で急逝されたのはとても悲しく残念でなりませんでした。その後は小池清治先生にご指導いただき，2003年3月に修士論文「現代中国における外来語としての日本語」を提出いたしました。修士論文提出後，松金公正先生や丁貴連先生にさらなる研究を勧めていただきましたが，幸いにも宇都宮大学留学センターで日本語教師の職に就くことができ，日本語教育に全力投球致しました。ただ，研究を続けたいという思いはいつも頭の片すみにありました。

　3年後，願いが叶い，筑波大学大学院地域研究研究科修士課程に入学することができました。大塚秀明先生のご指導の下，改めて中国語学を学び，民国期の中国人留学生・張資平の作品を読み解きながら，近代の日中語彙交流史を探りました。この時期，同学の学生と肩を並べて研究を進めるには，かなりの時間を割かなければならず，携わっていた日本語教師の職は全て辞し，研究に没頭する毎日となりました。大塚先生には本当に懇切なご指導を賜り，2008年3月に，修士論文「日中語彙交流にみる恋愛用語受容の諸相—1920年代の張資平の作品を中心に—」を提出することができました。

　修士論文執筆中にはうれしいこともありました。それは，中国人の同学を介し，成都と上海に在住する張資平の3人のご子息を訪ねる機会を得たことです。父として，作家としての張資平の姿を知り，逮捕されるまで暮らした上海の住居を目の当たりにすることができたことは，その後の研究の励みになりました。

　筑波大学に修士論文提出後には，所属する学会や研究会で発表の機会を多数いただき，ご出席の先生方から様々なご指摘を賜ることができました。初めての学会発表は，2008年6月に開催された「中国文化学会　2008年度大

会」(於横浜市立大学金沢八景キャンパス)でした。広い講堂での発表は足が竦んでしまいましたが，司会の大塚先生に助けていただき，無事発表を終えることができました。

　また，同年11月に開催された「日本語学会　2008年度秋季大会」(於岩手大学)での発表では，日本語学の視点から多くの先生方にご指摘を賜りました。発表後飛田良文先生に，「一語3年と言われるが，これから何語を研究するつもりですか」と声をかけていただいた時は，語誌研究の難しさを痛感しました。宇都宮大学の小池清治先生も参加してくださり，緊張する私を激励してくださったことは本当に心強いことでした。

　2011年6月に開催された「日本比較文学会　第73回全国大会」(於九州産業大学)において，大東和重先生や西原大輔先生，司会の戦暁梅先生にいただいたご指摘は，翌年学会誌『比較文学』(第54巻)に学会発表の成果を生かすことができました。

　さらに，毎年3月に開催されている漢字文化圏近代語研究会では，主催される関西大学の沈国威先生，成城大学の陳力衛先生，北京外国語大学の朱京偉先生，高麗大学の李漢燮先生をはじめ，参加される中国，韓国，日本の各先生方に様々なご指摘をいただき，語誌研究を続ける上で大きな力となりました。また，陳力衛先生には博士論文の審査もしていただきました。

　博士後期課程入学後は，平石典子先生に，博士論文の主指導をしていただきました。平石先生は，研究が迷走し方向性を見失ったときにいつも的を射たご指摘をしてくださいました。語誌研究に比較文学の視点を加えることができたのも平石先生のご指導のおかげです。

　博士論文の審査の労をとってくださった佐藤貢悦先生，今泉容子先生に心よりお礼を申し上げます。

　本書の編集にあたっては，佐藤多賀子編集長に大変お世話になりました。本書は日本語や中国語の文献からの引用を原則原文通りとしたため，旧漢字，異体字，簡体字，繁体字が混在し，校正に大変なお手数をおかけいたしました。本書を出版できたことに厚くお礼を申し上げます。

　宇都宮大学大学院に入学し，筑波大学で博士号を取得するまで，気がつけば15年の歳月が流れていました。この間多くの学友や友人に，厳しく且つ

温かく応援してもらえたことは，本当に心強く幸せなことでした。また，静かに見守ってくれた家族にも感謝です。

　これからは，日本語教育に携わりながら，研究を深めてゆくつもりです。

2018 年春

著　者

索　引

人名索引……………………278

事項・書名・語彙索引……281

人名索引

本文中に現れる人名を五十音順に収める。
アルファベット表記のものは最後にまとめた。

[あ]

青山菊栄（→山川菊栄） 200・201・206・209・210・230・233
荒川清秀 10・11・13・17・18・68・74・102・138・235・239
郁達夫 7・23・36・97・98・107・163・234
石川啄木 80・104・112・117
伊藤野枝 142・145・146・160・169・192
巌本善治 54・55・70
内田慶市 11・67
袁振英 145・146・161
袁世凱 21
応修人 23・117
汪静之 23・37・117・118・127
大杉栄 142・192
大町桂月 87・105
小栗風葉 83・84・101・241
尾崎紅葉 84・86・112

[か]

槐寿（→周作人）79・80・118・119・135
何海鳴 79・82
賀川豊彦 25・79・95・101・107
郭沫若 7・23・36・37・97・98・126

何震 20・32・33・63・143・145・158・160・241
加藤弘之 48・67・139・158・208・241
夏丏尊 134・173-175・190・193
菅野聡美 11・12
菊池寛 7・168・173・189
北村透谷 54・55・70・112・123
木下尚江 55・70・86
工藤貴正 12・37・96・103・107・174・193
国木田独歩 76・84・105
久米正雄 168・173・179・189・192
厨川白村 7・12・25・26・37・85・96・103・113-115・120・139・149・158・161・165・169・172-175・187・190
黄遠生 115・132・134・241
鄺其照 46・67・90・128
黄棘（→魯迅） 36・181
胡適 20・22・25・33・63-65・73・118・134・146・234

[さ]

蔡元培 20・233
斎藤光 229
佐伯順子 11・12・41・65・70
堺利彦 106・136・140・160・162・206・209
嵯峨のやおむろ（→嵯峨の屋おむろ） 76・241
嵯峨の屋おむろ 76・78・101・102
佐藤亨 11・17・30・40・102・110・133・159
澤田順次郎 205・231
島崎藤村 55・70・76・101・111
島村民蔵 167・173・189・191
若迦（→藩漢華） 117・127
周槐寿（→周作人） 36・38
秋瑾 20・32
周建人 150・151・153・154・159・162・175・178・187・189・190・193・241
周作人（→槐寿，周槐寿，独応） 7・25・36-39・63・64・73・79・80・82・93・94・99-101・103・108・117-119・132-135・144-146・158・162
周痩鵑 18・58・60・71・72・233
戩翼翬 24・38・72・145

人名索引　279

朱京偉　8-11・16・17・136・159
朱自清　23・37・81・134
章錫琛　26・39・41・65・96・100・122・148-151・153・154・159・162・178・187-189・194
暁風（→陳望道）　94・106・129・172・173
白水紀子　12・26・34・39・229
任公（→梁啓超）　32・57
沈国威　8・10・11・15・16・39・67・191
任白濤　96・107・174・175・190
正声　209・210
孫文　21

[た]

戴望舒　81・82・103・119・120
田中香涯（→田中祐吉）　206・207・209・229・231
田中祐吉　204・231
張競　12・37-39・41・65・66・72・73・135・184・194
張競生　213・233
張資平　7・23・36・80-82・97・98・100・107・121・122・126・135・151-154・159・162・163・173・182・185・187・190・194・211・233
陳嘏　61・62・72・77・78・101・102・241
陳独秀　22・35・60-62・72・94・100・146

陳望道（→暁風）　94・100・103・106・129・147・164・172・173・190・209・232・241
陳力衛　8・16・38・74・101・159
坪内士行　166・167
坪内逍遥　54・94・102・110・111・161・191
坪内雄蔵（→坪内逍遥）　54
田漢　37・97・98・103・107
東海散士　56
独応（→周作人）38・144

[な]

中江兆民　53・54・56・69
中村敬宇（→中村正直）　67
中村敬太郎（→中村正直）　48・67・241
中村正直　47-49・67
夏目漱石　86・105・179・192
西槇偉　12・26・39・103・161・162

[は]

羽太鋭治　114・134・205・231
潘光旦　215-220・224・225・228・234・241
半沢洋子　11・110・112・124・133・136
樊仲雲　210・211・232
藩漠華（→若迦）　23・37・117・127
飛田良文　9・16・65
平石典子　11・12・41・55・65・67・70・104・105・230

平塚らいてう　200
広田栄太郎　9・16・65・67・69・70
馮雪峰　23・37・117
馮文炳　80・103
福沢諭吉　67・135・139・140
二葉亭四迷　94・102・111
聞一多　23・37・118・119・234
茅盾　99・106・107・122・155・175・181・182・193・211
本間久雄　12・25・26・107・147・148・158・161・168-170・187・189

[ま]

正宗白鳥　86・87・105
武者小路実篤　102・113・125・133・192・230
毛沢東　146・147・161
森鷗外　83・103・110・139・141・167・173・189・198・201・207・228-230
森岡健二　8・9・67・159
森林太郎（→森鷗外）　103・168・191・230・232・241

[や]

柳父章　11・65・66・70・105・159
矢野龍渓　56
山川菊栄（→青山菊栄）　126・136・192・206・209
葉紹鈞（→葉聖陶）　23・37・122

葉聖陶　　　　　122	[E]	[K]
幼雄　25・209・210・232	E. Carpenter　7・25・26・	Krafft-Ebing（→ R. F.
与謝野晶子　25・63・93・	147・200・209・210・	von Krafft-Ebing）
112・113・119・	230・232・233	197・199・204・229
120・230	E. Goldman　142・145・	[L]
与謝野鉄幹　87・112・119	160・161	LS（→魯迅）　113・125
[ら]	E. Key　7・25・26・107・	[R]
劉延陵　23・37・62・73・	114・147・148・	R. F. von Krafft-Ebing
116・146	158・187	197
劉達臨　196・229・234	[H]	R. Morrison　43・44・51・
劉吶鷗　　　　　104	H. Doeff　　　　68	66・68・89・124・128
劉半農　22・35・66	H. Ellis　200・217・219・	[W]
劉凡夫　　　101・132	234	W. H. Medhurst　44・
梁啓超　10・19・32・56・	H. Ibsen　147・166-168・	45・66-68・123・
70・71・120・241	179・189	124・128・135
呂叔湘　137・225・228	[I]	W. Lobscheid　9・45・49・
林紓　24・37・38・71	I. S. Turgenev　25・61・	66・89・124・128
老舎　　　23・37・99	73・76-78・82・84・	W. Shakespeare　56・
魯迅（→黄棘，LS）	85・101・111	69・71・104・111・
7・10・23・35-39・	I. Turgénieff	133
71・90・91・98-100・	（→ I. S. Turgenev）	[Y]
106・107・113-115・	73・102	Y.D.　25・79・95・96・101・
117・122・125・127・	[J]	103・107・114・115・
130・132・133・151・	J. C. Hepburn　52・69	121・122・149・150
153・162・181・182・		
184・222		

事項・書名・語彙索引

本文中に現れる事項，書名，語彙を五十音順に収める。
アルファベット表記のものは最後にまとめた。

[あ]

アナキスト　48・142・143・145・158・160・238
『ある青年の夢』　113・125・133
『一読三歎 当世書生気質』　54・94
〈一個青年的夢〉　113・125・126・132
『井上英和大辞典』　56・89・108・143
『イプセン傑作集 ヘッダ・ガブラー』　166・167
《英華字典》　9・18・41・45・46・49・50・64・66・67・89・90・124
《英華辞典》　18
《英華大辞典》　46・47・67・90・100・124・125・128
『英華和訳字典』　49-51・67
『英和対訳袖珍辞書』51・89・123・124・165
『エレン・ケイ思想の真髄』　25・26・148・158・187
《王雲五大辞典》　47・99・100・130・131・182・183・214・227・242
『欧米政典集誌』　53・69

[か]

回帰線　10・13・18・239
海流　10・13・18・239
《華英字典集成》　46・90・128
「帰る日」　121・135・153・185・186・194
《学芸》　98・126
《覚悟》　129・147・148
《俄国情史》　24・38・72・145・161
「佳人の奇遇」　56・85
《漢英字典》　45・46
《漢語外来詞詞典》　10・17・74

《漢語大詞典》　17・43・83・90・104・128・175・196・224
《漢語拼音詞彙》　242
《漢語拼音詞彙（増訂版）》　82・104・242
『喜楽の友』　52・110・241
《近現代漢語新詞詞源詞典》　11・17
《近現代辞源》　11・17
『近代の恋愛観』　7・12・26・96・100・139・161・165・173-175・190・238
「近代の恋愛観」　103・114・115
近代訳語　7・8・11・13・15・16・109・124・132・158・191・227・237-239
《蕙的風》　117・118
『言苑』　172
《現漢》（《現代漢語詞典》）　iv・41・83・100・104・131・157・183・191・215・223・225-228・242
《現代語辞典》　155・156・164・214
《現代評論》　150・151・153・162・163
《康熙字典》　44
《後漢書》　27・28
《国語辞典》　47・99・100・109・131・155・156・182・183・227・242
《国民公報》　113・125・133
五四運動　20・164
五四新文化運動　7-9・19・22・23・65・190・237
《五車韻府》　66・89・90・124
戸籍法　21
《湖畔》　117
婚姻制　8・21

[さ]

『西国立志編』　47-50・64・241

三角同盟　166・167・171・181・191
《三角恋愛》　178・181・193・213・214
『辞苑』　143・171・172
《辞海》　182・183・214・227・242
『色情狂篇』　198・199・202
《辞源》　16・27・28・39・47・128・130・226・242
《字典集成》　46・67・90・105
〈修正 褒揚条例〉　21・34・63
《自由談》　78・103・144・145・158
自由恋愛党　48
『熟語本位英和中辞典』　88・108
〈春潮〉　72
《春的歌集》　23・117・127
《小青之分析》216-218・225・228・234・241
《小説月報》　23・36・37・60・72・81・82・99・108・119・120・122・155・181・211
《商務書館華英音韻字典集成》　67・90・105・128
『女学雑誌』　54・55・70・111
〈女子解放問題〉　20・33・143・241
女子高等教育　19・20・65・237・238
〈女子師範学堂章程〉　19
〈女子小学堂章程〉　19
『女性の心理』　95・100・205・231
『辞林』　56・88・171・172・191
新漢語　8・11・15-17
《新爾雅》　16
《新時代漢英大詞典》　82
《新術語辞典》　155・164・233
《新術語辞典 続編》　214・233
《新小説》　32・56-58・64・70・71
〈新性道徳号〉150-154・159・176・177・189
《新青年》(→《青年雑誌》)　7・22・23・25・33・35・36・39・60-65・73・77・93・94・100・126・133・145・146・158・161
《新知識辞典》　214・215・234
《新潮》　23・36
《申報》　14・15・18・59・71・72・77-79・91-93・100・101・103・115・122・146・157・178-182・190・193・194・209・212・218-220・228・241
《晨報副鎸》　79・80・103・119・120・135
《新民叢報》　10・32・56・57・64・70・71・237
《人民日報》14・18・156・157・220-223・228
「椙原品」　167・168・191・192・241
《清議報》　10・56・57・64・70・71・165・237・241
《性史》　213・233
《性心理学》　217-220・225・228・234
《青年雑誌》(→《新青年》)　35・61・62・72・78・125・241
『西洋品行論』　48-50・64・67
《浙江潮》　58・60・64・71・72
『雪中梅』　25
《雪中梅》　25
『双解英和大辞典』　89・124
《綜合英漢大辞典》　99・100・108・164・214
《綜合英漢大辞典 合訂本》　183
《創造季刊》　36・98・184
《創造月刊》　36・163・194
創造社　7・23・36・37・97・100・163
《創造週報》　36・37・98

[た]

『大英和辞典』　88・89
『大日本国語辞典』　77
蓄妾　21・22・59・157・159・189・190・237
『註解和英新辞典』　77・88
〈中華人民共和国婚姻法〉　22・34・157・220・237
〈中華人民共和国刑法〉　220
〈中華民国民法〉　21・157・237
「中性論」200・201・206・209・210・230・233
〈中性論〉　209・241
《沖積期化石》　80
『訂増英華字典』　66・105
〈貞操問題〉　73
「貞操論」　93
〈貞操論〉　25・39・63・93・146・161

事項・書名・語彙索引　283

《天義》　20・32・33・58・59・63・64・71・143・
　　　144・146・158・241
『東京朝日新聞』　135
《同性恋愛論》　212・213
《東方雑誌》　23・36・39・102
『道訳法児馬』　51・68・123・124・136

[な]

『日国』(『精選版　日本国語大辞典』)
　　　iv・10・29・30・40・41・47・65・75・
　　　83・102・104・109・123・132・135・
　　　138・139・141・159・160・165・172・
　　　191・196・229・230・232
『日本国語大辞典　第二版』　232
『日本大辞書』　31・40・88・105
熱帯　10・13・18・239

[は]

《佩文韻府》　29・40
《巴黎茶花女遺事》　24・38
『波留麻和解』　51・68
《半月》　212・233
《飛絮》　16・107・121・122・135・152・153・
　　　185・186・194・211
《100年漢語新詞新語大辞典
　　　（1912年-2011年）》　11・17
《標準語大辞典》　47・99・100・227・242
『附音挿図　英和字彙』　51
〈馮小青考〉　215・216・234
《婦女雑誌》　25・26・37・39・41・77-79・
　　　93-97・100・101・103・107・
　　　114・115・120・138・147-152・
　　　158・159・165・175-178・182・
　　　187-190・193-195・209・210・
　　　215・216・218・232・241
『婦女新聞』　202-204
《婦女評論》　94・97・100・101・106・160・
　　　172・173・175-178・182・186・
　　　190・193・241
『婦人公論』　149・161・168-171
『仏和辞林』　53・56・69

〈文学改良芻議〉　22・33・35
〈文学革命論〉　22・35
『文芸倶楽部』　84・104・133・241
「米国政教」　48・67・139・158・241
『変態性欲心理』　199
『変態性欲論』　205
貿易風　10・13・18・239
〈褒揚条例〉　21・63
『堀河院百首』　75

[ま]

「摩羅詩力説」　106
〈摩羅詩力説〉　90・98
『万葉集』　30・40・235
『都の花』　72・76・111・241
「民主国ノ道徳」　53・54・69
民法（第766条）　21・34・190
『明治大正　新語俗語辞典』　10・17・165・
　　　191
『明六雑誌』　48・67・139
『模範英和辞典』　77

[や]

『訳鍵』　51・123
『郵便報知新聞』　52・110
『約翰傳福音書』　52
『万朝報』　140・160・162

[ら]

「落花の夕暮（ロミオ、ジユリエット）」
　　　52
《恋愛論》　96・107・232
『露国情史　スミス、マリー之伝』　24・
　　　38・72
ロマンティック・ラブ　70・118・122・132・
　　　238
ロマンティック・ラブ・イデオロギー
　　　55・70
『ロミオとジュリエット』　111
「（ロミオ）ト（ジユリエット）ノ話」
　　　52・110・241

『露妙樹利戯曲 春情浮世之夢』 52・53・
69・71・110・111

[わ]

『和英語林集成』 52・69
和製漢語 8・9・13・74・83・88・89・102・
103・197・239
『和蘭字彙』 51・68・124

[A]

A Chinese-English Dictionary 128
A Dictionary of the Chinese Language
43・44・51・66・68
An Analytical Chinese-English Dictionary
46

[B]

Broken-heart 88

[C]

Chinese and English Dictionary 64・124

[D]

Disappoint 88・99・100
Disappointment 90
dreieckiges Verhältnis 167・171・189

[E]

English and Chinese Dictionary 44・45・
123・124・135・136
Eternal triangle 170・171・183・189・192

[F]

First love 73・76・77・83・102

Free love 139・140-143・145・146・148・
149・155・158・160・164・238
Free-lovers 48・139

[H]

Hedda Gabler 166-169・189・191
Homosexual 214・229
Homosexualität 197・199・205-207
Homosexuality 200・214・217・218・228・
229
Homosexuel 202・207
Homosexuelle Liebe 199・227
Honey 124・125

[L]

Love lorn 88-90・99・100・104
Love lornness 88
lover 111・124・125・128

[M]

Mingenoot 51・68

[O]

OED (*The Oxford English Dictionary*)
104・192・229

[P]

Psychopathia Sexualis 197-199・201・229

[S]

Sweetheart 124・125・128

[U]

Urning 198・202・229

清地ゆき子（きよち ゆきこ）

1953年新潟県生まれ。
筑波大学大学院人文社会科学研究科博士後期課程修了。
博士（学術）。
東洋大学国際学部・非常勤講師。
研究分野：近代日中語彙交流史，日本語教育。
主な著書：『還流する東アジアの近代新語訳語』
　　　　　（ユニウス，2014年，共著），
　　　　　『東アジア言語接触の研究』
　　　　　（関西大学出版部，2016年，共著）。

近代訳語の受容と変容
──民国期の恋愛用語を中心に──

2018年4月1日　初版印刷
2018年4月10日　初版発行

　　　　　　　　　　　著　者　　清地ゆき子
　　　　　　　　　　　発行者　　佐藤康夫
　　　　　　　　　　　発行所　　白　帝　社
　　　　　　　　　　　〒171-0014 東京都豊島区池袋2-65-1
　　　　　　　　　　　電話 03-3986-3271　FAX 03-3986-3272
　　　　　　　　　　　http://www.hakuteisha.co.jp/
　　　　　　　印刷　倉敷印刷㈱　製本　カナメブックス

ⒸKiyochi Yukiko 2018 Printed in Japan　6914 ISBN 978-4-86398-302-1
造本には十分注意しておりますが落丁乱丁の際はおとりかえいたします。